히잡에서 전기차까지,
인도네시아 깨톡

| 이슬람 쫌 아는 은행원이 들려주는 인니 이야기 |

히잡에서 전기차까지,
인도네시아 깨톡

양동철 지음

디아스포라

고개를 끄덕이며 보게 되는 책

1996년에 주재원으로 처음 인도네시아에 올 때만 하더라도 여기서 사업체를 열고 25년을 머물다가 자카르타에서 2021년을 맞이하게 될 것이라고는 생각하지 못했다.

처음 인도네시아에 왔을 때는 이 나라와 여기 사는 사람들에 대해 아는 것이 없었다. 아무도 알려주는 사람이 없었다. 더운 날씨와 문화적 차이 때문에 겪은 어려움은 말할 수 없다. 다행히 시간이 지나면서 적응하기도 했고, 또 먼저 와 있던 선배 교민들의 도움도 받을 수 있었다. 오랜 시간 동안 사업체를 운영하고 생활하면서 직접 몸으로 부딪치며 알게 된 것들도 많다.

지금 이 나라는 25년 전 내가 처음 이곳에 왔던 때의 그 나라가 아니다. 지금 인도네시아는 '신남방정책'의 대상인 아세안 본부가 위치한 중심국가로 우리의 주요한 경제 및 외교 파트너 국가이다. 2019년 말 CEPA(포괄적 경제동반자 협정) 타결로 향후 한국과 인도네시아 간의 교역은 더 활발해질 것으로 기대하고 있다.

인도네시아는 인구가 2억 7천만이나 되고, 세계 최대의 이슬람 국가

이면서도 기독교, 불교, 힌두교 등 다른 종교뿐만 아니라 여러 문화가 함께 어우러지는 다양성이 공존하는 곳이다. 150여 개 종족이 1만 7천여 개의 섬에 살면서도 하나의 통일된 국가를 이루고 화합하며 사는 것은 우리도 배워야 할 부분이다. 인도네시아는 광활한 영토 내의 풍부한 젊은 인구와 자원을 바탕으로 30년 후인 2050년에는 세계 5위권 국가로 성장하는 것을 목표로 발전하고 있다.

이렇게 발전하는 인도네시아 속에서 25년째 사업과 생활을 하다 돌아보니 어느덧 부족하지만 한국과 인도네시아 두 나라에서 꿈을 펼칠 젊은이들을 도울 수 있는 자리에 서 있게 되었다. 현재 자카르타 한국국제학교JIKS, Jakarta Indonesia Korean School에서는 이사장으로, 또 글로벌 청년사업가 양성과정GYBM, Global Young Business Manager에서는 인도네시아 연수원장으로 섬기며 양국뿐만 아니라 세계를 무대로 활약할 학생과 젊은이들을 돕고 있다.

인도네시아에 먼저 와서 활동하고 있는 선배로서 세계를 배우고, 그 세계 속에서 우리나라와 인도네시아를 배우고 있는 젊은이들을 보면 뿌듯하기도 하고 부럽기도 하다. 후배들을 보면 진출하는 분야도 더 다양하고, 인도네시아 젊은이들과도 활발하게 교류하며 체계적으로 현지 사회와 시장에 접근하는 것 같다. 이전에도 그랬지만 인도네시아 사람들과 문화, 사회, 종교, 경제에 대해 깊이 이해하는 일은 이제 점점 더 중요해지고 있다.

그래서 나는 이 책이 반갑다. 추천사를 부탁받고 본격적으로 원고를 읽기 시작했지만 그전에도 칼럼 란에 실린 저자의 글을 읽은 적이 있다.

처음부터 끝까지 연신 고개를 끄덕이며 글을 읽었다. 그때는 저자가 자카르타 근무를 마치고 귀임한 지 수개월이 지난 뒤였는데, 글을 읽으니 한국에 있으면서도 마치 계속 자카르타에 있으면서 돌아가는 일들을 다 들여다보고 있는 것 같았다. 추천사를 쓰기 위해 이번엔 더 많은 분량의 잘 정리된 원고를 읽게 되니 공감하는 부분이 더 많아서 계속 고개를 끄덕이게 된다. 이 책은 그렇게 고개를 끄덕이게 만드는 책이다.

직접 자카르타에서 몸으로 부딪치며 사업을 하고, 사람을 만나고 하는 입장에서 보면 이 책에 있는 내용 중 상당 부분은 어느 정도 알고 있는 것들이다. 이 책은 인도네시아에서 일어났고, 일어나고 있고, 일어날지도 모르는 일들을 쉽고도 분명한 언어로 이야기해 준다. 때로는 이론이나 신문 기사, 혹은 저자의 경험이 등장할 때도 있다. 아마 나뿐만 아니라 인도네시아에서 오랫동안 생활한 교민이나 사업가, 주재원이라면 각 꼭지를 읽으면서 본인이 겪거나 느꼈던 일들을 자연스럽게 떠올릴 것이다. 대강 알거나 느끼고는 있지만 설명하려고 하면 어려웠던 것들이 이 책을 읽으면서 상당 부분 또렷해졌다.

이 책은 인도네시아의 문화는 물론이고 종교와 사람, 사회, 그리고 경제적인 부분까지 다룬다. 저자가 이렇게 여러 영역에 대해 쓸 수 있는 것은 아마도 서문에서 밝히는 것처럼 여러 경험을 하며 다양한 시각으로 인도네시아를 보았기 때문이리라. 특히 인도네시아의 이슬람에 대한 설명은 학자들이 쓰는 글과는 또 다른 생동감과 현장감이 있다. 인도네시아 이슬람에 대해서 이야기해 주는 은행원이라니.

글을 읽으면서 저자가 인도네시아에 깊은 애정을 가지고 있다는 것을 알 수 있었다. 그러면서도 돌려서 쓴소리도 하는 것은 인도네시아가 더 발전하기를 바라는 마음 때문일 것이다.

인도네시아와 오래 인연을 맺고 산 나는 이 책을 읽고 고개를 끄덕이며 공감했다. 이 책은 이제 처음으로 인도네시아를 알아가려는 사람들에게도 좋은 길잡이가 될 것이다. 아직은 인도네시아를 모르니 책을 읽으면서는 공감하지 못할 수도 있지만 나중에 인도네시아 사람을 만나고 인도네시아를 무대로 뛰게 되면 책에서 읽은 내용이 떠오르게 되리라. 이 책이 인도네시아에서 큰 꿈을 펼칠, 그리고 펼치고 있는 이들에게 도움이 되길 바란다.

배도운

자카르타 한국국제학교 이사장,

글로벌 청년사업가 양성과정 인도네시아 연수원장

　대학교 1학년 때인 1996년, 교회 로비에서 공중전화를 사용하려고 서성대던 인도네시아인 구나완을 처음 만났다. 그때는 몰랐지만 그것은 운명적인 만남이었다. 그 만남 때문에 인도네시아와 인연을 맺고 25년이 지난 지금 이렇게 인도네시아에 대한 책을 쓰고 있으니 말이다.

　그때부터 인도네시아에 대해 공부하기 시작했다. 처음엔 잘 몰랐는데 인도네시아에는 꽤나 놀랄 만한 구석이 많았다. 이 나라가 인구가 2억이 넘고, 영토의 서쪽 끝에서 동쪽 끝까지 세 개의 공식 시간대가 있을 만큼 큰 나라라는 것을 알고 놀랐다. 또 중동도 아닌 동남아에 있는 인도네시아가 세계에서 가장 많은 이슬람 신자가 있는 나라라는 것을 알고 나서 다시 한번 놀랐다.

　차차 알게 된 것이지만 경제적인 중요성은 말할 것도 없었다. 자원개발이나 인프라 확충 등의 분야에서 투자개발사업 수주가 잇따르며 우리 기업의 진출도 이어졌다. 인도네시아의 풍부한 노동력에 이끌려 이곳에 생산기지를 마련한 기업도 상당수이다. 워낙 인구가 많은 나라이다 보니 요즘에는 두터워지는 중산층의 구매력 증대에 기대를 걸고 다양한 품목을 가지고 내수시장을 직접 겨누는 기업도 많아졌다. 최근 들어 아세안ASEAN이나 신남방 국가들에 대한 관심이 높아지고 있는데 인도네시아를 빼놓고는 말할 수 없는 주제이다.

경제적 중요성을 떠나서도 인도네시아는 매력적인 곳인 것 같았다. 사람과 향료와 물건이 오가는 해상 교통로에 위치한 이 열도는 전통 말레이 문화의 터전 위에 힌두, 아랍/이슬람, 중국, 서양 문화를 자기만의 방식으로 받아들여 융합시켰다. 문화와 함께 여러 곳에서 온 사람도 한데 어우러졌다. 인도네시아를 방문하면 이렇게 다양한 종족과 종교, 문화를 가진 사람들이 이루거나 이루려 하는 '다양성 속의 일치'를 여러 모양으로 맛볼 수 있다.

이렇게 인도네시아에 끌려 공부하다 보니 회사에 입사할 무렵에는 인도네시아어로 어느 정도 대화도 하고 신문이나 책도 읽을 수 있게 되었다. 국제거래 금융지원을 주된 업무로 하는 회사에서 일하며 인도네시아와 관련된 일을 할 기회도 있었다. 그리는 동안에 말레이시아에서 대학원을 다니며 이슬람금융을 공부했고, 회사의 인도네시아 법인에서도 3년간 일했다. 커리큘럼을 따라 공부하고 사무실에서도 열심히 일하면서도 그 외에 가능한 모든 방법을 통해 책을 읽고, 사람을 만나고, 경험을 쌓으며 공부를 했다.

하지만 인도네시아 전문가, 또는 동남아 전문가라고 불리기에는 아직 부족한 것 같다. 필자는 한국 사람으로 태어나서 한국 사람으로 40년 이상을 한국에서 살았지만 아직도 한국에 대해서 잘 모르는 것이 많다. 자신이 나고 자란 나라도 잘 모르는데 다 자라서 나중에 공부하기 시작한

다른 나라 사정에 대해 이러쿵저러쿵 말하는 게 어디 쉬운 일이겠는가? 인도네시아는 인구가 2억 7천만이 넘는 큰 나라이며 다민족, 다문화, 다종교 국가이다. 흔히 인도네시아를 세계 최다 이슬람 신자를 보유한 나라로만 알고 있지만 이 나라의 기독교 신자가 우리나라 기독교 신자보다 많다. 인도네시아는 다양성이 특징이다. 때로는 인도네시아 사람도 다른 배경을 가진 인도네시아 사람을 잘 이해하지 못한다. 이런 걸 생각하면 '인도네시아는 이렇다', '인도네시아 사람은 저렇다', '인도네시아에서 이건 이래서 이렇고, 저건 저래서 저렇다'라고 말을 하는 것이 한없이 조심스러워진다.

그럼에도 불구하고 직접 보고 경험한 인도네시아에 대해 조심스럽게 이야기해 본 글을 모은 것이 이 책 『히잡에서 전기차까지, 인도네시아 깨톡』이다. 인도네시아를 여러 시각에서 보고 경험한 것을 풀어낸 이야기들이다. 때로는 어떤 대상에 대해 그것과 가장 가까이 오랜 세월을 보낸 사람뿐만 아니라 밖에서 그것을 멀리서 본 이가 새롭고 객관적인 시각을 제공해 주기도 한다. 필자가 인도네시아에서 몇십 년씩 살아 본 것은 아니지만 꽤 오랜 시간 동안 인도네시아 주변에서 다양한 각도로 이나라와 사람과 문화를 지켜볼 기회가 있었다. 인도네시아를 들여다보는 여러 각도의 렌즈를 가지게 된 셈이다.

처음에는 한국에 와 있는 인도네시아 근로자들을 통해 인도네시아를 알아가기 시작했는데, 나중에는 필자 스스로가 외국인 근로자가 되어 인도네시아에서 일을 해 볼 기회를 얻게 되었다. 인도네시아 현지법인에서는 현지기업과 현지에 진출한 한국기업의 사정을 자세히 들여다보면서 금융업무를 수행했다. 피부로 부딪치며 알아야 할 것이 참 많았다. 금융, 부동산, 노동, 세금 분야의 관련 법규를 숙지하고 실무자의 입장에서 실무에 적용하며 회사를 운영하는 데 참여했다. 동료들과 지내며 배운 것들도 많다.

본사에서는 인도네시아 정부, 국영기업, 민간기업과 관련한 여러 금융 프로젝트를 직간접적으로 들여다보며 여러 리스크 요인을 검토했다. 또, 유상원조 차관인 대외경제협력기금^{EDCF} 업무를 맡아 인도네시아와 인근 국가를 담당하며 프로젝트를 수행했다. 개발과 개발협력의 관점에서 인도네시아를 볼 수 있었던 기회였다. 또, 회사 업무 중 인도네시아와 직접 관련이 없는 것이라도 그 업무를 수행하며 얻은 시각으로 인도네시아를 들여다볼 수 있었으니 아예 관련이 없다고 말할 수는 없다. 이를테면 필자가 회사에서 가장 많은 시간을 보냈던 부문이 리스크 관리 부서인데 덕분에 리스크 관리라는 렌즈를 통해 인도네시아 사람들이 위험(리스크)에 대해 어떤 자세를 갖고 어떻게 관리하는지 엿볼 수 있었다.

이슬람이라는 렌즈도 인도네시아를 보는 데 도움이 되었다. 세계 최대의 이슬람 국가라고 하지만 인도네시아의 이슬람은 중동이나 북아프리카, 인도, 중앙아시아의 이슬람과는 다르다. 인도네시아는 일찍부터 아랍과 인도 등지에서 이슬람을 받아들이면서도 말레이 · 자바 문화의 틀 안에서 이슬람을 융합시켰다. 말레이시아에서 이슬람금융 학위과정을 밟으면서 본격적으로 이슬람의 틀에서 인도네시아를 보기 시작했다. 또, 학교에서 만난 세계 각지에서 온 무슬림과의 교제를 통해 인도네시아 이슬람은 다른 곳의 이슬람과 무엇이 같고 무엇이 다른지 살펴볼 수 있었다. 또한, 역동적으로 움직이는 인도네시아 이슬람의 변화도 가까이에서 관찰했다.

인도네시아를 바깥에서 보면 이 나라가 다른 나라, 특히 다른 동남아 국가나 다른 개발도상국과 무엇이 다르고 무엇이 같은지 볼 수 있다. 말레이시아에서 지내며 공부하고 말레이시아를 겪어보니 반대로 또 인도네시아가 보였다. 가깝고도 먼 이웃인 두 나라는 문화와 종교, 역사에서 많은 부분을 공유하지만 지금은 서로 다른 길을 가고 있다. 언어도 비슷한 듯하지만 좀 다르고, 같은 이슬람을 믿지만 결은 다르다. 정치와 경제에서도 다른 점이 있다. 말레이시아만이 아니다. 회사에서 베트남이나 인도, 파키스탄, 스리랑카 등 다른 신남방 국가사업을 담당하면서 이 나라들이 어떻게 역사 속에서 인도네시아와 영향을 주고받았는지, 또 개발도상국으로서 인도네시아는 이들 나라와 비교해 무엇이 같고 어떤 점이 다른지 볼 수 있었다. 밖에서 보아야 보이는 인도네시아가 또 있다.

이 책은 이렇게 인도네시아를 바라보는 여러 렌즈를 가지고 인도네시아를 들여다보고 이모저모 쓴 글을 모은 책이다. 2019년 8월부터 약 1년간 〈한경닷컴〉 '더 펜the Pen'에 연재했던 칼럼과 개인적인 공간에만 올리고 '더 펜'에는 싣지 않았던 글을 모아 다듬어 내놓는다.

책은 총 네 부분으로 되어 있다.

먼저 '1장. 앗쌀람 왈라이꿈 인도네시아'에서는 이슬람의 관점에서 본 인도네시아를 다룬다. 원래 인도네시아의 이슬람은 유연하고 관용적인 색채가 짙었는데, 점차 엄격한 종교적 실천을 강조하는 목소리가 커지고 있다. 이 장에서는 이러한 현상 속에서 인도네시아 사회의 변화를 다룬다. 덧붙여 할랄 마케팅이나 이슬람금융과 같은 이슬람 경제에 대해서도 소개한다. 무슬림뿐만 아니라 모든 인도네시아인에게 중요한 절기인 '라마단 금식'과 이후 벌어지는 축제인 '이둘 피트리'의 모습도 보여주고자 한다.

다음 '2장. 오랑-오랑 인도네시아'는 인도네시아 사람들에 대한 장이다. 2억 7천만 인구를 자랑하는 인구대국인 인도네시아의 인구 상황과 외국에서 일하는 인도네시아 사람, 인도네시아에서 일하는 외국 사람에 대해서도 써 보았다. 손으로 밥을 먹는 인도네시아의 식습관에 대한 생각과 함께 인도네시아의 우먼파워, 인도네시아 사람들의 건강관리와 보건제도에 대한 에피소드도 실었다.

'3장. 누산따라, 인도네시아'에서는 인도네시아의 문화와 사회, 그리고 이웃 나라와의 관계에 대한 내용을 다룬다. 누산따라는 인도네시아를 비롯해서 말레이 색채를 띤 동남아시아 해양세계를 의미한다. 이 장에서는 인도네시아가 다른 지역과 교류한 흔적이 어떻게 언어와 문화에 남아 있는지, 그리고 드라마와 스포츠 분야에서 인도네시아는 우리나라와 어떻게 관계 맺고 있는지, 또 이웃 나라인 말레이시아와의 관계는 어떠한지에 대한 이야기들을 펼쳐 보았다. 교통과 농업·식량에 대한 이야기가 뒤를 잇는다.

마지막으로 '4장. 비즈니스 인도네시아'는 인도네시아에서의 경제 상황이나 기업활동, 기업환경과 관련한 이야기들을 소개한다. 인도네시아 사람들의 소득증가와 중진국 진입 전망, 투자환경 개선을 위한 정부의 노력과 이에 대한 노동사회계의 반발 등의 이야기들을 볼 수 있다.

한편, 군데군데 글상자를 넣어서 '알아두면 쓸데있는 소소한 인도네시아 이야기', 줄여서 '인도네샤 알쓸유잡' 란을 마련했다. 여기에서는 음식, 여행 같은 주제로 가벼운 마음으로 훑어볼 수 있는 읽을거리와 인도네시아를 여행하거나 인도네시아 사람을 만날 때 알아두면 좋은 소소한 팁을 담았다.

『히잡에서 전기차까지, 인도네시아 깨톡』은 학술서도 아니고 인도네시아에 대한 개론서나 가이드북도 아니다. 이 책을 통해서 '인도네시아에 대한 모든 것'을 독자들에게 전달하고자 하는 생각은 없다. 오히려 인도네시아에서 경험한 다양한 분야의 이야기들을 약간의 배경과 역사적·이론적 토대와 함께 설명해 독자가 쉽고 재미있게 읽을 수 있도록 써 보려 했다. 잘 쓴 이야기인지 아닌지는 평가가 갈릴 수 있지만 한 가지 약속할 수 있는 것은 이 책에 실린 39개의 이야기에는 모두 필자가 직접 경험하고, 보고, 듣고, 느낀 것들이 담겨 있다는 것이다. 물론 필자의 개인적인 경험과 해석, 느낌은 보편적이지 않다. 인도네시아에서 필자와 다른 경험을 했던 사람은 당연히 인도네시아를 보는 관점도 다를 것이다. 같은 현상을 보면서 다른 해석을 할 수도 있다. 그렇다면 '인도네시아를 이렇게 보는 사람도 있구나', '인도네시아에 이런 면도 있구나' 하고 참고만 해도 좋을 것이다.

이 책의 내용은 처음 칼럼을 연재하기 시작한 2019년 8월부터 원고를 마무리한 2020년 말까지의 시점에서 쓰고 정리한 것이다. 조코 위도도(조코위) 대통령 2기 정부가 2019년 10월 출범했으니, 조코위 2기 정부가 초반에서 중반으로 넘어가는 시점이다. 칼럼을 다시 손보면서 시간이 지나 달라진 내용은 조금씩 업데이트했다. 그래도 통계나 제도, 정책에 관련한 사항은 상당한 시간이 지나면 책을 쓴 시점과는 달라지는 부분이 있을 것이다. 혹시, 수년이 지나서 이 책을 보는 독자가 있다면 이 책을 쓰는 2020년 말의 시점에서 본 인도네시아와 책을 읽는 시점의 인도네시아 사이에 어떤 변화가 있었는지를 염두에 두고 읽어도 재미있을 것 같다.

2020년 10월 의회DPR에서 통과된 '옴니버스 고용창출법'은 이 책을 쓰는 도중에 일어났던 중대한 변화인데 여기서 잠깐 이야기하지 않을 수 없다. 이 법은 기업환경 개선과 투자유치를 이뤄낸 대통령으로 남고 싶은 조코위 대통령의 승부수이다. 기업환경과 투자유치에 관련한 법률과 규정은 여러 군데 흩어져 있는데 이걸 하나하나 고치면 시간이 오래 걸리니 한 번의 입법으로 해결하자는 것이 '옴니버스법'의 아이디어이다. 규제 혁파를 통해 기업하기 좋은 나라가 되고 투자가 증가하면 고용이 창출될 것이라는 논리가 법률안의 이름에 그대로 담겨 있다. 이 책에 담긴 내용 중에도 이 '옴니버스 고용창출법'이 본격 시행되면 변화가 예상되는 부분이 있다. 다만, 이 법률이 각 부문에서 어떤 정도의 영향을 미칠 것인가 하는 것은 후속 규정들이 나오고, 또 개별 조항이 현장에서 실무적으로 어떻게 적용될 것인가를 봐야 명확해진다. 논의가 계속되면 법률 자체가 부분 개정될 가능성도 있다. 인도네시아는 제도가 자주 바뀌는 곳이라는 점을 잊어선 안 된다. 어쩌면 이 '옴니버스 고용창출법'도 시간이 지난 뒤에 보면 지금까지 오가던 여러 크고 작은 물결 중 하나에 지나지 않은 것일지도 모른다. 그래서 이 책에서는 이 법률의 내용과 이 법안이 미칠 수 있는 영향에 대해 해당하는 부문에서만 간단하게 소개를 하는 수준에서 이 주제를 다루려 한다.

코로나바이러스감염증-19(이하 코로나-19)로 인한 현재의 비상상황에 대해서도 마찬가지 입장이다. 코로나-19 이후 인도네시아 경제와 사회가 비상상황을 벗어나 정상상황으로 복귀할 때 이전과 비슷한 추세로 복귀할지Old Normal, 아니면 새로운 정상New Normal 을 만들어 갈지는 불분명하다. 이 책에서는 코로나-19로 인한 변화를 염두에는 두되, 본격적으로 담지는 않았다. 코로나-19의 영향을 본격적으로 다룬다면 별도의 책 한 권으로도 부족할 것이다. 우리나라도 아닌 인도네시아의 코로나-19 이후의 변화상을 본격적으로 다루는 것은 인도네시아의 전반적인 모습에 대해 이야기하는 이 책의 주제를 벗어난다.

본문에 나온 내용 중 도움이 될 만한 기사나 자료, 그리고 추가 설명은 가독성을 위해 각 장의 뒷부분에 소개했다. 언론기사는 대부분 인터넷으로 본 기사이다. 연결 링크를 같이 소개한 기사도 꽤 많은데, 본 원고를 정리하는 시점에서 확인한 것이어서 접속하는 시점에 따라 변동이 있을 수 있다. 소개한 대부분의 기사와 자료는 영어나 인도네시아어로 되어 있다. 외국어로 된 자료를 읽고 다룰 여유가 없다면 본문만 읽어도 전체적인 흐름을 읽어내는 데는 큰 어려움이 없을 것이다.

인도네시아의 여러 모습에 대해 모자이크처럼 쓴 여러 개의 이야기가 인도네시아에 대한 그림을 그리는 데 도움이 되기를 소망한다.

· 차례 ·

추천사   · 4
프롤로그   · 8

1장 · **앗쌀람 왈라이꿈 인도네시아** Assalam walaikum Indonesia

'히즈라' 현상, 거리에 히잡이 점점 더 많이 보이는 이유   · 23
할랄 마케팅, 이슬람 라벨이 붙어야 팔린다!   · 29
'메리 크리스마스' 인사하기가 조심스러워지는 인도네시아   · 37
이슬람도 언택트 시대!   · 43
인도네시아의 라마단 금식월 풍경 엿보기   · 50
인도네시아 최대의 명절, 이둘 피트리 이모저모   · 57
인도네시아 국시 빤짜실라의 어제와 오늘   · 64
이슬람금융의 잠재력, 인도네시아에서 꽃필 가능성은?   · 71
인도네시아, 이슬람금융의 가치에 주목!   · 78
초승달, 십자가 그리고 옴, 신의 나라 인도네시아   · 87

2장 · **오랑-오랑 인도네시아** Orang-orang Indonesia

대한민국보다 인구가 다섯 배 많은 인구대국 인도네시아   · 101
인도네시아 사람들의 이런저런 모습   · 108
인도네시아 인적자원 경쟁력 높이기   · 117
꿈을 품고 나라 밖에서 일하는 사람들   · 123
나도 외국인 근로자였다!   · 129
중국계 인도네시아인 알아보기   · 135
왜 숟가락 두고 손으로 밥을?   · 141
인도네시아와 말레이시아의 우먼파워   · 149
아프면 비행기 타는 인도네시아 사람들   · 156
인도네시아 사람들의 건강지킴이는 무엇일까?   · 161

3장 · 누산따라, 인도네시아 Nusantara, Indonesia

사통팔달 인도네시아에 세계가 들어와 있었네! · 175

인도네시아의 매운맛 · 184

못 말리는 한국 드라마 사랑, 한국과 한국제품 사랑으로 이어질까? · 190

자카르타 사람들이 시간을 보내는 방법 · 196

박주봉과 방수현 선수 아세요? 수시 수산티는요? · 206

인도네시아판 세종시의 꿈 · 213

멀고도 가까운 이웃, 인도네시아와 말레이시아 · 221

연무 두고 갈등 빚는 인도네시아와 말레이시아 · 229

자카르타에도 지하철이! 자카르타 대중교통 훑어보기 · 235

인도네시아의 먹고사는 문제 · 242

4장 · 비즈니스 인도네시아 Business Indonesia

달러 함부로 빌렸다간 큰일 난다, 인도네시아 사업가의 리스크 관리 방법 · 253

문화를 뛰어넘어 장사하기가 어려운 이유 · 261

중소득국 인도네시아에 중산층이 떠오른다! · 269

투자유치를 위한 인도네시아의 승부수 · 277

인도네시아 최저임금 이야기 · 286

인도네시아 퇴직금 이야기 · 293

땅문서를 잃어버린 대통령, 대통령도 어려운 인도네시아 토지제도 · 301

인도네시아에는 국영전당포가 있다고? · 309

인도네시아의 전기차 입국 프로젝트 · 314

• 이 책의 내용은 필자의 개인적인 견해이며 필자 소속기관의 입장을 반영하지 않습니다.

● '앗쌀람 왈라이꿈'은 '평화가 당신에게 있기를'이라는 뜻의 아랍어 인사말로 인도네시아 무
  슬림이 자주 사용한다. 더 길게 '앗쌀람 왈라이꿈 와 라흐마뚤라히 와 바라카투후'라 하여
  '신의 평화와 자비와 축복이 당신에게 있기를'이라는 표현을 사용하기도 하는데 '왈라이꾸
  뭇 살람' 즉, '당신에게도 평화가 있기를'이라고 답한다.

1장

앗쌀람 왈라이꿈˙ 인도네시아

Assalam walaikum
Indonesia

'히즈라' 현상,
거리에 히잡이 점점 더 많이 보이는 이유

'히즈라', 선지자 무함마드가 서기 622년 메카를 떠나 메디나로 이주한 사건을 일컫는 말이다. 당시 메카 귀족들은 이슬람을 탄압했다. 초기 이슬람 세력은 새로운 근거지가 필요했다. 이런 의미에서 메디나로의 이전은 이슬람의 실질적인 출발점이다. 히즈라가 이슬람에서 매우 중요한 역사적 의의를 지닌 사건으로 불리는 이유다. 얼마나 중요한지 이슬람 달력은 히즈라가 일어난 해를 원년으로 삼고 있다.

이 단어가 요즘 인도네시아에서는 다른 의미로 사용된다. 이전까지 무슬림이면서도 종교적인 계율과 원칙을 엄격하게 준수하며 살지 않던 사람이 종교적인 원칙에 더 충실한 삶을 살게 되는 것을 '히즈라한다 Berhijrah'라는 용어로 표현한다. 개인의 종교적 삶에 있어 중요한 결심과 전환을 히즈라라는 역사적 사건을 빌려 표현하는 것이다.[1]

인도네시아는 인구의 약 85% 이상이 무슬림이며, 단일 국가 기준으로 세계에서 가장 많은 무슬림이 사는 나라이다. 인도네시아 이슬람은 상대적으로 다원적이고 유연한 것으로 알려져 왔다. 하지만 최근 몇 년 사이에 정통적인 교리와 계율 준수를 강조하는 엄격한 형태의 이슬람이 떠오르는 움직임이 뚜렷이 보인다. 이런 형태의 이슬람은 인도네시아의 전통보다는 아랍적 요소를 강조하기도 한다. 인도네시아의 '이슬람화Islamization'는 지금도 진행 중이며, 현재 진행되고 있는 이슬람화는 때때로 '아랍화Arabanization'를 의미하기도 한다.

이런 변화는 인사말에서도 엿볼 수 있다. 요즘 인도네시아에서는 공식 석상에서 '앗살람 왈라이꿈'이라는 아랍어식 인사말을 흔히 들을 수 있다. 전화를 걸거나 받을 때도 '할로Halo'라고 하지 않고 이 인사말을 쓰는 사람도 많다. 그전에도 사용하던 표현이긴 하지만 이 인사말이 공식적인 자리에서 인도네시아 인사말을 대체하기 시작한 것은 일반적으로 1990년대 이후인 것으로 여겨진다. 공적, 사적 영역에서 이슬람적 요소를 교묘히 억압하던 수하르토 정권이 무너진 이후 이런 움직임은 더욱 가속화되었다.

최근의 히즈라 현상이 과거와 다른 점은 대중매체와 소셜 미디어, 또래 문화의 영향을 통해 특히 젊은 층을 중심으로 짧은 시간에 눈에 띄는 변화가 일어나고 있다는 점이다. 이러한 변화는 가히 하나의 현상이라고 할 만하다. 지난 2019년 5월 시사주간지인 〈템포Tempo 2〉지는 이 히즈라 현상, 그중에서도 특히 연예계에서 일어나는 변화를 특집기사[3]로 실었다. 이전까지 록밴드에 소속되어 음악활동을 하던 가수가 어떤 계기로 명성과 부가 보장된 화려한 연예활동을 접고 엄격한 종교적 계율을 지키는 삶으로 '히즈라했다'는 이야기 등이 소개되었다. 연예 정보 프로그램이나 토크쇼에서도 유명한 연예인이 그동안의 방탕한 삶이나 개인적인 아픔을 종교를 통해 어떻게 극복했는지 고백하고 앞으로 종교적 가르침에 충실한 삶을 살겠노라 다짐하는 내용을 흔히 볼 수 있다. 연예인들의 변화가 일반 대중들에게도 많은 영향을 미치고 있음은 물론이다.

히즈라의 방법과 형태는 사람마다 다르다. 옷차림에서도 히즈라 현상은 뚜렷하게 발견된다. 히잡을 쓰지 않던 여성이 어느 날 히잡을 쓰기 시작하는 것은 히즈라의 가장 대표적인 형태이다. 해를 거듭할수록 거리와 공적 장소에서 히잡을 쓰는 여성들이 늘어나고 있다. 예전에 인도네시아에 거주했다가 오랜만에 다시 방문하는 사람들은 거리에 히잡을 쓴 여성들이 훨씬 많아진 것에 놀란다. 필자가 인도네시아에 처음 부임한 2015년 8월에 필자의 사무실에서 히잡을 쓴 여직원은 단 한 명이었다. 3년을 근무하고 귀임하던 2018년 8월에는 다섯 명이 히잡을 쓰고 있었다. 그중 세 명은 그 3년 사이에 새롭게 머릿수건을 쓰기 시작했다. 바로 그 전 주까지도 단발머리에 반소매 옷에 바지를 입고 있던 직원이 주말을 보내고 월요일에 출근해 보니 머리카락을 다 가리고 긴 치마를 입고 자리에 앉아 있어 누군가 하고 놀라곤 했다. 이슬람의 가르침(또는 이슬람에서 가르친다고 여기는 믿음)에 따라 결혼 전에는 연애를 하지 않겠다며 '연애하지 않는 인도네시아 Indonesia Tanpa Pacaran'라는 웃지 못할 운동이 결성된 것(2015년)도 히즈라 현상의 한 모습일 수 있다.

지금 히즈라 현상의 특징은 이러한 종교적인 삶으로의 전환이 무겁

그림 1-1 인도네시아에서 발간된 히잡 패션 잡지. 히잡을 착용하는 다양한 방법뿐 아니라 히잡과 어울리는 스타일과 패션을 소개한다

고 고리타분한 것으로 여겨지지 않는다는 것이다. 히즈라 현상을 풀어내는 방식은 오히려 가볍고 밝고 경쾌하다. 머릿수건만 해도 서구에서는 여성에 대한 억압의 상징으로 보는 분위기도 있지만 이곳에서는 그렇지 않다. 오히려 머릿수건이 원칙과 뚜렷한 주관의 상징으로 여겨지기도 한다. 머릿수건이 새로운 쿨함New Cool 또는 새로운 힙함New Hip으로 보이기까지 하는 것이다. 이런 움직임을 반영하듯 거리에는 한껏 멋을 낸 형형색색의 화려한 히잡들을 볼 수 있다. 히잡을 쓰는 '히자버Hijaber'들을 위한 잡지가 수십 종 창간되고, 유튜브에는 히잡을 멋있게 쓰는 방법에 대한 영상들이 줄지어 올라온다.

이런 분위기에서 소셜 미디어에는 히즈라 현상을 소재로 한 재미있고 귀엽고 경쾌한 그림들이 밈Meme이 되어 돌아다닌다. 대부분 히즈라를 촉구하는 내용이다. 히즈라와 관련해 자신의 심경이나 결심을 소셜 미디어 공간에 풀어내는 젊은이도 많다. 유튜브 영상에서는 히잡을 쓴 록 밴드 보컬, 패션 디자이너, 태권도 선수가 나와서 어떻게 자신의 종교적 정체성과 예술적, 직업적 정체성이 충돌하지 않고 통합될 수 있는지를 고백한다. 예전 같으면 상상하기 어려운 일이다. 많은 젊은이가 이러한 미디어에서 롤 모델을 발견하고 그들로부터 영향을 받는다.

대규모로 일어나고 있는 이 히즈라 운동은 흥미 있는 현상이다. 종교

그림 1-2 인도네시아에 소재한 샤리아 (이슬라믹) 호텔. 할랄 음식이나 기도처 준비, 경전 비치 등에 더 주의를 기울이며, 부대시설로 유흥업소를 들이지 않는다. 주류도 당연히 판매하지 않고, 남녀 투숙객은 부부임을 입증하는 서류를 제출해야 투숙이 가능하다

적 현상일 뿐만 아니라 사회적, 문화적 현상이기도 하다. 하지만 이런 움직임이 우리에게 중요한 이유는 따로 있다. 인도네시아는 인구가 2억 7천만이 넘는 대국이며 자원 부국이다. 앞으로의 성장 잠재력도 클 뿐 아니라 우리나라의 매우 중요한 교역 상대국이기도 하다. 세계에서 가장 많은 무슬림이 사는 나라가 인도네시아라고 해도 지금까지는 이슬람의 가치가 삶의 구석구석까지 영향을 미치지는 못했다. 하지만 종교적 가르침과 계율에 충실한 삶을 살고자 하는 사람들이 더욱 많아지면서 이슬람의 가치가 종교적 영역은 물론이고, 다른 분야에까지 더 큰 영향을 미치기 시작했다.

가장 가까운 예로 2019년 10월에 있었던 총선과 대선에서는 누가 무슬림의 표를 가져오는가 하는 것이 큰 이슈가 되었다. 급기야 민족주의 진영의 현 대통령 조코 위도도 후보가 이슬람 지도자인 마루프 아민을 러닝메이트로 지목해 이슬람 친화적 정권임을 증명하기에 이르렀다. 어느 진영이 더 무슬림을 대변하는가가 선거에서 가장 중요한 이슈 중 하나로 부각하게 된 것이다. 이렇듯 히즈라 현상은 인도네시아의 정치지

형도 바꾸고 있다. 경제활동에서도 점점 더 많은 무슬림이 이슬람적 가치를 반영해 의사결정을 하기 시작했다. 식품에서 할랄 인증은 물론이고, 할랄 관광, 이슬람금융, 할랄 인증 병원, 이슬람 학교 등에 대한 기사가 언론의 경제면에 오르내리기 시작했다. 이슬람 경제, 이슬람 마케팅이 중요한 화두로 떠오르고 있다.

요컨대 인도네시아의 히즈라 현상은 개인의 종교적인 선택에 그치지 않고 정치와 경제, 문화 전반에 큰 영향을 미치기 시작했다. 앞으로 그 파급력은 훨씬 더 커질 것이다. 인도네시아가 달라지고 있다. 인도네시아가 '히즈라' 하고 있다.

할랄 마케팅,
이슬람 라벨이 붙어야 팔린다!

　　2019년 10월 17일부터 인도네시아에서 유통되는 모든 제품은 원칙상 할랄⁴ 인증을 득해야 한다. 우리나라에서는 주로 '신新할랄법'으로 소개된 '할랄제품보증법⁵' 시행에 따른 것이다. 이 법은 2014년 10월 제정되었는데, 처음 계획대로 5년간의 유예기간을 마치고 본격 시행되었다. 시행은 할랄 인증 시스템이 준비되는 대로 항목별로 단계적으로 이루어진다.

　　이전까지 할랄 인증은 선택이었지만 이제 의무가 되었다. 법 시행 전에는 '인도네시아 울라마 회의ᴹᵁᴵ'가 인증 과정을 거의 총괄했지만 앞으로는 종교부가 할랄 인증을 위한 관청⁶을 별도로 두고 MUI와 협업해 할랄 인증 과정을 관리하게 된다. 시행 초기인지라 시행착오도 만만치 않다. 인력이나 조직 측면에서 정부가 충분히 준비되어 있지 않았다는 평가가 많았다. 인증절차에 소요되는 기간과 비용에 대해서 중소기업을 중심으로 볼멘소리도 나왔다. 경영에 부담이 된다는 것이다. 다만, 2020년 10월 통과된 '옴니버스 고용창출법7'은 할랄 인증의 절차와 비용을 간소화하는 조항도 담고 있어 부담은 가벼워질 전망이다. 오히려 이슬람 단체에서 인증절차를 간단하게 하느라 '할랄' 정신이 훼손되는 것이 아니냐는 우려를 할 정도이다. 어쨌거나 인도네시아에 진출한 외국기업들도 신경 쓸 일이 늘긴 늘었다.

그런데 진짜 문제는 법이 아니다. 사회가 바뀌고, 시장과 소비자가 변화하는 것을 주목해야 한다.

자카르타 시내 어느 대형마트에서 본 일이다. 계산대 바로 앞쪽에 인기품목인 한국 매운 볶음라면이 쌓여 있었다. 모녀로 보이는 두 명의 여성이 지나가는데 어머니로 보이는 분이 '이거 살까? 너 이거 좋아하잖아'라고 말을 건넨다. 그러자 딸인 것 같은 젊은 여성이 '안 사요. 그거 할랄 아니래요.'라고 말하고 제품을 그냥 지나간다.

사연은 이렇다. 이 일이 있기 몇 주 전에 몇 종의 한국 라면이 할랄인지 아닌지에 관한 논란이 있었다. 매운 볶음라면을 제조하는 회사에서 판매하는 제품 중에도 할랄이 아니라고 문제가 된 품목들이 있었다. 가장 인기 있는 품목인 매운 볶음라면은 괜찮았다. 문제가 된 제품들은 잘 알려지지 않은 것들이었다. 하지만 소비자들은 같은 회사에서 나온 문제 제품과 그렇지 않은 제품을 구별하지 못했다. 필자 주위에도 그 회사에서 나온 제품이라면 그냥 구입하지 않는 이들이 많았다.

인도네시아에서는 지금까지 이슬람과 경제, 이슬람과 소비는 그다지 큰 관련이 없었다. 그러나 최근 사회가 전반적으로 이슬람화되는 추세와 더불어 소득과 교육 수준도 향상되면서 소비와 경제생활에서도 이슬람적 가치를 더 엄격하게 반영하고자 하는 사람들이 늘기 시작했다. 히즈라 현상이 시장과 소비생활에도 영향을 미치기 시작한 것이다. 제품이 제대로 된 할랄 인증을 받았는지 아닌지도 이전보다 훨씬 중요해졌다. 식품과 음료의 경우 할랄 여부에 의문이 제기되면 모처럼 쌓아온 브랜드 이미지에 큰 타격을 받을 수도 있다.

이런 일들이 식음료 부문에서만 일어나고 있는 것은 아니다. 현지 금융사에서 일하기 시작한지 얼마 되지 않았을 때였다. 일도 잘하고 성실하던 직원이 갑자기 사직하겠다고 통보를 했다. 놓치기가 아까워서 급여나 업무에서 바라는 바가 있는지 물어보며 협상을 시도해 보았다. 그런데 이야기를 해 보니 퇴직하고자 하는 이유가 그런 것이 아니었다. 이슬람에서는 이자를 주고받는 행위를 금하는데, 이자를 주고받는 것을 주업으로 하는 금융기관에서 일하는 것이 종교적 신념과 맞지 않기에 회사를 그만두겠다는 것이었다. 이런 이유라면 우리 회사가 업종을 바꾸지 않는 이상은 설득할 방법이 없었다. 그런데 점차 사무실 안에서 이 직원뿐 아니라 꽤 많은 직원이 이 문제로 고민하고 있다는 것을 알게 되었다. 상담 중에 눈물을 흘리는 직원도 있었다. 종교적 신념을 따르자면 회사를 그만두어야 하지만 생계 때문에 회사를 계속 다니고 있어 괴로웠던 것이다. 사직하는 직원도 잇따랐고, 몸은 사무실에서 일을 하고 있지만 사직을 원하는 직원도 있었다.

인도네시아에서는 얼마 전까지도 무슬림이 이자를 주고받는 일반금융기관을 이용하거나 그런 금융기관에서 일하는 것이 크게 문제가 되지 않았다. 이슬람금융 시장점유율도 5~7% 수준에 그쳤다. 그런데 최근 설교와 책, 영상을 통해 이런 금융관행이 이슬람 율법에 맞지 않음을 지적하는 종교 지도자가 부쩍 많아졌다. 회사에서도 직원이 이런 책이나 영상을 보다가 필자를 보고는 큰 잘못을 한 것도 아닌데 후다닥 감추는 일도 있었다. 다는 아니지만 어떤 무슬림은 근무 조건은 좋지만 율법이 금하는 이자를 취급하는 금융기관을 떠나는 것을 또 하나의 '히즈라'로 여겼다. 그래서 회사를 떠나는 용기 있는 결정을 먼저 한 직원은 격려와 지지를 받기도 한다.

이런 현상은 우리 회사만의 일이 아니었다. 다른 한국계 은행에서도 간부급 직원이 급여 삭감과 낮은 직위로의 보임을 감수하고 이슬람은행으로 전직했다는 사례를 들은 적이 있다. 2019년 7월 영자지 〈자카르타 포스트지〉는 히즈라 운동의 영향 속에 종교적 이유로 은행원들이 직장을 떠나는 현상을 보도하기도 했다.[8] 무슬림 고객들은 일반은행에 있는 계좌를 닫고 이슬람은행으로 계좌를 옮기기도 한다. 이렇게 일반금융기관에서 이슬람금융기관으로 계좌를 옮기는 것 또한 히즈라의 한 방편으로 여겨진다.

그림 1-3 인도네시아 이슬람은행. 독립적으로 이슬람 은행업을 영위하는 기관도 있지만 대부분 일반 상업은행의 자회사 형태로 영업한다

식음료와 금융 부문에서만이 아니다. 이제 점점 더 많은 무슬림 소비자가 경제와 소비 영역에서 경제적 가치뿐만 아니라 종교적 가치를 고려한다. 이런 무슬림 소비자

를 대상으로 하는 할랄 마케팅, 또는 이슬람 마케팅은 이제 인도네시아에서 보편적인 현상이 되어 가고 있다. 이는 비교적 최근의 현상이다. 종교적 이유로 회사를 그만두고 있는 금융회사 직원들도 입사했을 때만 해도 이슬람금융사가 아닌 일반금융사에서 일하는 것이 문제라는 생각을 심각하게 하지 않았을 것이다. 하지만 그 이후 지역사회에서나 SNS나 유튜브 같은 매체를 통해 종교 지도자들의 가르침을 들으며 일종의 각성을 하게 된 것이다.

할랄 마케팅이나 이슬람 마케팅은 이제 여기저기에서 찾아볼 수 있다.

출장이나 여행으로 간 인도네시아 도시의 백화점이나 몰에서 화장품이나 명품매장이 주로 입점하는 1층을 둘러보면 익숙한 외국 화장품 브랜드들 사이에 '와르다Wardah'라는 초록색으로 된 브랜드가 눈에 띈다. 옆에 있는 매장과는 달리 판매원들이 초록색 히잡을 쓰고 몸을 가리는 긴 옷을 입고 있는 것이 인상적이다. 이 브랜드는 이슬람적 가치를 전면에 내세운다. 할랄 화장품 분야에서 대표적 성공사례로 꼽히며[9], 인도네시아에서의 성공을 바탕으로 중동 등 다른 이슬람 국가로의 진출도 모색하고 있다.

할랄 또는 이슬람 관광 부문도 주목을 받는다. 할랄 관광은 기본적으로 무슬림 관광객에게 율법과 이슬람, 그리고 가족의 가치에 부합하는 관광 경험을 제공하는 것을 주 내용으로 한다. 인도네시아에서 가장 번창하는 이슬람 관광 형태는 움로Umroh 관광이다. '움로'는 성지순례를 말하는데 1년에 한 번 정해진 기간에만 행하는 '대大순례'인 '하지'Haji와는 달리 언제든지 행할 수 있는 '소小순례'를 말한다. 하지는 정해진 기간에만 행하므로 매년 각 나라에 배분되는 쿼터가 있고 대기명단도 길다. 그래서 보통은 몇십 년을 기다려 온 중년이나 고령의 순례객이 하지를 떠난다. 젊고 경제적 여유가 있는 무슬림은 하지는 나중에 가더라도 언제든 거듭해서 갈 수 있고 또 하지와는 달리 한가하게 성지의 분위기를 느낄 수 있는 움로를 떠나기도 한다. 필자 친구들 중에도 몇 년에 한 번씩은 움로를 행하는 친구들이 꽤 있다. 소셜 미디어에 올린 사진을 보면 하지 때와는 달리 한가하고 여유롭다. 경제성장과 소득증가로 인도네시아에도 해외여행을 할 수 있는 여유를 가진 중산층 이상의 계층이 늘고 있어 움로 여행 수요도 증가 추세이다. 순례객들은 기왕 메카까지 가서 성지순례를 하는 김에 움로 전후로 UAE, 터키, 유럽 등 인근 지역을 관광하는 경우가 많아서 아예 성지순례와 관광을 결합한 여행상품들이 나와 있다.

이슬람 마케팅은 문화와 오락 부문도 겨눈다. TV 드라마와 영화, 소설, 음악에서도 무슬림을 겨냥한 콘텐츠 제작이 활발하다. 이슬람 주제를 다룬 대중소설은 이미 인도네시아 문학에서 하나의 중요한 장르가 되었으며, 수많은 베스트셀러가 나오고 있다. 인기를 끌었던 소설은 영화로 제작되는 경우가 많다. TV 드라마에서도 이슬람 주제를 다루는 '종교 드라마Sinetron religi'라는 장르가 이미 20년의 역사를 지니고 방영되고 있다. 종교 드라마가 등장한 초창기에 출장을 가서 우연히 본 종교 드라마는 수준이 높지 않았다. 몇 편을 보았지만 거의 비슷비슷한 내용이었다. 신앙과는 먼 방탕하고 비도덕적인 삶을 살던 주인공이 이슬람 신앙이 투철한 배우자나 친구들의 조언을 무시하고 살다가 어떤 계기

그림 1-4 동명의 베스트셀러 소설
을 원작으로 해서 큰 흥행을 거두었
던 종교적 주제의 영화들. 두 편 모
두 원작자가 같다

로 이슬람 신앙에 깊이 귀의한다는 그런 내용이 주를 이루는 것 같았다. 하지만 시간이 흐르면서 시나리오도 세련되어지고 내용도 학자나 종교 전문가의 자문을 받아 인도네시아 이슬람의 다양한 스펙트럼을 담아내는 쪽으로 발전하는 모양새다.[10]

이슬람의 관점에서 시장과 경제를 바라보는 시각이 떠오름에 따라 이외에도 이슬람 패션, 이슬람 주택, 이슬람 사립학교, 할랄 인증 의약품과 병원 등 다양한 영역에서 무슬림이 할랄 마케팅의 주요한 타깃으로 떠오르고 있다.[11] 세계 최대의 무슬림 인구가 사는 인도네시아에서 주목받고 있는 이슬람 마케팅이 거대한 폭풍이 될지, 찻잔 속의 태풍이 될지는 지켜볼 일이다.

인도네시아 무슬림 손님이나 친구와 함께 먹을 때 팁

할랄 음식은 이슬람 율법인 샤리아에서 허용하는 음식이다. 돼지고기와 알코올은 금지되며, 소, 양, 닭 등 허용되는 육류도 이슬람 의식에 따라 도축된 것만 허용된다. 유대교의 코셔 규례와는 달리 새우는 허용된다.

육류가 특히 문제가 된다. 인도네시아 내에서는 할랄 육류를 구하는 데 큰 문제가 없으나 우리나라나 해외에서 무슬림인 인도네시아 손님이나 친구와 식사를 할 땐 음식의 할랄 여부를 고민하게 된다.

상당수의 인도네시아 무슬림은 해외에서 할랄 규정을 유연하게 적용하는 경향이 있다. 인도네시아 손님이나 친구를 대접한 개인적인 경험이나 다른 이들의 비슷한 경험에 따르면 돼지고기나 알코올만 없으면 할랄 여부를 크게 따지지 않고 소불고기나 스테이크, 삼계탕 등의 음식을 잘 먹곤 한다.

다만 같은 동남아 무슬림이라도 말레이시아 무슬림은 보다 엄격히 할랄 규정을 지키는 것 같다. 인도네시아 무슬림과의 경험만 생각하고 말레이시아 무슬림을 대접하려다 낭패를 본 적도 있다.

인도네시아에도 율법 준수에 민감한 소수의 무슬림은 할랄 규정을 더 엄격하게 지킨다. 히즈라의 물결 속에서 이런 이들이 앞으로 더 늘어날 수 있다.

'메리 크리스마스'
인사하기가 조심스러워지는 인도네시아

인도네시아에서 성탄절을 보낼 때 있었던 일이다. 고객과 친구, 지인들에게 성탄을 복되게 보내라는 메시지를 보냈다. 이 중에는 무슬림 친구와 지인도 있었다. 이상하지 않은 일이다. 필자가 잠시 살았던 인도네시아와 말레이시아에는 모두 명절이 되면 다른 종교를 가진 사람끼리도 서로의 명절을 축하해 주고 때로는 집을 방문해 음식을 나누거나 이웃에 선물 꾸러미 등을 나누어 주기도 하는 전통이 있다. 필자도 무슬림은 아니지만 이슬람 명절에 초대되어 친구들 집에서 명절 음식을 나누며 시간을 보내었던 적이 많다.

그런데 그해 메신저로 성탄절 인사를 한 뒤 이런 답장을 받기도 했다. '성탄 인사 고마워. 하지만 난 무슬림이기 때문에 네가 기념하는 방식으로 성탄절을 기념하지는 않아. 휴일 잘 보내길 바라.' 정중하게 썼지만 보기에 따라서는 무례하게 느껴질 수 있는 메시지이다. 성탄절을 기

넘하지 않는다 해도 그냥 인사를 받고 가만있으면 되지 굳이 이런 답장을 보내 인사를 되돌려주었어야 했을까 하는 생각도 들었다. 하지만 최대한 필자가 마음 상하지 않게 고민한 흔적이 많이 보이기도 했다. 아마 본인도 많이 망설인 끝에 보냈을 것이다.

대부분이라고는 말할 수 없지만 상당수 무슬림이 이런 고민을 하는 모양이었다. 2019년 성탄절에도 한 무슬림 지인이 소셜 미디어 계정에 자신의 성탄절 근황을 올리면서 굳이 자신이 성탄절 휴일을 보내고 있기는 하지만 기독교의 '종교적 절기'가 아닌 '휴일'로서 성탄절을 기념한다는 언급을 빼놓지 않는 것을 보았다. 게시글의 전체적 문맥과는 어울리지 않는 내용이었다. 성탄절에 대한 글을 쓰면서 '성탄절은 나에게 휴일일 뿐이다'라는 선언을 해야 한다고 생각한 것 같다. 이 지인은 몇 년 전 성탄절에도 기독교인 이웃들로부터 선물 꾸러미를 받았는데 이 꾸러미를 어떻게 하면 좋을지, 어떻게 하면 이웃들의 마음을 상하게 하지 않고 관계를 해치지 않으면서 선물을 돌려줄 수 있을지에 대한 장문의 고민을 소셜 미디어에서 나누기도 했다.

왜 인도네시아에서 예전과는 달리 점점 많은 무슬림이 성탄 선물과 인사를 되돌려줄 것인지에 대한 고민을 하는 것일까?

10년 전쯤 말레이시아에서 공부할 때 인도네시아 친구들이 해 준 이야기들이 떠올랐다. 얼마 전부터 일부 이슬람 종교 지도자들이 성탄절에 기독교인 이웃과 친구들에게 '메리 크리스마스'라고 인사를 하고 성탄을 함께 기념하는 것이 이슬람 율법에 어긋난다는 입장을 내기 시작했다는 것이다. 그런 행위가 예수의 성육신처럼 성탄절에 담긴 기독교 교리에 동의하는 것으로 해석될 수 있다는 논리이다. 요즘에는 소셜 미디어나 유튜브를 통해 종교 지도자들의 이런 발언이 대중들에게 큰 영향을 미친다. 인도네시아와 말레이시아에서 영향력이 큰 어떤 대중설교자는 무슬림이 기독교인 친구와 이웃에게 '메리 크리스마스'라고 인사하는 것이 살인보다 더 큰 죄일 수 있다는 발언을 하기도 했다.[12]

크리스마스 장식과 의상도 많이 사라졌다. 2016년 인도네시아 최고 종교 지도자 기구인 '인도네시아 울라마 회의MUI, Majlis Ulama Indonesia'는 무슬림이 성탄절 장식을 하거나 의상을 입는 것이 율법에 어긋난다는 해석(파트와)을 낸 바 있다. 도시에 따라서는 몰과 같은 다중이용시설에서 크리스마스 장식을 금지하는 조치들을 시 조례 등을 통해 내리고 있다. 2016년 MUI 발표 이후 자카르타에서도 몰 같은 곳에서 크리스마스 장식과 노래가 많이 사라졌다. 이로 인해 이전보다 크리스마스 분위기를 많이 느낄 수 없는 것 같다.

이와 같은 변화는 율법을 엄격하게 해석하고 지키는 무슬림이 늘어나는 최근 분위기와 무관하지 않다. 다양성과 관용의 원칙을 밝힌 국시 '빤짜실라Pancasila'를 우선시하는 입장을 가진 이들은 이런 변화가 마음에 들지 않는다. 두렵기도 하다. 2019년 성탄절에도 대통령이 직접 나서 성탄절이 인도네시아의 다양성과 관용을 나타내는 계기가 되어야 한다고 밝히기도 했다.

모든 이슬람 진영이 이런 입장에 동조하는 것은 아니다. 인도네시아 이슬람에는 다양한 스펙트럼이 있다. 이슬람 원리를 충실히 고수하면서도 다른 종교와 평화롭게 공존하는 것이 가능할 뿐만 아니라 그것이 바로 인도네시아 이슬람의 진수라고 믿는 이들도 많다. 따라서 이슬람 종교 지도자 중에도 율법에 비추어 볼 때 '메리 크리스마스'라는 인사는 문제가 없다고 의견을 밝히는 이도 많다. 인사는 인사일 뿐 성탄 인사를 한다고 해서 기독교 교리를 받아들인다는 의미는 아니라는 것이다. 요즘에는 성탄절마다 종교적 관용이 중요한 이슈가 된다. 그 중심에 '메리 크리스마스'라는 인사가 있다. 저명한 이슬람 종교 지도자들은 해마다 신자들로부터 성탄 인사를 해도 되는지에 대한 질문을 받곤 한다. 그러면 어떤 형태로든지 좋든 싫든 입장을 밝혀야 하는데, 어떤 쪽으로 입장을 밝혀도 다양한 입장을 가진 무슬림을 다 만족시키기는 어려워 당혹스럽기도 하다.

성탄 인사와 선물을 되돌려주는 사례를 보고 들으면 인도네시아에 종교적 관용이 사라지는 것 같아 우려가 되기도 한다. 하지만 이런 모습들만 볼 수 있는 것은 아니다. 무슬림들이 기독교인 이웃들이 안전하게 성탄 예배를 드릴 수 있도록 예배 장소 주변의 안전을 지켜주거나 종교가

그림 1-5 인도네시아 교회. 개신교와 가톨릭을 합하면 인도네시아 인구 중 약 10% 정도는 기독교 신자이다. 신자 수가 2천 5백만이 넘어 우리나라 기독교 신자 수보다 많다

다른 이웃들이 함께 성탄을 축하했다는 미담도 언론을 통해 접할 수 있다. 지역마다 차이가 있겠지만 그래도 아직은 성탄 인사와 선물을 되돌려주는 행태보다는 종교가 달라도 함께 절기를 기념하고 축하해 주는 전통이 우세한 것 같기는 하다.

이러한 가운데 자카르타에서 인

기가 높은 한국계 제과업체와 관련된 해프닝도 있었다. 이 업체의 한 점포에서 크리스마스 케이크에 '메리 크리스마스'와 같은 성탄절 관련 인사 문구를 새기는 것을 해 줄 수 없다는 공지를 내건 것이다. 할랄 인증에 문제가 되기 때문이라는 것이 점포 측 설명이었다(2019년 10월 17일부터 인도네시아에서 판매, 유통되는 모든 제품은 할랄 인증을 득해야 한다는 내용의 신新할랄법이 시행 중이다).

이 일이 화제가 되자 할랄 인증 업무를 수행해 왔던 '인도네시아 울라마 회의MUI'는 이 점포의 조치가 지나치다며 케이크에 성탄 인사를 새긴다고 해서 할랄이 아닌 것은 아니라는 입장을 내놓았다. 해당 제과회사도 논란이 커지는 것에 부담을 느끼고 이 공지는 점포 매니저의 개인적 행위일 뿐 회사의 공식 방침이 아니라는 점을 밝히며 논란이 확산되는 것을 방지하려 했다.

해당 점포의 대응이 지나쳐 보이기도 하지만 이해가 되기도 한다. 외국계 회사들은 종교 관련 이슈에 대해 더 조심스러운 입장을 취해야 할 수도 있기 때문이다. 실제로 이 제과회사는 몇 년 전 자사 제품이 할랄이 아니라는 가짜뉴스에 이름이 오르내리기도 했다. 외국계 회사라는 점 때문에 더 쉽게 표적이 되고 대응도 어려웠던 것으로 보인다. 이번에는 신할랄법 시행과 사회 분위기에 맞춰 점포 차원에서 그 나름대로 대응을 하긴 했는데 반대로 인도네시아의 다양성과 관용이 축소되는 사례로 소개가 되어 회사가 당혹스러운 입장에 처한 모양새이다. 모자라지도 지나치지도 않게 하는 것이 쉬운 일이 아니다.

최근 인도네시아 사회가 이전보다 더 종교적이 되면서 지금까지는 문제가 아니었던 일들이 갑자기 논란을 일으키는 일들로 변모하고 있다. 성탄절마다 반복되는 '메리 크리스마스'를 둘러싼 소모적 논란이야말로 이러한 현상을 가장 단적으로 보여주고 있다. 처음 이슬람이 인도네시아 열도에 들어왔을 때만 해도 이슬람은 인도네시아에 이미 들어와 있던 다른 종교는 물론이고 전통과도 조화를 이루었다. 이슬람 교리를 대중에게 알기 쉽고 친숙하게 설명하기 위해 전통 그림자 인형극(와양 꿀릿Wayang Kulit)을 사용했다는 이야기는 지금의 정통 이슬람 관점에서 보면 상상하기 어려운 일이다. 이슬람이 짧은 시간에 인도네시아 열도의 대중에게 파고들 수 있었던 요인 중 하나로 이런 관용성과 조화의 정신을 꼽는 이도 있다. 인도네시아와 이슬람에 얽힌 이런 역사를 생각해 보면 성탄절에 인사도, 선물도, 장식도, 노래도 용납할 수 없다는 지금의 움직임은 당혹스럽다.

하지만 현실이 그렇다면 적응할 수밖에 없다. 인도네시아 내의 종교와 관용의 문제와 관련해서 우리는 당사자가 아니라 국외자이다. 그래도 이런 추세가 계속되고 심화되면 인도네시아에서 사업을 영위하는 외국기업이나 인도네시아인들과 교류하며 살아가야 하는 외국인들도 싫든 좋든 크고 작은 영향을 받을 수밖에 없다. 지금까지 당연하게 여겨왔던 것들을 더 이상 당연하게 여길 수 없는 불편도 감수해야 할지도 모른다. 신경 써야 할 것이 더 늘었다.

이슬람도 언택트 시대!

세계에서 이슬람 신자가 가장 많은 인도네시아에서 가장 영향력 있는 무슬림 단체는 NU^Nahdatul Ulama와 무함마디야^Muhammadiyah 두 곳이다. NU는 최소 4천만 명 이상, 무함마디야는 최소 3천만 명 이상의 회원을 보유한 것으로 추산되고 있다. NU는 단일 기준 세계 최대의 이슬람 단체이기도 하다.

네덜란드 식민 지배 시기였던 1912년(무함마디야)과 1926년(NU)에 각각 결성되어 백 년을 전후한 역사를 지닌 이 양대 이슬람 단체가 근현대 인도네시아 종교 지형에서 미치는 영향은 매우 크다. NU는 각 지역의 기숙형 전통 이슬람 교육기관인 쁘산뜨렌^Pesantren을 주된 기반으로 하고 있으며, 무함마디야는 도시 지역에서 현대적인 교육과 보건사업에 집중한다. 두 단체는 노선은 다르지만 식민 지배 시절부터 독립, 건국, 민주화 시기를 거쳐 인도네시아 역사 속에서 중요한 역할을 하며 관용성과 다양성을 강조하는 인도네시아 이슬람의 모습을 형성하는 데 기여했다. 세계적으로 주목을 받지는 않았지만 2019년에는 이 두 단체를 노벨평화상 후보로 추천하자는 움직임도 있었다. 세계 최대의 무슬림 신자가 있는 인도네시아가 지금까지 관용적이면서도 온건한 이슬람의 색채를 띤 민주국가로 발전하는 데 두 단체가 미친 영향을 생각하면 상을 받아도 이상할 것이 없다.

그런데 최근 인도네시아에서 이 두 단체의 영향력이 줄고 있다는 분석이 나오고 있다.[13] 다양한 요인이 있지만 '인터넷'도 그 이유 중 하나이다. 젊은이들을 중심으로 전통적인 경로가 아니라 인터넷 사이트나 유튜브 영상 같은 것을 통해 종교적 지식을 습득하는 사람들이 늘어감에 따라 생기는 변화이다.

옛날에는 사람들이 지역의 종교 지도자나 기관을 통해서 종교 교육을 받았다. 대면對面 방식 교육이다. 요즘엔 꼭 그럴 필요가 없다. 인터넷에 접속만 하면 된다. 유튜브만 클릭해도 유명한 종교인들의 설교나 발언, 토론 등을 얼마든지 들을 수 있다. 온라인 세계에는 시간과 공간의 제약이 없다. 중부 자바에 사는 사람도 서부 수마트라를 근거지로 활동하는 종교인의 설교를 들을 수 있다. 그뿐만이 아니다. 인도나 중동에서 유명한 사람들의 영상도 인도네시아에서 들을 수 있다. 누구나 자신이 원하는 영적 스승을 인터넷 세상에 두고 언제든 들을 수 있는 것이다. 인도네시아에서 근무할 때 출근하면서 사무실을 둘러보면 직원들이 소셜 미디어나 유튜브 등을 통해 유명한 설교자들의 영상을 보고 있는 모습을 쉽게 볼 수 있었다.

그러다 보니 대중적으로 인기 있는 종교 지도자들은 쉽게 많은 추종자를 거느린다. 옛날 같으면 영향력 있는 종교 지도자가 되기 위해선 소속 단체 내에서 검증을 받고 인정을 받는 절차를 거쳐야 했다. 비슷한 성향을 가진 사람이 모인 단체나 조직이라고 해도 모두 똑같은 생각을 가진 것은 아닐 테니 그 내부에서 노선 경쟁을 해서 인정을 받고 영향력을 얻어 나갔을 것이다. 그 결과 조직 내에서 영향력과 권위를 획득한 이들의 노선은 어느 정도 체계적인 검증 과정을 통과한 것들이었다. 하지만 영적 콘텐츠의 생산자와 소비자 간의 거리가 극단적으로 좁혀진 지금은 그런 과정이 필요 없다. 대중에게 직접 호소력 있는 메시지를 전할 수 있으면 된다. 대중에게 먹히는 콘텐츠를 생산할 수 있는 종교인들은 복잡하고 긴 검증 과정 없이도 하루아침에 떠서 스타가 된다. 나이나 경험이 부족해 보여도 상관없다. 때로는 그것이 장점이 되기도 한다. 고리타분해 보이는 메시지와 쉽게 차별화할 수 있기 때문이다.

인터넷으로 유명세를 얻은 사람들의 사상이 검증되지 않고 위험하다고 생각하는 것도 이유가 있다. 인터넷이라는 매체Media의 특성상 사람

그림 1-6 이슬람 관련 지식과 콘텐츠를 찾을 수 있는 검색 엔진 중 하나

들의 마음을 끄는 데는 선명한 메시지를 전하는 것이 도움이 된다. 그러다 보니 다 그런 것은 아니지만 다소 극단적인 주장들이 온라인 공간에서 여과 없이 젊은이들을 파고드는 경우가 많다. 테러집단이 추종자를 모집하는 주된 수단으로 인터넷을 이용하기도 한다. 그러다 보니 기존 종교단체와 지도자들은 믿을만한 지도자의 지도 없이 인터넷을 통해 종교를 배우는 것이 위험할 수 있다는 경고를 하는 일이 부쩍 잦아졌다. 옛날 같으면 지역사회나 소속 기관 지도자에게 가져가서 물어보았을 일을 지금은 스마트폰을 보고 인터넷에 접속해 해결한다. 오프라인 지도자들은 단말기 앞에서 무슨 일이 일어나고 있는지 알 수가 없다.

기존 단체의 영향력이 약해졌다는 것을 가장 극명하게 보여주는 사건이 2016~2017년 당시 자카르타 주지사였던 일명 아혹(바수키 짜하야 푸르나마)을 처벌하라는 일부 무슬림의 대규모 시위이다. 당시 아혹은 선거유세 중 무슬림이 종교모독으로 받아들일 수 있는 발언을 했다는 의혹을 받았다. NU 인사들은 대부분 아혹의 발언이 종교모독이 아니라는 입장이었고, 무함마디야는 아혹의 발언은 문제가 있을 순 있으나 아혹의 처벌을 촉구하는 대규모 집회는 지지하지 않는다는 입장이었지만 수많은 무슬림이 거리로 쏟아져 나오는 것을 막지 못했다.

군중집회를 주도한 이슬람 수호전선FPI 등은 역사나 조직 차원에서 NU와 무함마디야와는 비교가 되지 않는 단체들이다. 그러나 인터넷 등 새로운 매체를 잘 활용해 순식간에 이슈를 만들어 내고 대규모 군중집회를 조직해 뉴스의 중심이 될 수 있었다. 결국 아혹이 같은 해 있었던 자카르타 주지사 선거에서 패하고, 법정에서 징역 2년을 선고받아 복역

그림 1-7 이슬람 단체들이 주도한 아혹 자카르타 주지사 처벌 요구 시위,
2016~2017년에 열렸다(사진 출처: VOA)

하기까지 했으니 집회가 소기의 목적을 달성했다고 볼 수 있다.

인터넷은 해외의 이슬람 이슈들을 인도네시아 무슬림에게 전달하는 역할도 한다. 인도네시아는 중동이나 인도 등에서 이슬람을 받아들였다. 외부에서 들어온 이슬람은 기존 전통 및 관습과 조화를 이루며 새롭고도 고유한 전통을 만들어 냈다. 그렇다고 해서 인도네시아의 이슬람이 고립되어 있었다는 뜻은 아니다. 성지순례(하지)나 다른 이유로 중동이나 북아프리카를 방문한 이들이 그곳 무슬림들과 교류하며 최신 신학이나 철학, 문화 등을 정기적으로 인도네시아에 소개했다. 하지만 인도네시아 무슬림은 해외의 사조를 인도네시아화化해 걸러서 받아들일 수 있었다. 옛날에는 인도네시아와 중동, 북아프리카 사이에 물리적 거리가 있다 보니 보편적이고 세계적인 이슬람 세계의 흐름을 따라가면서도 충분한 시간을 두고 이를 소화해 토착화할 수 있는 여유가 있었다.

그런데 온라인 세상에서는 인도네시아와 바깥의 지리적 거리가 의미가 없다. 이슬람 세계의 이슈와 사조는 실시간으로 인도네시아를 파고든다. 인도네시아의 전통과 조화를 이룰 시간도 없다. 그러다 보니 최근에는 인도네시아 이슬람의 독특성보다는 지역과 문화적 다양성을 넘어선 이슬람의 보편성을 강조하는 목소리가 힘을 얻기도 한다. 외국에서 들어온 다소 근본주의적인 주장들도 세력을 넓혀가고 있다. 최근 인도네시아를 휩쓸고 있는 히즈라 운동에는 이런 영향도 없지 않다. 히잡을 쓰는 여성들이 늘어가는 가운데 아예 얼굴을 다 가리고 눈만 내놓는 니캅을 쓰는 여성들도, 중동 무슬림에 가까운 복색을 하는 남성들도 늘고 있다. 때로는 히즈라 운동이 '아랍화Arabanization'와 혼동되기도 한다.

대개의 사회적, 문화적 현상들이 다 그렇듯이 인도네시아 이슬람은 고정되어 있는 현상이 아니다. 끊임없이 변할 뿐만 아니라 지금은 그 변화의 폭도 커지고 속도도 빨라졌다. 거기에 인터넷 사이트나 영상, 소셜 미디어 등이 큰 역할을 하고 있다. 최근 점점 뚜렷해지고 있는 종교적 보수화의 물결 속에 인도네시아 정치, 경제, 사회, 문화를 이해하기 위해선 이슬람을 이해해야 할 필요성이 더 커지고 있다. 그런데 이슬람은 하나의 단일한 실체가 아니다. 이슬람 내에도 서로 다른 주장을 하는 노선들이 서로 경쟁하고 있으며, 인도네시아 안에서도 '어떤 이슬람이어야 하는가' 하는 문제를 놓고 치열한 노선 경쟁이 펼쳐지고 있다. 이제 이슬람을 잘 이해하기 위해선 제도권 내 단체와 종교 지도자들이 뭐라고 말하는지만 볼 것이 아니다. 컴퓨터 앞에 앉아있는 무슬림 젊은이들이 무엇을 보고 무엇을 듣는지, 소셜 미디어에서는 어떤 글들이 올라오

고 어떤 소통이 이루어지는지도 함께 봐야 인도네시아 이슬람의 현재

와 미래를 볼 수 있다.

인도네시아의
라마단 금식월 풍경 엿보기

　　무슬림은 1년에 한 번 이슬람력으로 아홉째 달인 라마단달月에 금식을 한다. 금식은 이슬람 신앙의 5대 기둥 중 하나이며 금식월에는 해가 뜰 때부터 질 때까지 음식과 물, 그리고 성관계가 금지된다. 이슬람력은 서력西曆보다 열흘 이상 짧기 때문에 라마단 금식월은 해마다 그만큼 당겨진다. 또 라마단월의 시작과 끝은 달의 움직임에 따라 정해지기 때문에 금식이 언제 시작하고 끝나는지는 지역마다 다를 수 있다. 인도네시아에서 2020년 라마단 금식은 4월 23일부터였다.

　　인도네시아에서 근무하던 때의 일이다. 금식월月이던 어느 날 저녁식사를 하러 쇼핑몰 푸드코트를 찾았다. 그날도 푸드코트는 금식을 마무리하는 식사를 하기 위해 온 사람들로 붐볐다. 금식 기간에는 가족이나 동료, 친구와 함께 저녁식사를 하는 사람이 많아 자리를 잡기도 어려울 정도였다. 음식을 앞에 두고 앉아서 기다리던 사람들은 일몰 기도 시간을 알리는 아잔(기도에의 부름) 소리를 듣고 감사의 기도와 함께 물과 가벼운 음식으로 오랜 금식 끝에 맞는 첫 식사를 시작했다.

필자의 앞자리에는 할아버지부터 손녀까지 삼대가 모인 가족이 식사를 막 시작하고 있었고 그 바로 옆에는 푸드코트 여직원이 유니폼을 입고 서 있었다. 아직 오지 않은 손님들을 위해 예약석을 지키고 있는 것 같았다. 사람들이 물병을 들어 목을 축이고, 숟가락을 들어 음식을 먹기 시작했지만 그 직원은 자리를 지키고 서 있어야 했다.

그 직원이 맡은 일 때문에 금식 시간 종료를 알리는 소리에도 아무것도 먹지 못하고 서 있는 것을 보고, 필자의 앞자리에 있던 중년 여성이 약간의 물과 음식을 권했다. 그러자 딸처럼 보이는 여자아이가 작은 접시에 담긴 케이크와 과자를 그 직원에게 건넸다. 이 직원은 잠시 머뭇거리며 망설였지만 이내 수줍게 웃으며 이들이 건네는 물을 받아 마시고 과자를 작게 베어 물었다. 이전에 서로 알지 못했을 이 가족과 젊은 직원은 어느덧 금식을 마무리하는 음식을 함께 나누고 있었다. 이들은 그 순간만큼은 가족 같아 보였다. 아름답고 인상적인 장면이었다. 해마다 라마단 때가 되면 라마단 정신에 대해 쓴 글들을 많이 읽게 되지만 '라마단 정신'이라고 하면 머릿속에는 항상 이 장면이 떠오른다.

이슬람 선지자 무함마드의 가르침에 따르면 라마단월에 금식을 하려는 의도를 가지고 금식을 하면 죄가 씻긴다고 한다.[14] 하루 금식할 때마다 지옥불에서 70년 멀어진다고도 하고, 하루 금식 때마다 까마귀가 평생을 나는 거리만큼 지옥에서 멀어진다고도 한다. 먹고 마시고자 하는 욕구와 성적인 욕구는 삶의 기본적 욕구인데, 이런 욕구를 1년 중 일정한 기간 동안, 또 하루 중 일정한 시간 동안 절제하는 것이 라마단 금식이다. 금식하며 평소에 당연하게 여겼던 것들의 소중함을 생각하기도 하고, 또 주위 사람들의 결핍을 돌아보는 것도 금식의 의미 중 하나이다.

그냥 습관적으로 금식을 하거나 다른 사람의 눈이 무서워서 금식을 하는 사람도 있다. 누가 보지 않으면 음식을 먹는 이들도 많다. 그래도 많은 무슬림이 라마단 기간을 자신의 신앙을 갱신할 수 있는 좋은 기회라고 생각하며 금식을 지킨다. 어린아이들은 금식의 의무가 없지만 아침식사를 거르는 부분 금식을 하는 것이 보통인데, 어른들과 함께 전일 금식에 참여하기라도 하면 적잖이 뿌듯해한다. 어른으로 인정받는 기분일 것이다. 하루 종일은 아니더라도 한 달간이나 물도 못 마시는 금식을 해야 한다는 말을 들으면 얼마나 힘들까 하는 생각이 먼저 든다. 몇 번 따라서 금식을 해 보기도 했는데, 하루 이틀은 견딜만 했지만 며칠 지나니 배가 고프다기보다는 허기가 지고 몸에 힘이 없어지는 느낌이었다. 그래서 무슬림이 아닌 사람들은 라마단 금식이 고행이나 극기의 행위일 것이라고 생각한다. 하지만 막상 금식월이 다가오면 무슬림 친구들의 소셜 미디어 계정은 '마르하반 야 라마단('안녕, 라마단 어서 와' 정도의 의미)'이라는 기대의 메시지로, 라마단이 끝날 때는 '잘 가, 라마단 내년에 또 만나' 하는 아쉬움을 담은 메시지로 넘친다. 금식이 힘든 건 사실이지만 금식이 주는 보람과 기쁨, 거기서 찾게 되는 의미도 있을 것이다.

금식을 하면서 음식을 먹지 않으면 그 음식은 하늘에 쌓인다고 한다. 하지만 실상은 라마단 금식 기간에는 식품 소비량이 평소보다 많아진다.

낮 동안 먹지 못하는 것을 해가 뜨기 전과 해가 진 후에 몰아서 먹는 것이다. 금식월 한 달 동안 낮에는 허기지고 목마른 시간을 보내지만 해가 진 후 가족과 친구, 또는 동료들과 금식을 마치는 식사(이프타르)를 하는 시간은 오히려 축제와도 같다. 매일 저녁 잔치를 한다고 생각하면 된다. 물론 잔치가 매번 화려하지는 않다. 경제적 여유가 있는 사람들이야 특급 호텔이나 고급 레스토랑에서 잔치를 벌이지만 궁핍한 이들도 소박하나마 형편껏 매일의 축제를 준비한다. 인도네시아에서는 금식을 마무리하며 무엇을 먹는 행위를 '부까 뿌아사Buka Puasa, Break the Fast'라고 하는데 함께 금식을 마치는 식사를 하는 행위를 '북버르Bukber, Buka Puasa Bersama'라 하여 일컫는 줄임말이 따로 있을 정도이다. 어디에서나 가족과 친구 또는 회사 동료와 함께 금식을 마치는 식사를 하려는 사람들의 모습을 볼 수 있다. 그래서 금식 기간 중 괜찮은 식당에서 저녁식사를 하려면 예약이 필수이다. 우리 회사에서도 해마다 라마단 기간 중에는 하루를 정해 근사한 식당에서 직원들과 함께 금식 후 저녁식사를 함께 했다.

선지자의 가르침에 따르면 금식을 마치는 식사를 제공하면 음식을 주는 사람도 금식을 한 것과 마찬가지의 보상이 있다고 한다. 하루 종일 허기진 후에는 대추야자나 달달한 음료, 간단한 스낵 같은 것으로 속을 달래는 음식을 먹는데, 일몰 기도를 드리러 가는 사원 앞이나 길가에서 모르는 사람들에게 금식을 마치는 음식을 나눠주는 모습도 흔히 볼 수 있는 광경이다. 필자도 사무실에서 직원들에게 금식을 마치는 간식을 사서 돌리곤 했다.

라마단 금식은 배고픔과의 싸움일 뿐만 아니라 피곤함과의 싸움이기도 하다. 사무실에서 금식을 하는 여직원들은 점심시간에 탈의실에 자리를 깔고 누워 쉬거나 잠을 청하는 경우가 많다. 허기가 지고 힘이 없어서이기도 하지만 피곤함이 더 큰 이유이다. 남성들은 사원에 가서 누워 있을 때가 많다고 한다. 금식 때는 해가 뜬 이후에 아무것도 먹을 수 없기 때문에 해가 뜨기 전에 '사후르Sahur'라고 하는 식사를 한다. 사후르를 먹어야 하루의 금식을 견딜 수 있기에 매우 중요한 식사이다. 인도네시아에서는 타악기를 치며 일어나 동네를 다니며 사후르를 먹으라고 알려 주는 풍습도 있다. 자다가 일어나 뭘 먹고 마시는 것도 피곤한 일이지만 새벽같이 일어나 음식을 준비하는 것도 보통 일이 아니다. 이 사후르를 준비하는 일은 아직은 대부분 여성들의 몫이다. 또, 라마단 기간에는 배고픔 끝에 저녁식사를 하게 되므로 평소보다 거한 특식을 준비할 때가 많다. 배고픈 상태에서 장을 보고 요리를 하고 간식거리를 장만하는 것도 대부분 여성의 일이 된다. 라마단 때는 남성들도 피곤하지만 여성들은 더 피곤하다.

이슬람 세계 어디서나 마찬가지겠지만 인도네시아에서도 라마단은 매년 찾아오는 힘들기도 즐겁기도 한 손님이다. 그런데 지난 2020년 라마단은 다른 해와는 많이 달랐다. 코로나-19 팬데믹으로 인해 모여서 금식을 마치는 식사를 함께 하거나 사원에 모여서 함께 기도하는 행위를 피해야 했기 때문이다. 주요 이슬람 단체들은 라마단 금식은 수행하되 모여서 하는 활동은 최소화하라는 권고를 내리기도 하고, 코로나-19와 맞서는 것이 성전(지하드)이라는 해석을 내리기도 했다. 사원에서 함께 기도할 수도 없고, 가족과 친척, 친구, 동료와 함께 모여서 떠들썩하게 금식을 마치는 식사를 하지도 못하고, 고향에도 갈 수 없는 라마단이라니. 2020년 라마단에는 집에서 가족들과 함께 조용히 참된 금식의 의미를 되새겨 보라는 권고가 눈에 많이 띈다. 세계의 무슬림이 다 마찬가지이겠지만 2020년 라마단 금식월은 인도네시아 무슬림에게 한 번도 겪어보지 못한 금식월이었을 것이다.

기도 시간과 애플리케이션

인도네시아를 여행하거나 방문할 때, 또는 인도네시아 손님을 맞거나 친구를 만날 때 기도 시간을 알아두면 유용하다. '기도 시간', 'Prayer Times', 'Waktu Sholat' 등의 검색어로 필요한 애플리케이션을 쉽게 다운받을 수 있다.

대부분의 앱은 기도 시간 외에도 기도하는 방향(키블랏, 메카 카바신전 방향), 가까운 사원이나 기도처 위치 등의 메뉴를 함께 갖추고 있다.

보통 무슬림은 하루에 기도를 다섯 번 한다고 알고 있는데 기도 시간표에는 기도 시간이 그 이상 나와 있을 때가 많다. 다섯 번의 기도는 의무이고, 그 이상도 기도할 수 있기 때문이다. 여기 소개되어 있는 기도 시간 앱 그림에서 스피커 표시(아잔)가 되어 있는 시간이 의무기도 시간이다.

기도 시간은 태양의 움직임에 따라 정해지므로 매일 달라진다. 라마단 금식은 매일 일몰(마그립) 기도와 함께 끝난다. 적도 근처인 자카르타에서 일몰 기도 시간은 계절에 따라서 저녁 5시 45분부터 6시 20분 사이에 오고, 고위도 지방에서는 여름과 겨울에 따라 일몰 기도 시간이 큰 차이가 난다. 여름에 라마단 금식월이 오면 해가 길어 금식을 더 오래 하게 된다.

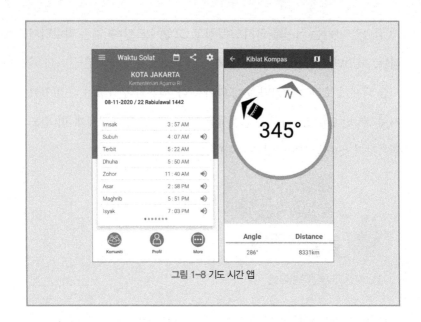

그림 1-8 기도 시간 앱

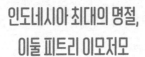

인도네시아 최대의 명절,
이둘 피트리 이모저모

무슬림은 한 달간의 라마단 금식을 마친 후 이슬람력 10월인 샤왈Syawal월 첫날을 금식을 마친 것을 기념하는 명절로 지킨다. 명절이라는 뜻의 에이드Eid, 금식을 마쳤다는 뜻의 피트르Fitr를 합한 에이둘 피트르Eid ul-Fitr는 희생제물을 잡는 명절인 에이둘 아드하와 함께 이슬람 2대 명절 중 하나이다. 인도네시아에서 이둘 피트리Idul Fitri, 또는 르바란Lebaran이라고 더 많이 부르는[15] 이때 인도네시아 무슬림은 명절 음식을 하고, 고향을 찾아가고 가족과 친척을 방문한다. 조금 차이가 있지만 말레이시아에서도 명절을 보내는 모습은 거의 비슷하다.

말레이시아에 살 때 보니 이 명절 분위기는 공식 휴일을 지나도 계속되어 거의 한 달 가까이 가는 것 같았다. 쇼핑몰에 가도 그렇고 라디오에서도 2~3주가 넘도록 명절 음악이 흘러나온다. 명절이 끝나가는 즈음에 인터넷을 설치하려고 기사에게 연락하니 아직 고향에서 돌아오지 않았다며 2주 뒤에나 돌아온다고 한 적도 있다. 공식 휴일이 한 달 가까이 지났는데도 정부기관이나 학교, 각종 단체는 음식을 차려 놓고 손님을 초대하는 명절(하리 라야^{Hari Raya}) 오픈 하우스 행사를 한다. 도대체 이 명절은 공식적으로 언제 끝나는 것인지 궁금했다.

그런데 이런 모습이 필자만 궁금했던 것은 아닌 모양이다. 학교에서 중동이나 중앙아시아에서 온 다른 무슬림 친구들은 말레이시아와 인도네시아에선 이 에이둘 피트르 명절이 왜 이렇게 길고 성대하냐며 신기해했다. 필자는 친구들이 신기해하는 것이 도리어 놀라웠다. 그전까지는 당연히 이슬람에서 에이둘 피트르가 가장 큰 명절이라고 생각했기 때문이다. 인도네시아와 말레이시아에서 이슬람을 배웠고 다른 곳에서는 어떻게 명절을 보내는지 알아볼 기회가 없었으니 당연한 일이었다. 휴일만 해도 거의 일주일을 쉬고, 이런저런 이유를 붙여 그 이상도 쉬는 말레이시아와 인도네시아와는 달리 다른 이슬람권 나라 중에는 하루 이틀만 쉬고 넘어가는 곳도 많다고 했다. 휴일만 그런 것이 아니다. 애당초 에이둘 피트르를 동남아 무슬림처럼 성대하게 쇠는 곳이 많지 않았다. 오히려 다른 지역에서는 희생제(에이둘 아드하^{Eid ul-Adha})가 더 중요한 명절인 경우가 많다. 같은 이슬람권이라도 인도네시아와 말레이시아에서는 라마단 금식 후에 쇠는 이 에이둘 피트르에 더 특별한 의미를 부여하고 있음을 알 수 있었다.

이둘 피트리 때 인도네시아와 말레이시아의 무슬림은 한 달간의 금식을 마친 것을 기념하며 음식을 나눈다. 정통 이슬람의 풍습은 아니지만 가족과 친지의 무덤을 방문하기도 한다. 명절 기간 동안 가장 중요한 풍습은 고향을 방문하는 '무딕^{Mudik}'이다. 비행기나 기차표를 구해서 편히 가는 사람들도 있지만 버스를 타고 열 시간이 넘는 길을 나서기도 한다. 길이 막히면 스무 시간이 넘을 수도 있다. 이 고생스러운 귀성길을 온 가족이 오토바이를 타고 오르기도 한다. 드라마나 티브이 프로그램을 보면 명절을 마치고 돌아올 때는 온 가족이 오토바이를 타는 것도 모자라 고향집에서 바리바리 싸준 것까지 들고, 싣고, 이고 오는 것이 위태로워 보인다.

이둘 피트리 명절 귀성길은 아직 금식이 끝나지 않았을 때 시작된다. 그래야 금식이 끝나고 르바란(이둘 피트리)이 시작될 때 고향집에서 명절을 시작할 수 있다. 그런데 아직 금식 중이라 덥고 막히는 길 위에서 음식도 물도 먹을 수가 없으니 여간 힘든 귀성길이 아니다. 몇 년 전에는 고속도로 어느 구간에서 톨게이트 설계가 잘못되었는지 차량이 요금소를 빠져나오는 데만 스무 시간이 넘게 걸리는 최악의 정체가 발생해 노약자들이 길에서 다수 사망하는 일이 발생하기도 했다. 이렇게 힘든 길도 마다하지 않고 갈만큼 중요한 것이 인도네시아의 귀성길 '무딕'이다.

무슬림은 라마단 금식 기간 중 욕망을 절제하고 금식을 하면 죄가 씻기고 죄에서 더 멀어진다고 믿는다. 그렇게 한 달이 조금 못 미치는 기간 동안 금식을 했으니 굳이 따지자면 금식을 마치고 맞는 명절인 이둘 피트리 첫날이 죄악에서 가장 멀리 있는 날이다. 그래서 인도네시아에서는 이둘 피트리에 '새로운 시작' 또는 '탄생'의 의미를 부여하기도 한다. 금식을 마쳤다는 뜻인 '피트르'의 어원에 '시작'이나 '탄생'이라는 의미가 있다는 해석마저 볼 수 있다. 금식을 마친 직후에는 무슬림이 죄에서 깨끗해져 모태에서 나온 아기와 같은 순전한 상태가 된다는 것이고 그래서 새로운 시작과 출발을 할 수 있다는 것이다. 고향을 찾는 풍습 무딕도 내가 태어난 곳, 근원으로 돌아가서 새 출발을 한다는 의미로 해석하기도 한다.

이둘 피트리 기간 중 볼 수 있는 또 하나의 중요한 풍습은 서로 간에 용서를 구하는 것이다. 동남아 지역 무슬림들은 이 명절에 '행위와 마음으로 지은 잘못을 용서해 주세요'[16] 또는 더 짧게 '용서를 구합니다'라는 인사를 하며 서로 용서를 구한다. 또, 인도네시아에는 '할랄 비 할랄'[17]이라는 풍습이 있는데 가족과 친지, 동료들을 방문해 서로 그간의 잘못에 대해 용서를 구하고 용서해 주며 화합을 다짐한다. 직장이나 단체에서는 명절이 끝난 후 업무를 개시할 때 '할랄 비 할랄' 행사를 하며 서로 용서하고 용납해 주며, 하나가 되어 다시 잘해 보자는 시간을 갖기도 한

그림 1-9 이둘 피트리 때 받은 간단한 명절 음식 꾸러미. 끄뚜빳(Ketupat, 쌀을 떡처럼 뭉쳐 다이아몬드 모양으로 짠 야자 잎에 싼 음식)과 파인애플 스낵 등 명절에 주로 먹는 음식들이 보인다

다. 음식을 함께 나누기도 한다. 무슬림에게 에이둘 피트르라는 명절은 신으로부터 용서를 받는 시간인데, 동남아시아에서는 여기에 더해 사람들끼리도 서로 용서하며 화합을 추구하는 것이다. '할랄 비 할랄'의 시작에 대해선 여러 설이 있다. 확실치는 않지만 식민지 시대와 독립을 거치며 비교적 최근에 생겨났으며, 다양한 출신과 종교, 이념을 가진 사람들을 아울러야 했던 근현대 인도네시아의 상황이 반영된 관습으로 보고 있다. 새로운 출발을 하려면 신과의 관계뿐만 아니라 사람과의 관계도 다시 돌아보고 앙금이 있다면 털고 가야 한다는 생각에서 생겨난 풍습일 것이다.

이둘 피트리가 되면 사람들은 객지에서의 고단했던 삶을 뒤로 하고 자기가 태어난 고향에 가서 음식을 나누고 가족들과 시간을 보낸다. 그렇게 도시생활에 지친 몸과 마음을 추스르고 나면 다시 일 년을 보낼 힘을 얻어 고단한 삶의 터전으로 돌아가 새로운 출발을 하는 것이 이둘 피트리 명절의 의미이다. 안정된 직장이 있는 이들이야 직장으로 다시 돌아가면 되겠지만 직장을 구해야 하거나 더 나은 자리를 찾는 사람들은 이 기간에 고향에서 만난 가족이나 친구들과 정보를 교환해서 새 자리를 구하기도 한다. 시골에 있던 사람이 명절이 끝나고 가족과 친구들을 따라 도시로 나오는 경우도 있다. 그래서 이둘 피트리가 끝날 때쯤이면 고용인도 새 피고용인을 구하고, 피고용인도 새 자리를 구하는 구인구직 움직임이 활발해진다.

이둘 피트리 명절은 고향을 찾고, 가족과 시간을 보내면서 오랜 금식을 마친 것을 축하하고 몸과 마음을 새로이 하여 새로운 시작을 준비하는 시간이다. 그런데 금식월도 그랬지만 2020년 이둘 피트리 명절은 많이 달랐다. 코로나-19로 인한 이동제한으로 경찰이 자카르타를 들고나는 고속도로 진출 입구를 지키고 출입을 통제했다고 한다. 그럼에도 어떻게든지 방법을 마련해 길을 나서는 사람들은 있었던 모양이다. 아무튼 예년과는 다른 썰렁하고 외로운 이둘 피트리, 르바란 명절이었던 듯하다. 영상으로 가족과 인사를 하며 아쉬움을 달래기는 하지만 르바란 같지가 않고 새로운 1년을 힘차게 보낼 힘을 얻지 못한 채 쓸쓸히 보내는 뭔가 빠진 것 같은 그런 명절이다.[18]

명절 인사

이둘 피트리 명절 때는 보통 공식적으로는 '슬라맛 하리 라야 이둘 피트리(Selamat hari raya Idul Fitri, 이둘 피트리 명절 잘 보내세요)' 또는 '모혼 마앞 라히르 단 바띤(Mohon Maaf Lahir dan Batin, 안팎으로 잘못한 것에 대해 용서를 구합니다)'라고, 때로는 두 인사말을 붙여서 인사한다. 비공식적으로는 그냥 간단하게 '모혼 마앞(용서를 구합니다)'이라고 해도 좋다.

다만, 이 인사말은 인도네시아에서만 통한다. 말레이시아만 해도 단어들이 살짝 다르다. '에이드 무바라크^{Eid Mubarak}'라고 하면 이슬람 세계에서는 보편적으로 통한다. '복된 명절', '복된 축제' 정도의 의미이다. 금식이 끝나고 맞이하는 이둘 피트리 때는 물론이고 희생제인 이둘 아드하 때도 사용할 수 있는 인사말이다.

인도네시아 국시
빤짜실라의 어제와 오늘

인도네시아에서 매년 6월 1일은 '빤짜실라
Pancasila'의 날이다. 원래는 국경일이 아니었는데 2016년 대통령령으로
이 날을 국경일로 기념하기로 결정했다(2017년부터 시행).

'빤짜실라'는 인도네시아 건국이념이다. 산스크리트어에서 유래한 자
바 고어로 '빤짜'는 숫자 5, '실라'는 원칙을 의미한다. 그래서 빤짜실라
는 5개의 원칙이라는 뜻이며, 참되고 하나된 신에 대한 믿음, 인간애, 인
도네시아의 하나됨, 합의와 대의제에 바탕을 둔 민주주의, 사회정의를
포함한다.

흔히 인도네시아가 네덜란드에 300년 식민 지배를 받았다고 말하지
만 사실 네덜란드 지배 이전에 인도네시아라는 나라는 없었다. 오히려
네덜란드 식민 지배 시절에 국내외에서 근대적 교육을 받은 젊은이들
을 중심으로 '인도네시아'라는 새로운 아이디어가 싹텄다. 그래서 인도

네시아 지식인들은 인도네시아가 젊은 나라라고 말한다. 인도네시아는 그 이전의 문화적 유산은 계승하면서도 여러 민족과 문화, 종교를 아우르는 새롭고 젊은 국가로 태어났다. 민족도, 문화도, 언어도, 종교도, 이념도 다 다른 사람들을 품고 이전에 없던 국가를 형성해야 했으니 인도네시아가 어떤 나라가 되어야 하느냐에 대한 합의가 쉬울 리 없다. 1945년 독립선언을 하기 이전에도 그랬지만 그 이후에도 인도네시아가 어떤 나라가 되어야 하느냐에 대한 논의는 지금까지도 계속되어 왔다.

빤짜실라는 이 논의에 대한 초대 대통령을 지낸 수카르노의 제안을 기반으로 제정되었다. 수카르노는 아직 인도네시아가 최종적인 독립을 이루기도 전인 1945년 6월 1일에 빤짜실라의 초안을 독립을 준비하는 위원회에 제출했다. 감동적인 연설과 함께였다. '빤짜실라의 날'은 이 날인 6월 1일을 기념하는 날이다.

빤짜실라의 의미에 대해선 할 말이 많겠지만 우리 같은 국외자의 입장에서는 빤짜실라가 다민족, 다문화, 다종교로 이루어진 나라 인도네시아에서 다원성을 존중하는 국가 이념이라는 데 의의가 있다. 물론 빤짜실라가 완벽하지는 않다. 예를 들어 첫 번째 항목인 신에 대한 믿음은 종교를 가지지 않을 자유를 제한하고, 주요 6대 종교(이슬람, 개신교, 가톨릭, 힌두, 불교, 유교) 외의 종교나 소수종파의 운신의 폭을 제한한다. 빤짜실라가 반대파를 침묵시키는 도구로 사용된 적도 있다. 그럼에도 빤짜실라는 인도네시아가 다양성과 다원성을 존중하는 나라라는 최소한의 선언을 담고 있다는 점에서 중요하다.

이러한 빤짜실라의 성격을 가장 잘 말해 주는 에피소드가 있다. 빤짜실라의 초안 공유 이후 수정안으로 나온 소위 '자카르타 헌장'은 초안에서 순서가 다섯 번째였던 신에 대한 믿음을 첫 번째로 올리는 등 변경이 있었다. '자카르타 헌장'에서 주목할 점은 첫 번째 항목인 '전능한 신에 대한 믿음'에 덧붙여 '이슬람을 따르는 자들에게는 샤리아를 실천할 의무'를 부과했다는 점이다. 이슬람 율법을 포함하는 개념인 샤리아를 준수할 의무를 부과한다는 이 표현이 최종안에 그대로 담겼다면 인도네시아는 지금과는 많이 다른 모습이었을 것이다.

그런데 최종안을 확정하는 과정에서 빤짜실라 문안을 협의하던 국부 國父들은 기독교세가 강한 동부 도서 지역이 이 조항에 부담을 가지고 있다는 것을 알게 되었다. 최악의 경우에는 동부 지역이 이슬람 우위를 공식화하는 인도네시아 공화국에 참여하지 않고 다른 정치결사를 형성할 가능성까지 있었다. 인도네시아는 자리가 잡히지 않은 상황이었다. 식민 종주국이던 네덜란드를 포함해 제2차 세계대전에서 승리를 앞둔 연합군 측의 승인도 얻지 못하고 있었다. 국부들은 이슬람 이념을 고집하기보다는 통일 인도네시아의 출범과 화합이 중요하다고 판단했던 모양이다. 결국은 샤리아 실천의무는 빤짜실라 최종안에서 제외키로 결정되었다. 처음에는 위원회에서 이슬람 원칙을 고수하고자 하는 위원들의 반대가 예상되었으나 초대 부통령을 지낸 모함마드 하타의 설득을 거쳐 큰 논란 없이 문안이 확정되었다. 이 결정으로 인도네시아는 이슬람 국가가 아니라 무슬림 인구가 다수를 차지하는 세속국가가 되었다.[19]

인도네시아가 샤리아에 의해 통치되어야 한다고 생각하는 이들에게 이 결정은 두고두고 뼈아팠을 것이다. 이후에도 몇 차례 샤리아를 도입하려는 시도가 있었지만 모두 성공적이지 않았다. 특별 구역인 서부 수마트라 아체주만 예외이다. 이슬람 계열 정당이나 단체들도 대부분 빤짜실라의 틀 내에서 활동한다. 처음에는 이슬람주의를 내세우던 정당이나 단체들도 제도권으로 들어와 대중적 지지를 얻기 위해선 결국 빤짜실라의 틀을 인정하게 된다. 빤짜실라가 이슬람 신앙이나 샤리아보다 더 중요하다고 믿기 때문은 아니다. 이슬람 신앙과 샤리아의 정신이 빤짜실라와 헌법, 법률을 통해 인도네시아 민주주의 체계에 이미 구현되고 있다는 논리이다.

10년 전에 이와 관련한 인상적인 장면을 우연히 본 적이 있다. 알자지라 방송 대담 프로가 인도네시아에 샤리아를 공식적으로 도입하자는 운동에 대해 다루고 있었다. 샤리아 도입을 지지하는 패널들의 발언 끝에 인도네시아 대통령을 지낸 압둘 라만 와히드의 딸이며 당시 인도네시아 주요 이슬람 계열 정당인 국민각성당PKB을 대표하던 예니 와히드의 발언 순서가 왔다. 예니 와히드는 '우리는 인도네시아에 샤리아가 도입되는 것을 지지하지 않습니다. 인도네시아는 빤짜실라의 나라입니다.

인도네시아는 다문화, 다종교의 나라입니다'라고 발언했다. 이슬람 계열 정당 대표가 이렇게 말하는 것이 매우 인상적이어서 지금까지도 기억하고 있다.

그런데 빤짜실라는 요즘 위기이다. 질문방식마다 조금씩 결과가 다르긴 하지만 신문에 실리는 여론조사 결과를 보면 응답자 중 약 10% 정도는 인도네시아가 이슬람 국가가 되어야 한다고 믿는 모양이다. 질문에 따라 답이 다르긴 하지만 인도네시아에 샤리아가 적용되어야 하느냐는 질문에는 때로 50%에 가까운 응답자가 '그렇다'라고 답한다. 대학교나 고등학교에서 설문을 해 보면 거의 25%에 가까운 학생들이 인도네시아가 이슬람 국가가 되어야 한다고 응답하는 결과도 있다. 나이가 더 어릴수록 이슬람 국가의 가치에 호응하는 경향이 보이는 것이다. 또 정부기관이나 군대, 경찰에 소속된 사람 중에도 2~3% 정도는 인도네시아가 이슬람 국가가 되어야 한다고 답한다. 빤짜실라의 가치를 지켜내고자 하는 쪽에서는 이런 현상이 심히 걱정된다. 지금 당장의 수치보다도 2~30년 후가 더 걱정스럽다는 것이다. 빤짜실라가 제정된 후 70년이 지났지만 빤짜실라의 날을 공휴일로 지정해서라도 빤짜실라의 가치를 다시 새롭게 할 필요가 있었을 것이다.

빤짜실라의 날이 공휴일로 지정된 해인 2016년 하반기에 당시 자카르타 주지사였던 바수키 짜하야 푸르나마(일명 '아혹')의 발언이 신성모독이라는 주장에서 시작된 '이슬람 수호시위 Aksi Bela Islam'도 중요한 이정표이다. 주지사의 처벌을 요구하며 발생한 몇 차례의 대규모 군중시위로 급진 이슬람 세력이 무시할 수 없는 정치적 영향력을 가지고 있음이

그림 1–10 빤짜실라의 날을 맞아 애국심과 빤짜실라에 대한 지지를 표현하는 구호들. 그림과 같이 '내가 인도네시아, 내가 빤짜실라이다' '인도네시아 통일공화국(NKRI)은 타협할 수 없는 가치이다'와 같은 구호들이 자주 보인다

더욱 분명해졌다.

2017년 처음으로 국경일로 지정된 빤짜실라의 날을 맞아 시내 중심부에 갈 일이 있었다. 차를 타고 가는데 자카르타 중심도로인 수디르만로와 M.H.땀린로를 따라 양옆에 인도네시아 독립영웅들의 초상을 그린 족자가 쭉 걸린 것이 보였다. 그림 아래에는 해당 인물이 인도네시아 공화국의 독립을 이루기 위해 어떻게 싸웠고, 어떻게 산화했는지에 대한 설명이 붙어 있었다. 그 설명은 마치 빤짜실라의 날을 맞아 '이렇게 이 사람들의 피 위에 세워진 나라가 바로 빤짜실라의 나라 인도네시아이다'라고 말하는 것 같았다. 마침 또 한 번의 대규모 군중시위를 앞두고 있었을 때라 더 의미심장한 메시지였다. 이런 헌신과 희생 위에 세워진 나라이니 분열하지 말고 여러 차이를 다 포용해 함께 가자는 뜻이었을 것이다. 인도네시아 직원들과 친구들의 소셜 미디어 프로필도 빨갛고 하얀 인도네시아 국기를 배경으로 '내가 인도네시아, 내가 빤짜실라다'라는 배너를 달고 정부의 호소에 호응했다. 빤짜실라의 날에는 보통 빨갛고 하얀 인도네시아 국기를 모티프로 한 장식이 여기저기에 걸리고 사무실이나 학교에서도 직원이나 학생들이 빨갛고 하얀 옷을 입

고 와서는 행사를 하곤 한다. 여성들은 하얀색 옷에 빨간색 히잡을 두르곤 한다.

　빤짜실라의 날마다 등장하는 애국심 어린 구호와 소셜 미디어상의 메시지에도 불구하고 '인도네시아가 어떤 나라가 되어야 하는가'는 지금도 논의가 진행 중인 열린 주제이다. 우리는 외국인이다. 이 나라가 어떤 이념에 근거해야 하는지에 대한 논의에 관여할 수는 없다. 하지만 변화가 있다면 그 결과가 정치, 경제, 국제관계 등에 미치는 영향은 클 수도 있다. 우리도 영향을 받을 것이다. 잘 살펴보고 필요하면 적절하게 대응할 필요는 있다.

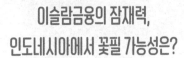

이슬람금융의 잠재력,
인도네시아에서 꽃필 가능성은?

          이슬람금융과 인도네시아는 만년 유망주이다. 성장 잠재력이 크다는 이야기는 한참 전부터 있었다. 하지만 흔한 말로 '포텐셜'이 터지는 날은 좀처럼 오지 않고 있다. 사실 그날이 언제 올지, 오기는 올지 가늠하기도 쉽지 않다. 이들의 잠재력을 믿고 자원과 시간을 투자하고 희망고문에 시달리는 기관이나 개인도 많을 것이다. 유망하다고는 하는데 잘 안 터진다.

  필자가 말레이시아에서 이슬람금융을 공부하던 즈음인 2009년 ~2012년까지 4년간 세계 이슬람금융 부문 성장률은 매년 각각 26%, 10%, 19%, 20%를 기록했다.[20] 세계 인구의 4분의 1가량이 무슬림인 점 등을 고려할 때 일반금융과의 격차가 빠르게 좁혀질 것이라는 장밋빛 전망이 많았다. 유가도 높고 중동이나 동남아 지역 프로젝트도 많았다. 대학원에서 함께 공부하던 친구들도 졸업하고 학위만 받으면 불러주는

리바Riba 금지	불명확성Gharar 배제
허용되지 않는 이익 향유를 금지, 대출이자가 대표적	계약에서 명확하지 않은 요소 배제, 일반 파생상품 사용 X
우연/도박Maysir 배제	율법이 허용하는Halal 거래를 지원
확률적 요소에 영향을 받는 요소 배제, 일반 보험/파생상품 사용 X	비도덕적 내용, 알코올, 돼지고기 등 수반되는 거래는 지원 X

이슬람 금융의 기본 원칙

표 1-1 이슬람금융의 기본원칙은 학자나 자료에 따라서 조금씩 다르게 제시되며, 여기에 제시된 원칙은 필자가 정리

데가 많을 것이라는 희망에 부풀어 있었다.

하지만 그런 일은 일어나지 않았다. 2018년 세계 이슬람금융 분야의 성장률은 6.58%이다. 2013년 11.16%의 성장률을 기록한 이후에는 두 자릿수의 성장률을 기록한 적이 없으며 그마저도 하향하는 추세를 보이고 있다. 이슬람금융의 성장세가 주춤한 이유로 유가 하락이나 주요국 거시경제지표 악화, 환율 등의 요인이 등장하곤 한다. 하지만 5년 연속 한 자릿수의 성장을 하며 성장률도 하락하는 데는 뭔가 구조적인 요인을 찾아야 한다는 견해도 만만치 않다. 산업 자체가 성숙기에 접어들어 더 이상 초기의 고성장을 기대하기 어렵다는 시각마저 있다. 금액 기준으로 2018년 말 이슬람금융 부문 자산은 약 2.6조 달러이다. 글로벌 금융자산 규모 중 약 1% 정도에 불과하다. 아직 성숙기를 논할 단계가 아니다. 만약 다른 거시경제 요인이 아니라 정말 이슬람금융 성장에 구조적 한계가 있는 것이라면 산업 입장에서는 큰일이 아닐 수 없다. 무엇

인가 새로운 전기가 필요하다.

　이슬람금융이 새로운 가치를 창출하지 못하는 데서 위기의 원인을 찾기도 한다. 현대 이슬람금융상품은 처음부터 일반금융상품을 가져다 거기서 율법에서 금지하는 요소만 제거해 그대로 복제하는 것이 대부분이었다. 본질은 일반금융상품과 똑같은데 이름만 달리 붙인 것이라는 비판이 내부에서도 나온다. 이런 비판에도 불구하고 산업의 태동 초기에는 일반금융상품을 이슬람 라벨을 붙여 내놓는 관행이 불가피하지만 시간이 지나면서 이슬람금융만의 가치를 담은 혁신적 상품들을 개발하면 된다는 단계적 발전론을 주장하는 이들이 많았다. 하지만 그 사이에 이슬람금융계가 본질적이고 혁신적인 변화를 이끌어 내지는 못한 모양이다. 일반금융상품을 복제하는 것에서 벗어나 혁신적인 이슬람금융만의 무엇인가를 만들어 내야 한다는 주장이 10년 전이나 지금이나 똑같이 나오고 있으니 말이다. 요컨대 일반금융상품을 복제해 비슷한 효과를 낼 수 있는 이슬람금융상품을 만들어 내는 기법은 발전하고 있지만 이슬람의 가치를 담고, 이슬람공동체 움마와 무슬림의 번영에 공헌할 수 있는 새로운 가치 창출은 성공적이지 않다는 말이다.

　지리적인 한계도 지적된다. 사실 지금까지 이슬람금융은 말레이시아가 이끌어 왔다 해도 과언이 아니다. 2018년 기준 발행된 수쿠크(채권과 유사한 이슬람금융 방식 증권)의 35%는 말레이시아에서 발행되었다.[21] 그 뒤를 사우디아라비아(23%)와 UAE(13%), 인도네시아(11%)가 잇고 있다. 말레이시아는 1983년 이슬람은행법을 제정한 후 '이슬람은행Bank Islam'을 설립하고 이후 관련 제도를 정비해 이슬람금융을 적극 육성했다. 현재 국내시장에서 이슬람은행업 점유율도 25%에 이르고 있다. 이슬람금융계에서 말레이시아의 위치는 결코 무시할 수 없다. 문제는 말레이시아가 이슬람 세계의 중심은 아니라는 것이다. 인구도 많지 않다. 3천만 명을 조금 넘겼을 뿐이다. 말레이시아 외에도 이슬람금융을 선도하고 있는 나라들의 면면이 대부분 이렇다. 인구나 경제 규모 면에서 이슬람 세계 경제권을 대표한다고 보기가 어렵다.

이슬람금융계는 외연확대가 절실하다. 새로운 성장동력이 될 수 있는 지역이나 나라가 필요하다. 그런 면에서는 인도네시아가 제격이다. 현재 이슬람금융 산업 성장이 정체된 상황에서 새로운 돌파구가 될 수 있다. 인도네시아는 세계에서 가장 많은 무슬림이 사는 나라이다. 자원도 풍부하고 인프라 프로젝트도 많다. 2018년 전 세계에서 국가신용 Sovereign 으로 발행하는 수쿠크의 13%는 인도네시아에서 발행된 것이다. 한편, 국내 이슬람은행과 이슬람보험Takaful 점유율은 4~6% 정도에 지나지 않는다. 점유율이 확대되면 아직 성장할 수 있는 잠재력도 크다. 인도네시아에서 이슬람금융이 활성화된다면 세계적으로 이슬람금융 산업도 성장의 전기를 마련할 수 있다.

인도네시아도 마다할 이유가 없다. 인도네시아는 자원이 풍부한 자원부국이며, 인구가 많은 인구부국이다. 중장기적으로 손가락에 꼽히는 주요 경제가 될 것이라는 전망도 있다. 하지만 갈 길이 멀다. 1인당 GNI가 4천 달러를 조금 넘어(4,050달러, 2019년) 세계은행 기준으로 하위중소득국에서 상위중소득국으로 도약했다고는 하나(2020년 7월 1일자) 기대했던 만큼 자체 경쟁력을 갖추고 내수시장도 활성화되고 있다고 보기는 어렵다. 여전히 자원과 풍부한 노동력에 근거한 해외투자에 상당 부분 의존해야 하는 것이 현실이다.

이슬람 경제 활성화도 이런 상황을 타개하기 위한 여러 시도 중 하나이다. 어쨌든 인도네시아는 세계 제1의 무슬림 인구를 가진 나라이다. 이슬람금융이건 할랄 식품이건, 할랄 관광이건 국내 수요만 생각해도 규모의 경제가 가능할 것 같다는 계산이다. 이 매력적인 파이를 다른 나라들에 내주는 것은 너무 아까운 일이다. 자국의 풍부한 무슬림 인구를 수요 기반으로 해서 시장을 성장시켜 이슬람 경제의 허브가 되고, 그 경쟁력을 바탕으로 세계 시장으로 진출하겠다는 전략은 자연스러워 보인다.

사실 이런 전략은 이미 나와 있다. 인도네시아 국가계획부가 2018년 펴낸 422페이지에 달하는 『이슬람 경제 마스터플랜 2019-2024』[22]는 식음료, 관광, 패션, 문화·미디어, 화장품·의약품, 재생에너지 그리고 이슬람금융 등 일곱 부문에 대해 현황을 분석하고 어떻게 가치사슬을 강화해 나갈 것인지 그 전략을 담고 있다. 하지만 이슬람금융을 제외하고 다른 여섯 부문은 아직 발전 초기 단계인 것이 현실이다. 결국 전반적인 인도네시아의 이슬람 경제 전략을 이끌어 나가면서 이슬람 경제의 다른 분야의 발전에 필요한 재원과 동력을 제공해야 하는 것도 이슬람금융이 짊어질 몫이다. 이슬람금

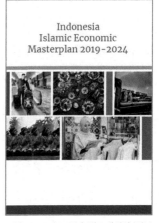

그림 1-11 2018년 인도네시아 정부에서 펴낸 『이슬람 경제 마스터플랜 2019-2024』

융이 인도네시아를 필요로 하는 만큼, 인도네시아도 이슬람금융이 필요하다.

쉬운 문제는 아니다. 2010년 말레이시아에서 이슬람금융 비중이 20% 정도일 때 인도네시아의 이슬람금융판 '비전 2020'에 대해 들은 적이 있다. 당시 약 5% 정도이던 이슬람금융 국내 점유율을 2020년까지 20%로 올리겠다는 계획이었다. 10년 정도가 지난 지금도 점유율은 여전히 5% 내외에 그친다. 정부나 공기업 주도의 대규모 수쿠크 발행 정도가 눈에 띨 뿐 이슬람은행이나 보험(타카풀) 영업은 여전히 지지부진이다. 얼마 전 인도네시아의 이슬람 경제 관련 구상에 대해서 전문가분들과 논의할 기회가 있었다. 많은 전문가들이 과연 인도네시아의 이슬람금융과 경제 관련 구상들이 실제로 가까운 시일 내에 현실화될 수 있느냐, 실제로 돈이 될 수 있느냐에 대해 의문을 표했다. 만년 유망주인 인도네시아와 이슬람금융·경제의 시너지에 대한 불신은 꽤 깊다.

인도네시아 국내에서도 일반은행에 비해 이슬람은행의 역량과 경쟁력이 떨어진다는 지적이 나온 바 있다. 급기야 국영상업은행들이 이슬람은행 자회사들을 합병해 거대한 국영이슬람은행을 만들어 경쟁력을 제고해 보자는 아이디어가 나와 현실화를 눈앞에 두고 있다.

그래도 변화의 조짐은 있다. 무슬림들이 보다 종교적 가르침에 충실한 삶으로 방향을 전환하는 '히즈라'의 물결 속에 이자 같은 정의롭지 못한 소득(리바)을 버리라는 종교 지도자들의 촉구가 이어지고 있다. 많은 무슬림이 사원에서 또는 유튜브 영상이나 책으로 이런 가르침을 접한다. 머리를 히잡으로 가리는 것만이 히즈라가 아니라 일반은행에서 돈을 빼고 계좌를 닫아 이슬람금융기관으로 옮기는 것도 히즈라라는 것이다. 영향을 받는 사람들도 늘고 있다. 인도네시아에서 근무할 때 금융회사인 우리 사무실만 해도 종교적인 이유로 그만두거나 그만두고 싶어 하는 직원들이 나오기 시작했다. 2019년 〈자카르타 포스트지〉는 은행원들이 종교적 이유로 은행을 떠나는 현상에 대한 특집 기사를 내기도 했다.

자동차는 출발하기 직전에 타이어와 접지면 사이의 마찰력이 가장 크다고 한다. 인도네시아의 이슬람금융이 아직은 그 무거운 몸을 일으키지는 못했지만 일단 떠오르기만 하면 관성을 받아 앞으로 나갈 가능성도 크다. 금융소비자와 투자자 입장에서 일반금융과 이슬람금융은 본질적으로 큰 차이가 없다. 처음이 어려울 뿐이다. 둘 사이에 큰 차이가 없다면 기왕이면 이슬람금융을 선택하는 무슬림이 늘어날 가능성도 크다. 일단은 현재 5% 내외에 묶여 있는 점유율의 굴레를 어느 정도라도 벗어날 수 있느냐가 관건이다. 현재 수준에서 6%, 7%로 증가하는 추세가 보이면 의외로 지금 말레이시아 수준인 20~25%까지는 꾸준히 상승할 수 있는 가능성이 크다. 인도네시아와 이슬람금융이 만년 유망주 상태를 벗어나는 데 서로의 도약대가 될 수 있을까?

인도네시아,
이슬람금융의 가치에 주목!

　　　　　　　　　말레이시아에서 이슬람금융을 공부할 때의 일이다. 첫 학기 중간고사 때 '이슬람은행업' 과목 시험을 보고 나왔는데 같이 공부하던 키르기스스탄 출신 친구의 표정이 좋지 않았다. 이 친구는 이슬람금융에 대해 큰 기대를 걸고 열정적으로 공부를 하는 학생이었다. 시험은 여섯 개의 문제 중 네 개를 골라 세 시간 내에 서술하는 것이었다. 그중 '왜 이슬람은 리바를 금하는가?'라는 문항이 있었다. 리바Riba는 이슬람에서 정당하지 못한 이익을 뜻하며 대표적으로 대출 이자가 여기에 속한다. 이슬람은 이자를 포함한 리바를 금하며, 여기에서 이슬람금융의 개념이 시작된다. 이 친구는 이것에 대한 책과 논문을 찾아보며 공부를 무척 많이 했다. 단순히 시험 때문은 아니었다. 그것은 신념의 문제였다. 그런데 마침 시험 문제로 이 문항이 나오자 이 친구는 자신이 알고 있는 모든 걸 여기에 쏟아냈다. 해당 문항 답안 작성을 마치고 시계를 보니 세 시간의 시험시간 중 두 시간 십오 분이 지나 있었다. 시간 관리에 실패한 이 친구는 남은 사십오 분 동안 서둘러 남은 세 문제에 대한 답안을 작성해야 했다. 마지막 문항은 답을 거의 쓰지 못하고 '오직 신만이 아신다 Only Allah Knows'라고 답을 쓰고 시험을 마쳤다고 한다. '리바' 문항에서는 만점을 받았지만 다른 문항에서 거의 점수를 받지 못한 친구는 좋지 못한 학점을 받았고, 다음 학기에 이 과목을 다시 수강해야 했다. 수학 계획에도 차질이 빚어졌다. 이슬람금융에 대한 열정이 빚은 해프닝이다.

그런데 시간이 흘러 학위과정을 거의 다 마칠 때쯤 이 친구가 필자에게 이렇게 물었다.

'이슬람금융에 대해서 어떻게 생각해?' 다소 당황스럽고 어려운 질문이었지만 무슬림이 아닌 필자는 그냥 적당하고 무난한 답을 하며 얼버무렸다. 그러자 그 친구는 필자에게 '나는 이게 다 하나의 거대한 기만인 것 같아'라고 말했다.

리바(이자 등)를 주고받는 것이 왜 정의롭지 못한지에 대해 그렇게 열정을 가지고 파고들며 이슬람금융에서 대안을 찾으려고 하던 처음의 모습은 어디로 간 것일까? 이유를 물어보지는 않았지만 왜인지는 알 것 같았다.

이슬람에서 리바(이자 등)를 수수하지 말라는 명령은 경전인 꾸란에 명백히 나와 있다.[23] 대출을 해 주고 이자를 약정하면 차입자가 돈을 빌려 가서 사업이나 생업이 잘되거나 그렇지 않거나에 관계없이 고정된 이자를 지불한다. 즉, 대출자는 차입자의 사업 위험 Business Risk을 공유하지 않는다. 이것이 이슬람의 시각에서는 불의不義하다. 그래서 이슬람에서 금융은 이자가 없는 자선의 행위이거나 자금의 공급자와 수요자가 이익을 나눌 뿐 아니라 동시에 사업 위험을 공유하는 행위여야 한다. 즉, 대출의 대상이 되는 사업이 적자를 보면 돈을 빌려준 사람도 손실을 부담해야 한다는 뜻이다. 은행원인 필자의 입장에서는 대출자가 사업 위험은 지지 않지만 신용 위험이나 시장 위험, 환·금리 위험, 운영 위험 등 다양한 위험을 감수하므로 이자를 받는 것이 불의한 행위라는 데 동의할 수 없지만 이슬람에서는 그렇게 여긴다. 아마 이슬람이 태동할 당시 대부자들이 과다한 이자를 부과하던 악습이 이런 규정이 만들어지는 데 영향을 미치지 않았을까 하고 추정할 뿐이다.

그럼 자연히 이런 질문이 나온다. '이자를 주고받지 않으면 금융을 어떻게 하나?'

많은 사람이 이슬람금융은 이자를 인정하지 않기 때문에 배당을 대신 주고받는다고 말한다. 정확한 표현은 아니다. 이슬람금융은 매매, 리스, 합자, 신탁, 대리인 계약 등을 통해 이자 없이도 금융을 한다. 물론 물적 자본이나 인적 자본을 투입해서 이익과 손실을 공유하는 것이 가장 이상적인 형태의 이슬람금융이라고 하겠지만 이런 개념을 활용한 무샤라카나 무다라바 등 계약은 전체 이슬람금융 거래에서 비중이 채 5~10%에도 미치지 못한다. 또 형식은 이익손실공유 계약이더라도 다양한 장치와 특약을 넣어서 실제로는 이익과 손실이 제대로 공유되지 않는 경우가 더 많다. 요컨대 많은 이슬람금융 거래들은 이자라는 요소를 제거하기 위해 다양한 계약을 활용하지만 결국에는 이름만 다르지 이자를 주고받는 일반금융 거래와 실질은 유사하다.

이슬람금융 밖에 있는 사람들은 이슬람금융의 이런 현실을 들으면 '이게 뭐냐?'라는 반응을 보인다. 일반금융에서 이자를 이름만 바꾼 것이지 실제로는 이자를 주고받는 금융과 똑같기 때문이다. 이슬람금융의 테두리 안에 있는 사람들 중에도 위의 그 친구처럼 실망하는 이들도 있다. 이슬람의 원칙과 가치를 충실하게 반영해야 할 이슬람금융이 평범한 무슬림 개인이나 이슬람공동체 움마Ummah의 번영에 기여하지 못하고 자본주의의 시녀가 되어 서구 금융기관의 배만 불린다는 것이다. 현실을 비판하면서도 이슬람의 이상을 더 잘 반영할 수 있는 금융구조를 고안해 보겠다며 노력하는 사람들도 있다. 학문적으로는 혁신적이고 실험적인 이슬람금융 구조에 대한 연구가 활발하고 대안도 나오고 있지만 아직 상업적으로 의미 있는 형태로 가시화되지는 않은 것 같다. 이익과 손실을 공유하는 형태로 사업 위험을 함께 진다는 이슬람금융의 이상을 현실에서 실현하는 것이 쉬운 일은 아니다.

이슬람의 가치를 담은 고유한 금융상품 개발이 쉽지 않은 가운데 업계는 어쨌건 이슬람금융에 가치를 담아내려는 노력을 해 왔다. 이슬람금융과 윤리적 투자Ethical Investment 또는 사회적 책임 투자Socially Responsible Investment를 연계하려는 노력도 꾸준하다. 이슬람금융은 기존 일반금융 상품을 이름만 바꾸어 내놓는 것이 아니라 이슬람의 가치를 담은 금융이라는 것이다.

인도네시아는 이슬람금융에서는 후발주자이다. 이슬람금융을 육성하겠다는 계획 자체는 이전부터 있었지만 구체적인 실행방안은 없었다.

이슬람은행업이나 보험업 시장점유율도 4~5% 수준을 맴돌고 있고, 이슬람금융에 대한 금융소비자들의 이해도 깊지 않다. 최근에는 국가개발계획부의 주도로 '2019-2024 이슬람 경제 5개년 마스터플랜'이 수립되어 이슬람 경제 부분을 육성하겠다는 계획을 야심차게 추진 중이다. 이슬람금융은 이슬람 경제의 다른 분야에 비해 비교적 산업이 성숙해 그중에서도 가시적인 성과를 가장 빨리 기대할 수 있다. 또 이슬람 경제의 다른 부분 발전에 필요한 재원을 제공하는 원천이라는 점에서 이 계획에서 핵심적인 위치를 점하고 있다.

정부가 수립한 마스터플랜에서는 이슬람 경제나 이슬람금융이 제공할 수 있는 가치에 대해 고민한 흔적이 보인다. 그래야만 국민들의 지지를 얻어 아직 낮은 단계에 있는 이슬람 경제·금융에 대한 관심도를 제고해 발전을 도모할 수 있을 것이기 때문이다. 지금까지 그래왔던 것처럼 일반금융상품을 라벨만 이슬람금융으로 바꿔 달아서는 점유율이 4~5%에 불과한 이슬람금융에 대한 지지를 이끌어 내기에 부족하다. 반면 이슬람적 가치를 강조하는 것은 종교적 가치에 충실한 삶을 살고자 하는 '히즈라'의 바람이 인도네시아에 불고 있는 것을 감안할 때 적절한 방향일 수 있다.

눈에 띄는 것은 이 마스터플랜에서 사회보장과 이슬람금융을 연결하려는 노력이 보인다는 점이다. 무슬림이 재산이나 소득에 대해 일정한 기준에 따라 내야 하는 이슬람세인 자캇Zakat과 특정 목적을 위해 구성된 이슬람 재단의 성격을 지닌 와끄프Waqf에 대한 장이 독립적으로 구성되고, 뒤에는 마이크로금융 플랫폼도 소개된다. 인도네시아 정부가 이슬람 사회금융Social Finance을 꽤 비중 있게 다루고 있다는 것을 알 수 있다. 이는 꽤 흥미로운 포인트이다.

이슬람금융 학위과정에 있을 때 친구들에게 석사나 박사 학위 논문 주제를 물어보면 자캇이나 와끄프, 또는 이슬람 마이크로금융을 주제로 삼겠다는 학생이 꽤 많긴 했다. 그런데 사실 이슬람금융 산업 전체에서나 학위과정 커리큘럼에서 자캇, 와끄프, 마이크로금융이 차지하는 비중이 그렇게 크지는 않다. 이유는 간단하다. 돈이 되지 않기 때문이다. 그런데 산업에서 이 부분이 차지하는 비중에 비해 이 주제로 논문을 쓰겠다는 학생은 지나치게 많은 느낌이었다. 학생들이 일반금융과 전혀 차이를 만들어 내지 못하고 이슬람적 가치를 실현하지 못하는 것으로 보이는 주류 이슬람금융 분야보다 그래도 이슬람적 가치와 더 연관이 있어 보이고 이슬람 공동체 움마에 기여하는 것으로 보이는 이 분야에 마음이 향하기 때문일 것이라고 생각했다.

그런 측면에서 인도네시아가 이슬람금융 진흥계획에서 자캇, 와끄프, 마이크로금융 등 이슬람 사회금융의 범주에 넣을 수 있는 분야들을 비중 있게 다룬다는 것은 흥미로운 지점이다. 핀테크에 대한 강조도 이런 측면에서 살펴볼 수 있다. 물론 핀테크는 일반금융에서도 핫한 분야이지만 인도네시아를 비롯해 무슬림이 많이 사는 나라 중에는 금융 접근성이 제한된 나라가 많다는 점에서도 의미를 찾을 수 있다. 인도네시아만 해도 인구의 40% 정도는 은행에 계좌가 없다. 하지만 대부분 휴대폰은 가지고 있으니 다양한 핀테크 플랫폼을 활용하면 기존 금융서비스에서 소외되었던 계층의 금융 접근성을 높일 수 있다. 업계는 기존 상품이나 구조로는 성장의 한계에 부딪힌 이슬람금융의 돌파구 중 하나로 핀테크와 블록체인을 들고 나왔다. 여기에는 기술 혁신을 통해 이슬람적 가치를 구현해 보겠다는 의지도 깔려 있다.

인도네시아 이슬람 경제 마스터플랜에서 또 재미있는 점은 일곱 가지의 주력 분야 중에 신재생에너지 분야가 포함되어 있다는 것이다. 신재생에너지와 이슬람 경제가 무슨 관련이 있을까 하는 생각도 든다. 아마도 이슬람 경제에 가치를 부여하는 노력이 아닌가 싶다. 이슬람금융을 윤리적이고, 포용적이고, 지속 가능한 사회적으로 책임 있는 금융이라는 틀 안에서 이해하는 것처럼, 신재생에너지로 대표되는 지속 가능한 녹색 개발이 이슬람 경제의 가치와 공명한다는 뜻으로 읽혔다.

이 계획에 따르면 신재생에너지 프로젝트에 필요한 재원 조달은 이슬람금융의 몫이다. 인도네시아에서 발주하는 프로젝트 대부분은 일반금융구조로 재원 조달이 가능하지만 몇몇 프로젝트는 시범적으로 이슬람금융 구조의 재원 조달에 우선순위를 둔다. 예컨대, 이슬람 율법 샤리아가 적용되는 아체주의 공공병원사업이 이슬람금융을 활용한 민관협력사업PPP으로 공고가 난 것을 본 적이 있다. 아체주 밖에서 발주되는 사업 중에도 요즘 조금씩 늘고 있는 할랄 병원, 샤리아호텔을 포함한 할랄 관광단지와 관련한 사업은 이슬람금융 활용이 의무화되거나 응찰자가 이슬람금융을 활용하겠다는 재원 조달 계획을 제출하면 입찰 과정에 유리하게 작용할 가능성도 있다. 신재생에너지는 원래대로라면 이슬람금융이나 이슬람 경제와는 직접 관련은 없지만 이슬람금융과 신재생에너지의 협력이 이슬람 경제 마스터플랜에 명시되어 있으므로 관련 프로젝트가 공공 부문 주도로 발주된다면 응찰자들이 이슬람금융 활용 가능성을 검토해 볼 필요는 있을 것으로 보인다.

바야흐로 인도네시아가 이슬람금융의 가치 측면에 주목하기 시작했다. 인도네시아가 '이슬람금융은 무엇이 다른가'를 묻기 시작했다.

인도네시아 알쓸유﹡갑

생초보를 위한 '이슬람금융 어떻게 하는가?' (무라바하의 원리를 예로 들어)

이슬람금융이라는 말을 들으면 '이자를 주고받지 않는데 어떻게 금융을 하지?' 하는 의문은 당연히 든다. 이런 이들을 위해 이슬람금융에 사용하는 계약 중 가장 많이 활용되는 형태 중 하나인 매매를 기반으로 한 '무라바하Murabahah' 금융의 원리에 대해 쉽고 간단하게 설명해 보려 한다.

'샤리프'는 지금 60만 원이 필요하다. 1년 뒤에는 5%를 붙여 63만 원을 갚을 수 있을 것 같다. 하지만 무슬림인 샤리프는 지금 60만 원을 빌려서 1년 뒤에 63만 원을 갚는 대출 거래는 할 수 없다.

사실 이럴 때 금융기관을 통하지 않고도 상품의 매매를 활용해서 자금(금金)을 융통(융融)할 수 있는 방법이 있다. 60만 원 상당의 태블릿 PC를 1년 외상 조건으로 63만 원에 산다(그렇게 살 수 있는 곳이 있다면). 그리고 손에 쥔 태블릿 PC를 즉시 결제 조건으로 60만 원에 판다(그렇게 팔 수 있는 곳이 있다면). 그러면 태블릿 PC는 샤리프의 손을 거쳐 최종 매입자에게 가고, 샤리프에게 남는 것은 태블릿 PC를 판 현금 60만 원과 1년 뒤 갚아야 할 외상채무 63만 원이다. 60만 원을 빌려 1년 뒤 63만 원을 갚는 대출과 유사한 효과이다.

그런데 샤리프 혼자 이 자체 금융거래를 하긴 어렵다. 필요한 돈에 딱 맞는 물건을 구하는 것도, 그것을 외상으로 파는 곳을 찾는 것도, 그것을 적당한 값에 즉시결제 조건으로 파는 것도 어렵다. 그럼 샤리프를 위해 이런 거래의 구조를 짜 주는 금융 기관이나 상대방이 있으면 어떨까? 샤리프가 63만 원에 태블릿 PC를 1년 외상 조건으로 사고, 60만 원에 즉시 결제 조건으로 팔 수 있도록 구조를 미리 짜주는 것이다. 사실은 매매대상이 꼭 태블릿 PC일 필요도 없다. 무엇이건 관계없다. 이것이 바로 '무라바하' 금융이다. '샤리프'가 힘들게 물건과 상대방을 찾을 것 없이 이미 짜여 있는 구조에 들어가서 서명만 하면 된다. 물론 형식적으로는 각각의 거래는 별도의 매매거래여야 하지만 전체를 모아보면 금융거래처럼 된다. 매매대상 물건도 태블릿 PC 같은 것 말고 은이나 팜유Crude Palm Oil처럼 표준화되고 균질한 상품Commodity 이면 시장형성이 훨씬 쉽다. 거래가 활발하면 중개인도 생기고 플랫폼도 갖춰져서 나중에는 그냥 표준화된 금융거래를 찍어낼 수 있게 된다.

표준화된 '무라바하' 금융이라면 결국 샤리프는 외상과 현물로 사고파는 물건이나 상품이 무엇인지는 신경 쓰지 않고, 지금 60만 원을 받고 1년 뒤 63만 원을 갚는 것만 생각하면 된다. 대출과 유사하다.

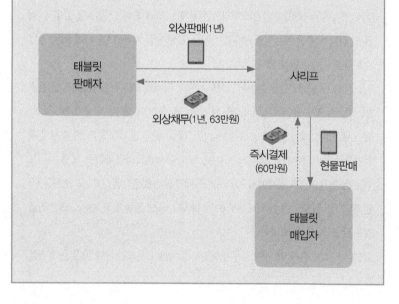

초승달, 십자가 그리고 옴,
신의 나라 인도네시아

2020년 퓨 리서치 센터^{Pew Research Center}가 34개국을 조사해서 발표한 종교성 조사^{The Global God Divide 24}를 보면 인도네시아는 세계에서 가장 종교적인 나라 중 하나이다. '도덕성과 좋은 가치를 갖기 위해 신에 대한 믿음이 필요한가?'라는 질문에 인도네시아 응답자들은 96%가 '그렇다'라고 답했다. 필리핀(96%)과 함께 조사대상 국가 중 가장 높은 수치이다. 튀니지(84%), 터키(75%) 같은 이슬람권 지역과 비교해도 눈에 띈다. '① 종교와 ② 신, 그리고 ③ 기도가 인생에서 중요한 역할을 한다'라는 문장에 대해서도 각각 ① 98%, ② 91%, ③ 95%가 동의한다고 답했다.

인도네시아에서 종교는 중요하다. 은행에서 계좌를 열거나 아파트에서 입주 신고할 때 인적사항을 적어 넣는 서류에는 으레 종교를 묻는 칸이 있다. 은행 계좌를 만드는데 종교가 무슨 상관이 있을까 싶지만 인도네시아에서는 인적사항을 채워 넣는 대부분의 서류에 종교란이 있다. 개인정보보호에 관한 법규가 자리를 잡기 전에 우리도 대부분의 서류에 하나같이 주민등록번호를 적는 란이 있던 것과 비교할 수 있을지 모르겠다. 우리나라에서 주민등록번호가 중요했던 것처럼 인도네시아에서는 종교가 그 사람이 누구인지를 규정하는 데 그만큼 중요하기 때문일 것이다.

인터넷 검색엔진에서 인도네시아 연예인 이름을 입력해 보면 자동으로 완성되는 검색어에 'Agama(종교)'는 거의 꼭 있다. 어떤 연예인이 종교가 무엇인지를 사람들이 그만큼 많이 검색해 본다는 뜻이다. 어떤 연예인을 좋아하거나 하면 그 스타의 종교가 무엇인지가 궁금해진다. 우리나라에서는 그렇지 않을지 몰라도 인도네시아에서는 그렇다. 내가 좋아하는 연예인이 자기와 같은 종교로 개종을 하거나 개종을 암시하는 글이라도 올라오면 댓글은 기뻐하는 팬들의 코멘트로 넘친다. 이렇게 연예인들의 종교에 관심이 많으니 티브이 연예정보프로나 신문 연예란을 보면 연예인들의 개종 관련 기사가 많다. 히잡을 쓰지 않던 연예인이 갑자기 히잡을 쓴 사진을 소셜 미디어에 올리기라도 하면 바로 화제가 된다. 반대로 히잡을 쓰던 연예인이 히잡이라도 벗고 나오면 그 배경에 대한 분석 기사가 실리기도 한다. 이렇게 연예계에서도 종교는 중요하다.

인도네시아는 2억 7천만 인구 중 무슬림이 약 85%인 세계 최다의 무슬림 인구를 보유한 나라이다. 하지만 인도네시아에 무슬림만 있는 것은 아니다. 무슬림이 아닌 15% 정도의 인구는 다른 종교를 가지고 있는데, 인도네시아 정부는 이슬람 외에 개신교, 가톨릭, 힌두교, 불교, 유교 이

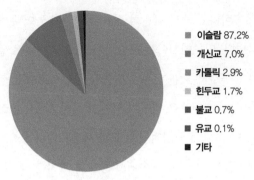

■ **이슬람** 87.2%

■ **개신교** 7.0%

■ **카톨릭** 2.9%

■ **힌두교** 1.7%

■ **불교** 0.7%

■ **유교** 0.1%

■ **기타**

그림 1-12 인도네시아 종교 인구 분포, 2010년 총인구조사 자료

렇게 6개의 종교를 공식 종교로 인정한다. 2010년 인구통계 조사결과[25]를 보면 개신교와 가톨릭 인구는 이 중 각각 7%, 2.9%를 차지한다. 비율로 보면 적어 보이지만 신자 수는 합해서 2천만 명이 넘는다. 우리나라 개신교와 가톨릭 신자 수를 넘어선다. 이슬람 운동이 더 주목을 많이 받고 있어서 그렇지 개신교와 가톨릭 신자들의 신앙심도 무슬림에 결코 뒤지지 않는다.

무슬림의 각성과 더불어 사회 전반적으로 종교에 대한 관심이 높아지고 있는 분위기 속에 개신교와 가톨릭 신자들이 종교적으로 각성하는 현상도 동시에 관찰되고 있다. 2010년 미국 〈타임지〉는 인도네시아 기독교의 부흥을 소개

그림 1-13 시내 중심 모나스 광장 주변에 이슬람 사원 이스띠끌랄과 가톨릭교회(뒤편)가 나란히 있는 모습. 인도네시아의 종교적 다양성과 다원성의 상징으로 많이 소개된다

한 바 있다.[26] 부흥이라고 해서 단순히 신자의 숫자가 늘어나는 것을 의미하는 것은 아니다. 인도네시아는 무슬림이 다수인 나라로 알려져 있지만 기독교 역시 역사가 오랜 전통 교단들을 중심으로 뿌리 깊은 전통을 가지고 있다. 어떤 교단들은 역사가 식민지 시대로까지 올라간다. 그런데 최근 20여 년 사이에 국제적인 초교파 복음주의나 오순절 운동의 영향을 받아 신자들이 각성해 삶 속에서 종교적 가치를 중시하는 현상이 나타나기 시작했다. 이슬람에서는 주로 자바 지역을 중심으로 명목상 무슬림이 정통 무슬림이 되어가는 움직임을 보이는데 이와 유사하게 기독교에서도 전통 교단에 소속되어 있던 신자들이 각성해 교파를 뛰어넘어 중생Born-Again한 기독교인이라는 새로운 정체성을 갖게 되는 일들이 일어나고 있는 것이다. 기독교 버전의 '히즈라' 현상이라 할 만하다. 2010년 〈타임지〉 기사에 소개된 것처럼 인도네시아 도시에서도 수천 명이 참여하는 대형 기독교 옥외집회가 심심치 않게 열린다. 인도네시아를 이슬람의 나라로만 알고 있다면 수많은 기독교인들이 야외에서 큰소리로 찬양과 기도를 하는 모습은 생경하고 당황스러운 광경일 수 있다.

인도네시아 사람들의 깊은 종교성이 무슬림에게만 국한되는 것이 아니라는 것은 일상생활에서도 쉽게 알 수 있다. 자카르타에서 일할 때 사무실에는 현지인 임직원이 약 25명이 일하고 있었는데 그중 5명 정도는 무슬림이 아닌 개신교, 가톨릭, 불교 신자였다. 서구화된 사회에서는 일터에서 자신의 종교적 지향성을 분명하게 나타내지 않는 것이 보통이지만 인도네시아에선 그렇지 않았다. 무슬림은 물론이거니와 기독교인들도 사무실에서 휴게 시간에 찬양을 틀어 놓거나 책상에 종교적 상징물을 두기도 했다. 소셜 미디어에 올리는 메시지를 통해서도 신앙이 이들의 삶에 아주 중요한 일부라는 것을 쉽게 알 수 있다.

우연히 인도네시아 기독교 신자들의 종교성을 개인적으로 확인할 기회도 있었다. 2006년 출장으로 북北술라웨시 주도인 마나도를 방문했을 때이다. 마나도를 위시한 미나하사 지역은 뿌리 깊은 기독교 전통을 가지고 있고, 거짓말을 조금 보태면 차를 타고 1km를 갈 때마다 교회가 보인다는 곳이다. 차를 타고 길을 달리니 과연 뒷유리창에 '예수님은 나의 구원자' 같은 어구를 붙여 놓은 차들이 많이 눈에 띄었다. 마침 성탄절을 앞두고 있을 때여서 우리를 안내해 준 북술라웨시주 지방 개발 기획부Bappeda 책임자도 우리를 안내하는 내내 차에 종교적 색채가 짙은 성탄찬양 노래를 틀어 놓았다. 호텔 차량 기사는 우리가 한국에서 왔다고 하니 한국에 있는 세계 최대 교회와 담임목사의 이름을 대며 우리에게 알고 있느냐고 물었다. 그 교회가 필자가 일하는 회사 바로 옆에 있다고 답하자 그 기사는 신이 나서 그 교회에는 가 보았는지 목사의 설교를 들어본 적이 있는지 다시 물어보았다. 그렇게 필자는 기사와 함께 그 교회와 목사에 대해 아는 대로 한참 이야기를 나누어야 했다.

비슷한 일이 5년 뒤에도 있었다. 말레이시아에서 방학 때 가족과 함께 한국에 들어가는데 옆에 탄 가족이 인도네시아 메단 출신임을 알게 되었다. 관광차 한국을 방문하면서 항공료가 저렴한 항공편을 이용하느라 말레이시아를 경유하는 길에 우리 가족을 만난 것이다. 메단을 중심으로 한 북北수마트라 지역도 북술라웨시처럼 기독교 전래 역사가 깊고 기독교 신자가 많은 곳이 있다. 특히 바딱족으로 구성된 바딱교회교단 소속 교회는 바딱족이 있는 곳이면 국내뿐 아니라 해외 어디에나 있다. 이 가족도 바딱 출신이었다. 이 가족과 한국 관광에 대해 여러 이야기를 나누었는데, 큰딸이 여의도에 있다는 세계 최대 교회에 대해 물어보았다. 한국에서 가 보고 싶은 데가 많지만 가장 가고 싶은 데가 여기라는 것이다. 마침 시간이 되어서 약속을 잡고 일요일 아침에 숙소로 가서 그 가족을 태우고 교회에 데려다주었다. 교회 여기저기를 둘러보고 사진도 찍고 교회에서 열리는 인도네시아어 예배에 참석해 함께 밥까지 먹고 왔다. 나중에 큰딸이 소셜 미디어에 올린 글을 보니 고등학교 때 한국에 있는 세계에서 가장 큰 교회에 대해 듣고 꼭 방문하고 싶었는데 마침 비행기에서 필자를 만나 학창 시절부터의 꿈을 이룰 수 있게 되었다는 이야기였다.

요컨대 인도네시아 사람들이 종교성이 깊고, 또 더 종교적이 되고 있는 현상은 무슬림에게만 국한되는 이야기가 아니다. 인도네시아 국시라 할 수 있는 빤짜실라의 첫 번째 신조는 전능한 신에 대한 믿음을 담고 있다. 하지만 빤짜실라는 믿음의 대상이 되는 '신'이 누구인지, 어느 종교의 신인지에 대해서는 말하지 않는다. 기본적으로 인도네시아에서는 종교의 자유가 인정되고 있다. 인도네시아는 신정국가가 아니다. 그렇다고 해서 완전 세속국가도 아니다. 대표 종교인 이슬람을 위시해 각 종교의 가치는 빤짜실라와 헌법, 법률에 반영되어 통치이념의 일부를 이루고 있는 것으로 간주된다. 따라서 인도네시아에서 종교나 신자를 공격하는 것은 위험한 행위로 금기시된다.

사회가 점점 종교적이 되어 가는 가운데 주류의 믿음과는 다른 믿음이나 생각, 지향을 가진 이들의 삶이 제대로 보호를 받지 못하기도 한다. 대표적으로 무신론자들은 자신의 신념이나 사상을 제대로 사회에 드러내지 못한다. 무신론 자체가 법으로 금지되어 있지는 않지만 신에 대한 믿음이 통치이념의 첫 번째 자리를 차지하는 인도네시아 법체계에서 무신론자를 위한 자리는 없으며, 무신론적 사상을 공개적으로 드러내면 '종교모독죄' 적용의 대상이 되기 쉽다. 무신론자들은 가족이나 사회에서도 제대로 받아들여지지 못한다. 종교적인 인도네시아에서 무신론자로 사는 것은 어려운 일이다. 그래서 많은 무신론자는 실제로는 신앙이 없지만 머릿수건을 쓰고, 사원이나 교회를 가고, 기도를 하는 등 종교인의 껍데기를 쓰고 살아가는 쪽을 택한다. 자신이 무신론자라고 커밍아웃하는 것은 대단한 용기가 필요한 일이다. 요즘에는 '익명의 무신론자 모임' 같은 온라인 중심의 커뮤니티를 통해서 외로웠던 무신론자들이 조직화되어 교류하고 서로의 어려운 상황을 도와주며, 무신론자로서의 정체성을 강화하는 움직임도 있다.

종교인이라고 해도 주류가 아니면 안전하지 않다. 시아 무슬림이나 아흐마디야파 무슬림 등 비주류 무슬림은 예배 장소를 마련하는 일도 쉽지 않으며, 예배나 집회를 가질 때도 과격파 무슬림의 위협에서 자유롭지 않다. 또 최근에는 흔히 LGBT[27] 이슈로 언급되는 성소수자에 대한 반대도 거세졌다. 인도네시아 주류 종교들이 LGBT 이슈에 대해 대체로 반대 입장을 표하고 인도네시아 사회가 점점 종교적이 되는 흐름 속에 성소수자들이 사회에 발을 붙이기도 더 어려워지고 있다.

인도네시아 사람들이 이전보다 더 종교적이 되는 현상은 뚜렷하다. 다른 종교를 가진 사람들이 서로 존중하고 화합을 이루고, 주류에서 벗어난 삶의 방식을 사는 사람들도 보듬을 수 있다면 좋은 일일 것이다. 그런데 자신의 종교적 신념을 굳게 붙드는 사람이 많아지고 있는 인도네시아의 현실에서 그것이 그렇게 쉬운 숙제는 아닌 것 같다.

1 '히즈라한다'는 표현은 더욱 종교적인 삶을 산다는 의미뿐만 아니라 일상생활에서
결정이 필요한 순간에 결단을 내린다는 일반적 의미로 사용되기도 한다. 이를테
면, 주거지나 회사를 옮긴다든지, 직업을 바꾼다든지 할 때도 '히즈라'라는 표현을
사용한다. 다만, 최근 '히즈라 현상' 속에서는 이슬람에 충실한 삶을 살겠다는 결단
을 하는 것을 '히즈라한다'라는 용어로 표현하는 경우가 많다.

2 1971년 창간된 인도네시아 시사주간지. 매주 잡지 형식으로 발행하며 majalah
tempo, 매일 신문형식으로도 발행된다 koran tempo.

3 2019년 5월 23일자 에디션에 'Ramai-ramai hijrah'(무리지어 히즈라한다)라는 표제
아래 7개의 특집기사가 실렸다. https://majalah.tempo.co/edisi/2435/2019-05-23

4 아랍어로 '허용되는' 또는 '합법적인'이라는 뜻을 가지고 있으며, 이슬람 율법체계
인 샤리아에 부합하는 행위나 대상을 의미한다.

5 '할랄제품보증에 대한 2014년 법률 제34호'(Undang-Undang No 33 Tahun 2014
tentang Jaminan Produk Halal)

6 할랄인증청(BPJPH, Badan Penyelenggara Jaminan Produk Halal)

7 '고용창출에 대한 2020년 법률 제11호'(Undang-Undang No 11 Tahun 2020 tentang
Cipta Kerja)

8 The Jakarta Post, Bankers quit jobs amid rising 'hijrah' movement, 2019. 7. 11자,
https://www.thejakartapost.com/news/2019/07/11/bankers-quit-jobs-amid-
rising-hijrah-movement.html

9 최근 회사 측 주장에 따르면 인도네시아 화장품 시장에서 이미 30%의 시장점유율
을 달성했으며, 50% 이상 달성을 목표로 하고 있다. https://www.cnbcindonesia.
com/news/20181213183807-8-46310/wardah-akan-dandani-timur-tengah-
dan-afrika

10 종교 드라마 Sinetron Religi 발전 배경에 대해서는 인터넷 저널인 〈Inside Indonesia〉

지에 실린 'Fifteen years of Sinetron Religi', 2014.11.17자 참고, https://www.insideindonesia.org/fifteen-years-of-sinetron-religi

11 Yuswohadyd 외 3인, Marketing to the Middle Class Muslim, Jakarta, 2014은 인도네시아의 상황을 중심으로 중산층 무슬림을 겨냥한 패션, 관광, 음식, 화장품, 금융, 교육, 문화 등의 분야에서 이슬람 마케팅에 대한 의미 있는 통찰을 제공한다(인도네시아어 서적이다).

12 무슬림이 '메리 크리스마스'라는 인사를 하는 것이 살인보다 큰 죄라는 발언은 여러 명의 이슬람 지도자가 한 바 있으나, 인도네시아와 말레이시아에서 가장 큰 영향력을 미치는 것은 인도 출신의 설교가이며 변증가인 자키르 나익Zakir Naik의 발언이다. 복수의 유튜브 영상에서도 자키르 나익이 거듭해서 이런 취지의 발언을 한 것을 볼 수 있으며, 2016년에는 트위터 계정에 무슬림에게 성탄 인사를 하지 말 것을 촉구하는 내용을 올린 바 있다.

13 NU와 무함마디야의 영향력 감소에 대한 분석은 BBC 인도네시아 2015.8.2자 기사 'NU dan Muhammadiyah terdesak HTI, FPI, MUI?'(NU와 무함마디야가 HTI, FPI, MUI에 밀리는가?)와 자카르타 포스트지 2017.1.20자 기사 'NU, Muhammadiyah seen as losing their influence' 참고 www.bbc.com/indonesia/berita_indonesia/2015/08/150802_indonesia_muktamar_nu_muhammadyah,https://www.thejakartapost.com/news/2017/01/20/nu-muhammadiyah-seen-losing-their-influence.html

14 선지자 무함마드의 언행을 편집해 기록했으며 이슬람에서 〈꾸란〉에 이은 권위를 가진 경전으로 여겨지는 〈하디스〉에는 라마단 금식을 하면 속죄를 받는다는 구절이 여러 번 나온다. Sahih al-Bukhari 2685, Sahih Muslim 1153 등 참고

15 이둘 피트리Idul Fitri는 금식을 마치는 명절이라는 뜻의 아랍어를 인도네시아식으로 읽은 것이다. 명절이라는 뜻의 아랍어 '에이드Eid'는 읽기에 또는 듣기에 따라서 '이드'로도 '에이드'로도 들릴 수 있다. 같은 언어권인 말레이시아에서는 주로 아이딜 피트리Aidil Fitri라고 한다. 반면 인도네시아에서는 르바란이라는 말을 더 많이 사용하는데, 인도네시아말이기 때문에 다른 이슬람권에서는 통하지 않는다. 말레

인시아에서는 명절이라는 뜻의 하리 라야^{Hari Raya}라는 말을 더 많이 쓴다.

16 인도네시아에서는 '모혼 마앞 라히르 단 바띤'^{Mohon maaf lahir dan batin}이라고 하며,
말레이시아에서는 '모혼 마앞 자히르 단 바띤'^{Mohon maaf zahir dan batin}이라고 한다.

17 '할랄 비 할랄'이라는 말 자체는 아랍어 단어를 사용하고 있지만 정작 아랍에서는
쓰지 않는 말이고, 이둘 피트리 때도 인도네시아에서만 행하는 지역적 풍습이다.

18 BBC 인도네시아는 2020.5.24일자 기사 'Idul Fitri: Pengalaman hari raya di tengah
pandemic Covid-19 — 'tidak terasa seperti Lebaran' dan 'ada yang hilang''(이둘 피
트리: 코로나19 팬데믹 속의 명절 경험 — '르바란 같이 느껴지지가 않아요.' 그리고 '뭔가 빠진
것 같아요.')에서 고향에 가지 못하고 혼자 명절을 보내야 했던 이들의 목소리를 소
개했다. https://www.bbc.com/indonesia/indonesia-52633695

19 '자카르타 헌장'이 '빤짜실라' 최종안으로 다듬어지는 과정에 대해선 여러 자료
와 책이 나와 있지만 Tirto, 22 Juni 1945 Piagam Jakarta & Wakil Indonesia Timur
Yang Menolak Syariat Islam(1945년 6월 22일 '자카르타 헌장' & 동부 인도네시아 대표
들이 이슬람율법 샤리아를 거부하다), 2020.6.22자 등을 참고, https://tirto.id/piagam-
jakarta-wakil-indonesia-timur-yang-menolak-syariat-islam-cq7n

20 GIFR^{Global Islamic Finance Report} 2019, Cambridge Institute of Islamic Finance

21 Islamic Financial Services Stability Report 2019, Islamic Financial Services Board

22 Indonesia Islamic Economic Master Plan 2019-2014, Ministry of National
Development Planning

23 꾸란 2:275, 'God has permitted trade, and forbidden usury(riba)'(하나님께서 장사는
허락하셨으나, 리바는 금지하셨느니라, 필자 역)

24 https://www.pewresearch.org/global/2020/07/20/the-global-god-divide/

25 2015년 인구통계 조사에서는 종교 인구 조사가 이루어지지 않음.

26 Time, Christianity's Surge in Indonesia, 2010.4.26자 http://content.time.com/
time/magazine/article/0,9171,1982223,00.html

27 레즈비언^{Lesbian}, 게이^{Gay}, 양성애자^{Bisexual}, 트렌스젠더^{Transgender}를 합해 부르는
용어이다.

● 오랑Orang은 사람이라는 뜻으로 오랑을 두 번 겹쳐 쓰면 사람들이라는 뜻의 복수가 된다.

2장

오랑-오랑·
인도네시아

Orang-orang
Indonesia

대한민국보다 인구가 다섯 배 많은
인구대국 인도네시아

20년 전쯤 인도네시아에 대해 처음 알아갈 때 인도네시아 인구가 약 2억 명 정도 된다는 사실을 알고 깜짝 놀랐다. 동남아시아에 이렇게 많은 사람이 사는 나라가 있다는 것을 처음 알았다. 인도네시아는 세계에서 인구가 네 번째로 많은 나라이다. 현재 인구는 2억 7천만 명에 이르는 것으로 추산되며, 인구성장률은 연 1%가 조금 넘는다. 지금도 4년마다 약 천만 명씩 사람 수가 늘고 있다는 이야기이다.

인도네시아의 합계출산율은 2018년 기준으로 약 2.3명 정도이다(세계은행). 2000년 출산율이 2.5명이었으니 근 20년간 매우 완만한 감소세를 보이고 있음을 알 수 있다. 그전에는 출산율이 1970년 5.5명, 1980년 4.4명, 1990년 3.1명이었다. 2000년 이전에는 출산율이 급격히 감소했다가 이후에는 큰 변화 없이 현재까지 이어졌음을 알 수 있다. 1998년까

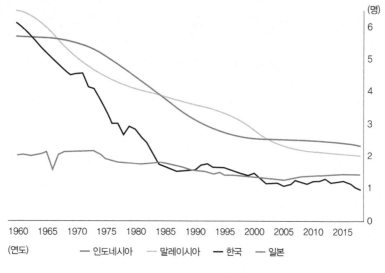

그림 2-1 1960~2018년 합계출산율 비교, 세계은행

지 정권을 잡고 있던 수하르토 정부에서는 높은 인구성장률 반전을 위해 '두 아이면 충분하다'며 가족계획 정책을 펼쳤는데, 2000년 이전까지의 출산율 감소세를 볼 때 이 프로그램은 꽤나 성공적이었던 것 같다.

가족계획 프로그램이 제대로 작동하지 않았다면 지금 인도네시아의 모습은 어떨까? 2010년경 말레이시아에 머물 때의 일이다. 명절이 되어 쇼핑몰을 가면 가족들이 초록색이나 분홍색처럼 눈에 띄는 명절 의상을 색을 맞춰 입고 다니는 모습을 흔히 볼 수 있었다. 가족들이 같은 색의 옷을 입고 있으니 새삼스럽게 깨닫게 된 것인데, 서너 명 이상의 다자녀를 둔 가족이 꽤 많았다. 그때로부터 15년 전인 1995년경 말레이시아의 합계출산율이 3.3명이었으니 그때 태어난 아이들이 성장했을 무렵에 자녀가 서너 명인 가족들이 많이 보였던 것이다. 반면, 1995년 인도네시아의 합계출산율은 이미 2.7명까지 떨어져 있는 상태였다. 가족 계획 프로그램이 아니었다면 인도네시아에서도 말레이시아에서처럼 다둥이 가족들을 지금보다 더 많이 볼 수 있었을지도 모른다. 그랬다면 감당해야 할 인구 압력도 지금보다 훨씬 컸을 것이다. 인구가 상대적으로 적어 여유가 있는 말레이시아와는 달리 지금의 인구 수준도 부양하기가 버거운 인도네시아 입장에서는 다행스러운 일이다.

큰 차이는 아니지만 인도네시아에서 도시 지역과 농어촌 지역의 출산율은 약 0.2~0.3명 정도의 차이를 보인다. 함께 일하거나 공부했던 이들로 관찰대상이 한정되어 있기는 하지만 도시 지역 젊은이들의 결혼과 출산 패턴을 보면 우리나라나 다른 선진국들과도 크게 차이가 나지 않는 것처럼 보인다. 시골에서는 지금도 여성의 경우 스물두세 살만 되어도 벌써 결혼이 많이 늦었다며 걱정하는 소리를 듣는다고 하는데, 함께 공부하던 친구들은 결혼할 생각이 없는 것처럼 보였다. 서른 전에 결혼하는 일도 많지 않았다. 공부도 해야 하고, 취직도 해야 하고 웬만큼 자리를 잡은 후에야 결혼을 생각해 보겠다는 친구들이 많았다. 고학력, 고소득일수록 결혼 연령이 뒤로 밀리는 것은 인도네시아라고 다르지 않았다.

아이들도 하나둘만 낳는 경우가 많았다. 주위에 보면 첫째와 둘째 사이 터울을 크게 띄우는 경우도 드물지 않았는데 두 자녀를 짧은 터울로 낳아 부양하는 것이 부담스러워 첫째를 낳고 어느 정도 키워 놓은 후 둘째 계획을 갖는 경우가 많았다. 특히 도시 지역에서는 높은 생활비 부담 때문에 아이를 많이 낳아서 키우기가 더 쉽지 않다. 결혼은 점점 늦게 하고, 아이는 점점 적게 낳는 것은 인구가 줄어드는 나라에서 흔히 볼 수 있는 패턴이다. 물론 인도네시아에는 아직까지 전통적인 결혼관과 자녀관을 가지고 있는 사람도 적지 않다. 그것이 출산율이 더 떨어지지 않고 20년 이상 지금 수준을 유지하고 있는 이유일 것이다.

사실 수하르토 정부 이후에는 가족계획 정책을 그다지 효율적이고 강력하게 추진하지 않았다. 그래도 한 번 떨어진 출산율은 좀처럼 다시 오를 줄 모르고 지속적으로 하향 안정세를 보이고 있다. 문화와 가족관이 변화한 것이다. 가장 강력한 가족계획 프로그램은 교육과 소득증가라는 말이 있다. 일단 여성들의 교육 수준이 올라가고 더 나은 생활에 대한 기대가 생기기 시작하면 결혼 연령도 늦어질 뿐 아니라 아이들도 적게 낳게 된다. 대신 자녀 하나하나에 대한 투자는 늘어난다.

합계출산율 2.3명이라는 숫자는 괜찮아 보인다. 우리처럼 출산율이 1명 아래로 내려간 초저출산 국가 입장에서는 더욱 그렇다. 중장기적으로 현재 수준의 인구를 유지할 수 있는 수치인 인구 대체출산율은 2.1명 정도이지만 유아사망률이 높거나 성비 균형이 맞지 않는 경우에는 이보다 높기도 하다. 인도네시아의 경우 출산율은 인구 대체출산율에 근접하며, 연간 인구가 1% 정도 늘어나는 인구 증가속도를 보이고 있다. 다른 곳이었다면 괜찮은 숫자일 수 있다. 하지만 인도네시아는 지금도 인구가 2억 7천만 명이다. 연간 1%만 늘어도 한 해 2백 7십만 명이 는다. 지금 추세라면 인도네시아 인구는 계속 증가해 2065년과 2070년 사이에 3억 3천 5백만에서 3억 4천만 명 사이에서 정점을 찍고 이후 완만하게 하향할 것이라는 전망이다(UN, 세계인구전망 2019 개정판).

표 2-1 인도네시아 인구 추이 및 전망, UN 세계인구전망 2019 개정판

(단위: 억 명)

연도	1950	1960	1970	1980	1990	2000	2010	2020	2030	2050	2100
인구	0.70	0.88	1.15	1.47	1.81	2.16	2.42	2.74	2.99	3.31	3.21

* 전망은 중위 값 적용

　풍부한 자원과 일자리가 뒷받침하면 완만한 추세로 증가하는 인구는 축복일 수 있다. 하지만 인도네시아는 지금 품고 있는 사람들을 부양하기도 버거워 보인다. 광물자원은 풍부하다고 하지만 가장 중요한 자원 중 하나인 석유는 이미 순수입국으로 돌아선지 15년이 지났다. 주식인 쌀은 간신히 자급이 가능한 수준에 이르렀지만 육류나 어류, 채소 등 양질의 영양원이 되어야 할 식품들을 국민의 눈높이에 맞게 빠르고 안정적으로 공급하는 것도 만만치 않은 숙제이다.

　인적자원 개발과 양질의 일자리 창출도 쉽지 않은 과제이다. 사실 인도네시아의 연령별 인구 구성비는 지금이 가장 좋다. 인도네시아처럼 출산율이 하락하는 추세를 보이는 나라들은 어느 시점에서 인구 보너스를 맞이하게 된다. 과거에 높은 출산율을 보일 때 태어났던 세대가 생산가능 인구에 진입하고 새로 태어나는 인구는 많지 않을 때 고령층이나 어린이 등 피부양 인구 대비 생산가능 인구의 비중이 높아지기 때문이다. 인도네시아가 지금 그렇다. 2019년 있었던 총선 당시 선거관리위원회 자료에 따르면 17세부터 35세까지가 총유권자의 42%인 7천 9백만 명이라고 한다. 이 세대가 바로 앞으로 약 20년 동안 누리게 될 인구 보너스 속에서 인도네시아의 국가경쟁력을 한 단계 끌어올려야 하는 세대이다. 인구 보너스의 끝에는 이 많은 사람이 생산가능 연령층에서

이탈해 고령층으로 편입되고 출산율이 하락했을 때 태어난 세대가 늘어난 고령층을 부양해야 하는 인구 오너스의 시작이 기다리고 있기 때문이다. 인도네시아에서 앞으로의 20년이 중요한 이유이다.

2020년 1월 영자지 〈자카르타 포스트지〉는 젊고 가난한 밀레니얼 세대에 대한 특집 기사를 냈다.[28] 조코위(조코 위도도) 대통령 2기 정부에 젊은이들이 참여해 주목을 받고 젊은 사업가들의 성공이 각광을 받고 있지만 이는 선택받은 일부의 이야기일 뿐 대부분의 젊은이들은 여전히 궁핍하고 미래가 보이지 않는 삶을 살고 있다는 내용이다. 인도네시아 통계청 자료(2017년)에 따르면 2017년 기준 밀레니얼 세대의 평균 월수입은 210만 루피아(한화 약 16만 원) 수준에 불과하다. 호주 기반 온라인 저널 〈인사이드 인도네시아〉도 2018년 가을호에서 인도네시아 젊은이의 현실에 대해 다루었다.[29] 대다수의 젊은이들은 농촌에서는 농지와 자본이 부족해 농업에 종사하기도 어렵고, 고등교육이나 직업교육을 받아도 이에 걸맞는 직업을 찾기가 어렵다. 인구 보너스는 말이 좋아 보너스지 젊은이들에게 충분한 일자리와 기회가 주어지지 않는다면 풍부한 젊은 인구는 축복이 아니라 짐이다. 이 상태로 20년을 그냥 보내면 지금의 젊은 세대가 생산가능 연령층의 상단을 지나 고령층의 초입으로 진입하게 될 것이고 국가경쟁력을 높일 기회는 그렇게 지나가 버린다.

인도네시아에 근무하면서 자카르타 인근 지역의 비싼 인건비를 피해 중부 자바 지역으로 생산기지를 옮기는 기업들의 신新공장을 방문할 기회가 여러 번 있었다. 이전한 지역에서 적게는 몇 백에서 4~5천 명에 이르는 직원을 새로 뽑아야 하는 일이 만만치 않지만 사람이 부족해서 공장을 돌리지 못하겠다는 회사는 별로 없었다. 중학교나 고등학교를 마치고 일자리가 없어 시간을 보내고 있는 젊은이들이 많았기 때문이다. 오토바이를 타고 30분, 1시간이 걸리는 곳에서부터 와서 일하는 그 많은 젊은이들을 보면 인도네시아가 인구대국이라는 것이 실감이 났다. 그리고 이 엄청난 오토바이의 물결을 보며 마음이 답답하기도 했다. 이 많은 젊은이들을 교육시키고 이들에게 괜찮은 일자리를 주어 생활 수준 상승의 사다리를 오를 수 있게 해 주는 일에 이 나라의 운명이 걸려 있다는 생각이 들었기 때문이다. 주어진 기회의 시간은 충분하지 않다. 쉽지만은 않은 일이다.

인도네시아 사람들의
이런저런 모습

     인도네시아에 대한 글을 개인 블로그에 올려 보니 사람들이 어떤 검색어로 블로그 글을 찾아오는지를 알 수 있는 기능이 있다. 의외로 '인도네시아 사람' 또는 '인도네시아 사람들'이라는 검색어가 꽤 눈에 띈다. 인도네시아에 관심이 있으면 거기 사는 사람들이 어떤지도 궁금해진다.

  인도네시아는 큰 나라이다. 우리나라로 치면 한라에서 백두까지에 해당하는 서쪽 끝 사방Sabang에서 동쪽 끝 머라우께Merauke까지는 거리가 5,245km이다. 참고로 서울에서 자카르타까지 거리가 5,293km이다. 인도네시아는 다종족, 다종교, 다문화 사회이다. 같은 인도네시아 사람이어도 종족이 다르고, 지역이 다르면 다른 특성을 보인다. 그 외에도 도시, 농촌, 어촌 간 차이도 있고, 세대별로도 다른 점이 있다. 물론 개인차도 있다. 그러니 이 사람들을 다 묶어서 인도네시아 사람은 어떻다고 말하는 것은 사실 매우 어렵다.

쉽게 일반화할 수 없지만 그래도 인도네시아에서 살고 또 일하면서 이 사람들이 우리와 특히 다른 점을 느꼈던 몇 장면이 있다. 인도네시아의 다른 면을 본 다른 이들은 필자의 관찰에 동의하지 않을 수 있다. 하지만 필자에게는 인도네시아 사람을 이해하는 데 다소간 도움이 되었던 경험이다.

첫 번째 장면, 회사에서 같이 일하던 운전기사 중 한 명은 중부 자바 뜨갈 출신이었다. 점잖고, 체면을 중시하고, 감정을 좀처럼 드러내지 않았다. 중부 자바 사람이 어떻다는 이야기를 책에서 읽거나 주위에서 들은 적이 있다면 그 틀에 딱 들어맞는 그런 사람이었다.

자카르타 시내 주요 도로에서 홀짝제가 처음 시행되던 때였다. 갑자기 시행한 홀짝제여서 당국은 바로 단속을 하지 않고 한 달간 계도기간을 두었다. 홀짝제 시행 대상인 주요 도로 초입에 경찰들이 서 있다가 위반 차량이 있으면 홀짝제 시행에 대해 설명해 주었다. 우리는 갑자기 시행된 홀짝제에 어찌할 바를 모르다가 일단 계도기간에는 이전처럼 운행하며 방법을 찾기로 했다. 그러던 어느 날 경찰이 신호대기 중이던 우리 차 번호판을 보고 위반 차량임을 확인하고는 다가와서 부드럽게 홀짝제 위반 사실을 통보해 주었다. 우리 기사는 어쩔 줄 모르며 연신 미안하다고 말했다. 계도기간이었으니 적발이 되었어도 딱지도 벌금도 없이 그냥 그걸로 끝이었다.

그런데 며칠 뒤 기사가 그때 그 길을 향해 가다가 다른 길로 돌아가면 안 되겠냐고 묻는 것이었다. 기사 말대로 돌아가면 정체도 심하고 시간도 훨씬 더 걸린다. 필자는 지금은 계도기간이니 아직은 괜찮은 것이 아니냐며 그냥 가자고 답했다. 그러자 기사는 잠시 머뭇거리며 자기가 너무 '부끄럽다'고 말하는 것이었다. 전에 경찰이 위반 사실을 알려주면서 자기를 봤기 때문에 얼굴을 기억할 텐데 다시 걸리면 너무 부끄럽다는 것이다. 생각지도 못했던 이유였다. '부끄럽다'고? 그래서 돌아가자고? 기사는 상당히 머뭇거리고 주저하며 미안해하며 말했다. 아마 이 이야기를 상사인 필자에게 하기 위해서 큰 용기를 냈을 것이다. 이 기사는 항상 그랬다. 필자의 의견과 조금이라도 다른 의견을 말하거나 조금이라도 필자에게 좋지 않은 정보를 전할 때는 마치 그것이 자신의 잘못인 것처럼 그렇게 안절부절못하며 미안하다는 말을 하고 난 뒤에야 용건을 전했다. 지금도 전형적인 중부 자바 사람인 이 운전기사를 생각하면 '부끄러움'과 '점잖음'이라는 두 단어가 떠오른다.

집에서 가사를 도와주던 도우미도 중부 자바 출신이었는데 역시 '부끄러움'과 관련한 에피소드가 있다. 언젠가 보니 이 도우미가 음식 재료를 조금씩 가져가는 것이었다. 그냥 넘어갈 수도 있지만 우리 물건을 허락 없이 가져가는 것이 유쾌할 리가 없다. 이야기하려고 하는데 인도네시아 생활을 더 오래 한 교민 선배 한 분이 이런 충고를 하셨다. 물건이 없어지는 걸 지적하는 건 좋지만 한 번 더 생각을 해 보라고. 이 도우미가 그만둬도 상관없다면 직접 이야기를 하고, 그게 아니고 물건 없어지는 것 말고 다른 건 만족스러워서 내보내기가 아깝다면 차라리 이야기를 꺼내지 말라는 것이다. 물건이 없어진 것을 지적하는 것을 해고의 뜻으로 받아들일 수도 있다는 설명이었다. 그럼 허락 없이 물건을 가져가는 것을 용인하라는 뜻인가 하면 그렇진 않다. 그럴 때는 좀 중요한 물건을 이전보다 잘 간수해서 물건이 없어진다는 걸 알고 있다는 표시를 내면 알아들을 수도 있다는 조언이었다.

물론 이렇게 고용주가 알고 있다는 기미만 보여도 피고용인이 그만두기도 한다. 그러니까 자바 문화에서는 말하는 사람도 그만두라고 직접 말하기보다는 돌려서 완곡하게 듣는 사람이 알아들을 수 있도록 이야기를 하고, 듣는 사람은 그걸 상황과 문맥에 따라 알아듣는 방법으로 의사소통을 하는 경우가 많다. 그러니 한국 사람하고 자바 사람이 이야기를 하면 엉뚱한 결론이 빚어질 수도 있다. 난 그만두라고 한 적이 없는데 피고용인은 그걸 그만두라는 뜻으로 받아들이고 그만두는 식이다. 우리도 그랬다. 몇 번을 넘어가다가 나중에 음식 재료가 또 없어져서 증거와 함께 해명을 요구했더니 이 도우미는 결국 시인하지 않고 갑자기 그만두겠다고 했다. 뻔히 증거가 있는데도 시인도 사과도 없이 그만두는 것이 이해가 되지 않을 수도 있지만 이 도우미는 고용주의 지적을 해고통보의 또 다른 표현으로 받아들였거나 아니면 자존심이 상해서 그만두었을 것이다.

자바 사람이라고 다 똑같은 건 아니다. 인도네시아 인구 구성에서 자바인이 차지하는 비중이 커서 문화에도 자바 문화의 영향이 현저하지만 인도네시아 사람이 다 자바 출신인 것은 아니어서 이런 '부끄러움'에 대한 문화가 인도네시아의 문화라고 일반화하는 건 조심스럽다. 그래도 이런 경향을 보이는 사람들이 있다는 걸 알아두면 도움이 된다. 예컨대 사무실에서 업무를 하다 보면 칭찬과 격려뿐 아니라 질책이 필요한 때도 있다. 그럴 때 공개적으로 지적하지 않고 당사자와의 개인적인 면담을 통해서 때로는 완곡하게 대화를 이어 나가다가 점점 핵심으로 나아가는 대화법이 필자가 조언을 받아 실천하려 노력한 방법이다. 한국 사람 성정에는 좀 많이 답답할 수 있다.

두 번째 장면, 인도네시아 부임 전에는 파주에서 여의도로 출퇴근을 했다. 그러다 보니 전철 시간을 맞춰 항상 같은 시간에 거의 항상 같은 칸에서 열차를 탔다. 그렇게 몇 년을 하다 보니 비슷한 시간에 열차를 타는 사람들의 얼굴이 익기 시작했다. 가끔은 자리에 앉아 있는 사람을 보면 누가 어느 역에서 내리는지 알 수 있을 때가 있어 그 앞에 서 있다가 자리에 앉기도 할 정도였다.

같은 사무실의 매니저에게 이 이야기를 하니 매니저가 그럼 그렇게 매일 만나는 사람들하고 인사도 하고 이야기도 하느냐고 물었다. 당연히 아니라고 했다. 한국 사람들은 그렇게 아침에 길에서 만나는 사람들하고 인사를 하지 않는다고, 아파트 엘리베이터에서 마주치는 이웃들하고 인사만 해도 다행이라고, 그렇게 답하자 매니저가 놀란다. 인도네시아 사람 같았으면 그렇게 매일 같은 시간에 같은 칸에 타서 얼굴이 익으면 인사도 하고 안면도 트고 이야기도 하다가 친해질 거라는 것이다. 모임도 만들었을 거라는데, 과장 섞인 말일 수 있지만 그럴 수도 있다는 생각이 들었다.

이 매니저만 해도 우리 사무실에서 30년 가까이 일했다. 그러다 보니 27층인 건물에서 다른 층에서 일하는 사람들과도 잘 알고 지냈다. 엘리베이터에서나 로비에서 마주쳐 낯이 익은 사람들하고 이야기를 나누면서 자연스레 친구가 된 것이다. 이 이야기 저 이야기하다 보면 회사 이야기도 서로 나누는 모양인지 덕분에 덩달아 필자도 같은 건물 다른 회사 사정을 가끔 들을 수 있었다. 우리 사무실이 있는 건물에는 같은 건물에서 일하는 기사들이 만든 친목모임도 있었다. 모두 각각 다른 회사에서 일하는 기사들로 이루어진 모임이다. 우리 사무실에 있는 기사가 회장으로 있었으며, 모임 이름을 새긴 티셔츠와 모자도 맞추고 명절이 끝나면 음식도 나누면서 모임도 하는 어엿한 조직이다.

고객 방문을 하러 지방에 있는 공장을 방문하면 기사가 차를 세워두고 상담이나 실사가 끝날 때까지 꽤 오랜 시간을 기다린다. 그렇게 일정을 마치고 사무실로 돌아갈라치면 기사와 회사 경비가 그사이에 벌써 친해져 악수를 하고 인사를 하는 것이다. 전에 방문한 이력이 있어서 얼굴이라도 서로 기억하는 사이면 만날 때부터 반가워하고 헤어질 때 인사하는 것이 둘도 없는 친구가 따로 없다. 다시 사무실까지 먼 길을 운전해서 가야 하니 졸지 않도록 대기하면서 좀 쉬었으면 좋으련만 쉬지도 않고 이야기꽃을 피우는 모양이다. 좋은 점도 있다. 중요한 정보는 아니더라도 기사들이 때로 경비를 통해 그 회사에 대해 들은 이런저런 이야기를 해 주기도 한다.

개인차가 있지만 인도네시아 사람들은 대체로 친근하고 친구를 쉽게 만든다. 한국 사람을 보면 차갑고 깍쟁이 같다고 느낄지도 모르겠다.

세 번째 장면, 어느 날 티브이 뉴스를 보는데 짜하야 푸르나마 바수키(일명 "아혹") 자카르타 주지사가 등장했다. 아직 현직일 때의 일이다. 과연 듣던 대로 말하는 것이 거침이 없다. 바로 앞에서 카메라가 돌고 있는데도 말이다. 여러 차례 아혹 전 주지사가 제대로 일을 안 하는 공무원들을 질책하고, 주의회 의원을 비난하는 모습을 보았다. 심지어 그의 거침없는 비난은 무리한 요구를 하는 민원인을 향하기도 한다. 사용하는 표현도 완전히 구어체이다. 인도네시아어 수업시간에 선생님이 공적인 자리에서는 절대 쓰지 말고 사적으로도 웬만하면 쓰지 말라고 할 만한 표현들이 카메라 앞에 선 가장 영향력 있는 선출직 공무원 중 한 사람의 입에서 거침없이 쏟아진다.

아혹 전 주지사를 싫어하는 사람도 많았지만 그의 이런 모습에 열광하는 사람도 많았다. 우리 사무실에도 아혹의 팬층이 두터웠다. 나중에 종교모독 혐의[30]로 아혹이 투옥될 때는 눈물을 흘리는 직원도 있었다. 그의 지지자들이 보기에 아혹 전 주지사는 복지부동하고 자신의 이익만을 챙기던 공무원들과 정치인들, 그리고 떼를 쓰면서 부당한 요청을 해대는 민원인들에게 일갈을 가하는 슈퍼스타였다. 그가 거침없이 표출하는 분노는 더 이상 아혹 개인의 분노가 아닌 것 같았다. 그가 화를 낼 때 그는 유권자를 대신해서 저 무능하고 부패한 사람들을 질책하는 셈이다. 의도하건 그렇지 않건 간에 그의 분노는 정치적이다.

지역이나 종족 간, 또 개인 간 차이가 있지만 일반적으로 인도네시아 사람은 화를 덜 낸다고 알려져 있다. 그런 분위기 속에서 아혹 전 주지사처럼 불같은 사람이 있으면 눈에 확 띈다. 특히 인도네시아를 구성하는 종족 중 가장 인구가 많고 문화적 영향력도 큰 자바 사람은 마음의 평정을 중요하게 생각하는 문화를 가지고 있기 때문에 화를 내거나 감정의 기복이 심한 것을 바람직하지 않게 여긴다. 반면 지역이나 종족에 따라 어느 집단 사람들은 다소 성격이나 말하는 방식이 거칠거나 화를 잘 내는 성향이 있는 것으로 알려져 있기도 하다.

평소에 화를 잘 내지 않는 것으로 알려진 사람이 가끔 화를 낼 때도 반향이 크다. 조코 위도도(조코위) 대통령은 전형적인 자바 지도자의 이미지를 가지고 있다. 평소 스타일을 생각하면 조코위 대통령이 화를 내는 모습을 상상하기란 쉽지 않다. 하지만 공무원이나 공공 부문 종사자들의 업무처리에 대해서 불만이 있을 때 서류를 가볍게 내던지고 탁자를 내려친다든지, 문을 쾅 닫는다든지 하는 방식으로 감정을 내비치면 바로 화제가 된다. 평소에 화를 잘 내지 않을 것 같은 대통령이 '화를 냈다'는 사실 자체가 큰 기삿거리가 된다. 2019년 자바 대정전 사태 때 대통령은 국영전기회사PLN를 방문해서 정전의 원인에 대한 설명을 듣다가 '설명이 너무 기네요. 여기 있는 분들 다 똑똑한 분들 아닙니까? 이미 수년간 경험이 있고요. 이런 일이 일어나기 전에 미리 따져보고 계산해 보지 못했나요? 갑자기 정전이라니요?'라고 질책했다. 낮고 느리게 말했지만 누구나 대통령이 화를 내고 있다는 것을 알 수 있었다. 이것이 조코위가 격노하는 방식이다. 국영전기회사 책임자들의 얼굴이 어땠을지 궁금하다. 코로나-19 사태 때도 조코위 대통령은 내각의 대응이 늦다며 장관들을 질책하면서 계속 이러면 개각을 하겠다고 위협했다. 당연히 대통령의 격노는 화제가 되었고 언론이 며칠이나 대통령의 분노와 질타 메시지의 의미를 분석했다.

조코위 대통령은 평소 화를 내지 않을 것 같은 전형적인 자바 사람의 이미지를 가지고 있는데 이와 달리 때때로 감정을 섞어 불만족을 표시

그림 2-2 아혹(바수키 짜하야 푸르나마) 전 주지사를 자카르타 주지사로 임명하는 조코위(조코 위도도) 대통령(사진: VOA)

하기 때문에 화를 낼 때 효과가 극대화되는 것 같다. 또, 조코위 대통령은 그렇게 분노를 표출하면서 제대로 일을 하지 못하는 일부 공무원 및 공공 부문 종사자들과 대통령 사이에 선을 긋는다. 국민 편에 서서 화를 내는 행위를 보여주면서 무능하고 제대로 일을 하지 못하는 것은 대통령이 아니라 내각과 공공 부문이라는 점을 드러내는 것이다. 정치인은 화를 내는 것도 정치적 행동이다.

화가 많은 사회, 화가 많은 사람이라면 화를 내는 것에 전략적 가치가 별로 없다. 하지만 공적인 자리에서 화내는 것이 바람직하게 여겨지지 않는 문화적 배경에서는 아혹 전 주지사의 솔직하고 거침없는 표현이 오히려 열광적인 지지를 끌어낼 수 있었고(적도 만들지만), 평소에 화를 잘 낼 것 같지 않던 대통령의 이미지 때문에 때때로 그가 불만족을 표시할 때 정치적 효과도 크다.

인도네시아 사람과 이야기하다 보면 한국 사람은 성질이 급하고, 화를 잘 내고, 목소리가 크다는 이야기를 들을 때가 많다. 항상 화를 내면 그 사람은 그냥 '화를 잘 내는 사람'이 된다. 솔직하게 감정이나 의견을 피력하는 것도 필요하겠지만 인도네시아에서라면 분노의 표현도 전략적일 필요가 있을 것 같다.

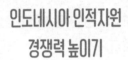

인도네시아 인적자원
경쟁력 높이기

　　　　　　파키스탄 출장길에서 개도국 공공 부문 인력과 일을 많이 해 본 국내 전력 전문가와 동행해 이야기를 나눌 기회가 있었다. 해당 분야에서 그분이 경험한 바에 따르면 개도국 기관도 리더는 식견과 능력이 뛰어난데, 실무진으로 갈수록 능력치가 떨어져 좋은 전략도 성공적으로 실행하기 어려운 경우가 많다는 것이었다. 인도네시아에서도 똑같이 느꼈던 터라 더 크게 공감이 되었다.

　사실 지금과 같은 경제구조를 계속 유지한다고 하면 인도네시아의 인적자원은 양과 질의 측면에서 그렇게 나쁘지 않은 편이라고 말할 수도 있다.

　자바섬만 해도 남한보다 조금 넓은 면적에 1억 5천만이 넘는 인구가 들어차 있다. 사람이 어디에나 많다. 노동집약업종 기업이 들어서기에는 최적의 조건이다. 예를 들어 요즘 한국과 대만 신발 OEM 기업들이 많이 진출해 있는 중부 자바 스마랑시市 인근의 즈빠라Jepara군郡만 해도 인구가 1백 20만 명이다. 인접 군까지 합하면 출퇴근이 가능한 거리에 약 2백만 명이 산다. 그러니 2~3만 명을 고용하는 공장이 두세 개씩 나란히 들어설 수가 있는 것이다.

교육 수준도 준수하다. 근로자 대부분이 중학교 이상 학력이다. 높은 수준의 숙련도가 필요하지 않은 작업을 수행하기에는 충분한 교육 수준이다. 최근 자카르타 인근의 고임금을 피해 중부 자바 쪽으로 진출하는 업체들이 많은데, 이전한 곳에서 몇천 명 때로는 몇만 명 단위로 근로자를 구하기도 한다. 그만큼 일하고 싶은 사람들이 있다는 이야기이다. 물론 처음부터 기대했던 만큼의 생산성을 거두기는 어렵다. 기존 공장 인력을 새 공장에 투입한다든지 신규 인력을 기존 라인에 투입해 연수를 거치든지 해야 한다. 그래도 훈련을 거쳐 직원을 라인에 투입하고 초기에 낮은 생산성을 감수하는 단계를 지나면 어느 정도 수율이 나기 시작한다. 아주 복잡한 작업이 아닌 다음에야 이 정도 교육 수준과 생산성이면 큰 불만은 없다. 섬유나 신발, 전자 같은 노동집약산업 기업들이 입주하기에는 최적의 조건이다.

최근 근로자 최저임금 상승으로 더 이상 인도네시아가 이들 업종에서 생산기지로서의 매력을 잃어가는 것이 아닐까 하는 우려가 있긴 하다. 하지만 필자가 인도네시아에서 일을 해 봐서 갖게 된 주관적인 견해일 수도 있지만 인도네시아 말고 세계 어느 곳에 이렇게 제조업을 영위하기에 특화된 꽤 괜찮은 인력을 충분히 구할 수 있는 곳이 있을까 꼽아보면 쉽게 떠오르지 않는다.

물론 인도네시아가 내세울 것이 풍부한 저임 노동력뿐인 것은 아니다. 세계적인 경쟁력을 갖춘 엘리트 관료, 기업인, 전문인들도 있다. (편견이 있다면) 편견을 벗고 공공 부문이건 민간부문이건 간에 해당 분야에서 최고의 성과를 거두고 있는 리더들을 보면 탁월한 역량과 식견을 가진 사람들이 보인다. 개인적으로도 인도네시아와 관련된 일을 하면서 동료나 상대방으로 만난 이들 중에서도 깜짝 놀랄 만큼 뛰어난 사람들을 많이 만날 수 있었다.

인도네시아 인적자원 구성의 문제는 허리에 있다. 최고의 경쟁력을 가진 엘리트들도 있고, 비교적 단순한 작업을 잘 수행하는 막대한 수의 저임 노동자들도 있는데 중간층이 아쉽다는 말이다. 인도네시아에 진출한 많은 외국인 기업 관리자들이 호소하는 바를 들어보면 사무실에서도 역량이 뛰어나 높은 성과를 올려주는 직원은 분명히 있는데 직원의 평균적인 성과는 좀 아쉽다는 평가가 많다. 현장에서 실무를 담당하거나 중견 관리자의 역할을 수행해야 하는 사람들의 평균적인 역량을 더 끌어올릴 필요가 있다는 것이다.

인도네시아가 언제까지나 지금처럼 자원이나 노동집약적 산업에만 의존할 수는 없다. 지식기반 경제, 경제 4.0 체제로 이행이 필요한데 그러려면 교육시스템과 인적자원의 질이 이를 뒷받침해 줄 수 있어야 한다. 앞에서 이야기한 대로 인도네시아 각 분야에도 세계에서 통할 수 있는 실력을 갖춘 엘리트들은 있다. 그런데 그런 엘리트 중에는 외국에서 공부하고 들어온 사람들이 많다. 인도네시아 교육시스템의 산출물은 아닌 것이다. 교육이 꼭 경제와 산업을 뒷받침하는 역할만 하는 것은 아니

그림 2-3 조코위 정부 2기 초대 교육부 장관인 나디엠 마카림. 하버드 경영대학원을 나오고 혁신기업 고젝(Gojek)을 창립한 젊은 기업인이다

다. 그래도 교육 부문에서 뭔가 혁신이 필요하다고 생각했는지 2019년 출범한 조코위 정부 2기에서는 인도네시아의 대표적 혁신기업인 고젝Gojek을 창립한 나디엠 마카림을 교육부 장관에 임명했다. 나디엠 장관은 교육자가 아니라 하버드 경영대학원에서 MBA 과정을 마친 기업인이다. 나디엠 장관 임명이 옳은 선택이었는지 판단하려면 시간이 좀 지나 봐야 하겠지만 어쨌건 교육 분야에서 무엇인가 혁신적 변화가 필요하다는 의지는 충분히 읽힌다.

2019년 7월 22일 열린 인도네시아 개발포럼에서 개발기획부 장관은 인도네시아 인적자원의 경쟁력 수준이 130개국 중 65위에 그친다며 인적자원개발의 중요성을 역설했다.[31] 이는 말레이시아(33위), 태국(40위), 필리핀(50위), 베트남(64위) 등 다른 아세안 국가들의 인적자원 경쟁력에도 미치지 못하는 순위이다. UNDP에서 발표하는 인간개발지수 등은 매년 개선되고 있고, 직업훈련 확충 등 정부의 노력도 지속되고 있긴 하다. 그래도 여러 조사결과를 볼 때 인적자원의 전반적 역량은 여전히 아세안 역내 다른 나라들과 비교해도 뒤처지는 것으로 평가된다.

여러 원인이 있겠지만 문해력 부족과 지식 축적·공유 문화가 일상화되지 않은 것도 이유로 꼽힌다. UNESCO 등 자료에 따르면 인도네시아의 문맹률은 5% 미만이며, 특히 15~24세 인구의 문맹률은 0.2~0.3% 수준으로 문맹은 거의 퇴치단계이다. 하지만 글을 읽을 수 있다뿐이지 책이나 문서를 통해 정보를 습득하는 역량에는 부족함이 보인다. 2015

년 OECD에서 세계 여러 나라의 15세 학생들을 대상으로 과학과 읽기, 수학 능력을 측정한 적이 있다. 인도네시아는 70개국 중 62위를 기록했다. 2016년 미국 코네티컷 대학교에서 도서관 이용도, 신문 읽기, 교육, 컴퓨터 활용도 등을 통해 문해력을 측정한 결과에서도 인도네시아는 조사대상 61개국 중 60위를 기록했다. 조사의 주체와 방법, 대상은 다를지언정 성인이건 학생이건 간에 인도네시아인들이 잘 읽지 못하고, 잘 읽지 않고, 읽으려 하지 않는다는 자료들은 많다.

인도네시아에도 깊고 오랜 문학의 전통이 있고, 책을 읽는 사람들도 있고, 책을 읽는 이들이 모여 함께 나누는 그룹도 있다. 하지만 일반적이고 평균적인 의미에서 읽는 문화가 잘 형성되어 있지 않다는 것은 인도네시아 사람들 스스로도 염려하는 바이다. 서점에만 가도 확인이 가능하다. 자카르타 시내 대형몰에 입점한 가장 큰 서점들을 여러 군데 가 보면 구비하고 있는 도서의 권수와 종류, 다양성이 우리나라 서점과 비교하면 많이 부족하다. 비닐포장을 해 두어서 내용을 못 보고 표지만 보고 책을 구입할 때가 많은데, 제목이나 주제가 맘에 들어 책을 구입해도 내용이 너무 부실해서 실망한 적도 한두 번이 아니다. 제본 상태나 편집도 조악할 때가 많다.

출판 관련 유통업을 하는 친구에게 물어보니 사람들이 책을 읽지 않고, 그래서 좋은 책이 안 나오고, 좋은 책이 안 나오니 책을 더 읽지 않는 악순환 현상이 인도네시아 독서와 출판 현황을 설명해 준다고 한다. 인도네시아어로 된 책만 그런 것이 아니다. 좋은 외서가 있으면 번역을 해야 하는데 타산이 안 맞다 보니 번역을 하지 못하고 그냥 외서를 들여와서 판매한다. 가격은 당연히 비싸다. 그러다 보니 외국어로 된 책을 읽을 수 있는 사람들만 그런 책을 읽고 유용한 정보에 접근할 수 있다. 정보가 돌지 않는 악순환이다.

인도네시아는 지금까지 저임 노동집약 제조업에 필요한 인적자원을 충분히 그리고 훌륭하게 제공해 왔다. 지금은 산업구조 이행이라는 숙제를 안고 있다. 구조의 전환을 성공적으로 이루려면 든든한 허리가 받쳐줘야 하는데 아직은 갈 길이 멀어 보인다. 노동집약 제조업이 아닌 업종에서 인도네시아에 진출하는 해외기업들은 사람은 많다고 하는데 막상 쓸 사람은 부족한 풍요 속의 빈곤을 경험하곤 한다. 빈자리가 나서 공고를 내면 수백 장의 이력서가 들어온다. 그중 상당수는 졸업을 하고도 일자리를 구하지 못해 경력을 쌓을 기회도 못 얻은 졸업생들의 이력서이다. 안타까운 마음이 크다. 그런데 면접을 진행하다 보면 뽑아서 쓸 만한 사람은 또 충분하지가 않다.

외국인인 우리야 기회가 되면 쓴소리를 할 수 있을 뿐 인도네시아 교육시스템에 영향을 미치기 어렵다. 어쨌건 시스템에서 내놓은 가장 훌륭한 인재를 골라내 함께 성장하는 방법밖에 없다. 지식정보산업 구조에서는 이미 쌓인 지식과 정보를 많이 접하고 이를 분석, 가공해 공유할 수 있는 능력이 중요하다. 일단은 많이 읽어야 한다. 조직 내에서 더 많이 읽고, 지식을 축적하고, 그렇게 축적한 지식을 공유하는 문화를 뿌리내리는 것이 해결책이 될 수 있다.

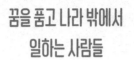

꿈을 품고 나라 밖에서
일하는 사람들

24년 전인 1996년에 인도네시아 람뿡에서 한국으로 일하러 온 근로자를 동네에서 만난 적이 있다. 필자가 처음 만난 인도네시아 사람이다. 다른 친구들도 소개받고 이런저런 이야기도 하면서 이들이 어떤 사정으로 여기까지 일하러 오게 되었는지 알게 되었다. 엄밀하게 말하면 근로자는 아니었다. 당시에 있던 산업연수생 제도를 활용해 한국으로 왔으니 연수생이라 해야 맞다. 말이 연수생이지 실제로는 근로자인데 기본급으로 한 달에 30만 원 정도를 받았고, 잔업이나 특근을 하면 50만 원 정도까지도 벌 수 있었던 모양이다. 24년 전이었으니 이것도 꽤 괜찮은 수입이다.

하루는 이 람뿡 친구가 자기가 산업연수생으로 오기 전에 4주간 군사훈련 비슷한 걸 받았다는 말을 하는 것을 들었다. 그러면서 사진을 보여주는데 과연 이 친구와 다른 친구들이 국방색 상의와 얼룩무늬 군복 같은 걸 입고 뛰는 사진, 짧은 머리를 하고 찍은 사진들이 있었다. 영락없는 군인이었다. 지금 생각해 보면 당시는 권위주의적인 수하르토 정권 하였으니 그럴 수도 있겠다는 생각이 든다. 그러니까 산업연수생 후보생을 뽑아서 타국의 힘든 생활을 견딜 수 있도록 체력과 정신력 함양 교육까지 해서 보냈다는 이야기이다.

연수생 중에는 대졸자도 많았고, 대학에서 학생을 가르치던 사람도 있었다. 개중에는 연수생 신분을 버리고 불법으로 한국에 체류하며 일을 하는 사람들도 있었는데, 그렇게 하면 월 백만 원 이상의 수입을 올릴 수도 있었다. 람뿡에서 온 이 인도네시아 친구는 한국에 5년간 있다가 돌아갔다. 한국에서 모은 돈으로 고향에 조그마한 점포를 낼 수 있었다고 한다.

이렇게 나라 밖에서 일하는 인도네시아 인력을 TKI(Tenaga Kerja Indonesia, 인도네시아 근로 인력)라고 한다. 외국에서 일하는 사람이 많다 보니 사건사고도 많고 언론에 기사도 많이 나온다. 인도네시아 통계청 BPS 자료를 인용한 기사[32]에 따르면 2019년 기준 해외에서 일하는 인도네시아 근로자는 27만 6천 명가량이라고 한다. 이 중 69%가 여성이다. 나라별로는 말레이시아와 대만이 약 8만 명으로 가장 많고 홍콩이 7만 명가량으로 뒤를 잇고 있다. 인도네시아 측 자료에 따르면 우리나라에는 공식적으로 6천 명가량이 와 있다.

그런데 통계청에서 발표한 28만 명은 모두 체류와 근로 허가를 포함해 공식적인 서류를 가지고 외국에 나가는 인력이다. 비공식적으로는 얼마가 될지 정확한 통계는 없는 모양이다. 경제학자이면서 정치인인 파이잘 바스리는 2019년에 해외에서 일하는 인도네시아인이 3백 6십만 명 이상이며 이들이 2018년에만도 연간 약 110억 달러가량을 송금했다고 주장했다.[33] 공식 통계로 잡히는 28만 명과는 큰 차이가 있다. 우리나라에 와 있는 인도네시아 근로자도 우리 자체적으로 파악하고 있는 숫자는 3만 5천 명 정도에 이르고 있어 인도네시아 쪽 자료와는 차이가 크다.

말레이시아와 홍콩, 대만, 중동 같은 곳에는 가정부로 일하는 인도네시아 여성이 많다. 또, 말레이시아는 보르네오섬의 국경을 통해 인도네시아와 육로로 연결되어 있고 팜농장이 많아 인도네시아인들이 많이 일한다. 팜농장에서 일하는 것은 너무 고된 일이라서 말레이시아 내국인으로 필요 인력을 충당하기가 어려워 인도네시아 출신 노동자들이 중요한 역할을 담당한다. 약 백만 명 이상의 인도네시아인이 말레이시아에서 가정부나 팜농장 일꾼 등으로 일하고 있는 것으로 추산된다. 2020년에는 말레이시아 정부가 코로나-19 확산을 막기 위해 국경을 걸어 잠그자 당장 팜농장들이 일손 부족을 호소했다. 인도네시아 근로자가 아니면 말레이시아 팜농장은 돌아가지를 않는다.

한국에 와 있는 인도네시아 근로자들은 옛날에는 대부분 공장에서 일했지만 요즘에는 농업이나 어업에 종사하는 경우도 많다. 인도네시아에서 만난 사람 중에는 필자가 한국인인 것을 알면 본인이 한국에서 일한 적이 있다거나 아니면 친척이나 친구가 한국에서 일하고 있다고 자신을 소개하는 사람도 많았다. 한국에서 배를 타는 사람도 꽤 많은 모양이었다. 대화 중에 인도네시아 사람의 입에서 평택이니 군산이니 하는 항구 이름이 나오는 것도 신기했다.

지역마다 차이가 있지만 인도네시아 최저임금은 한화로 약 20~30만 원 정도이다. 이걸 다 받아도 충분하지 않을 텐데 최저임금이라도 받을 수 있는 안정된 일자리도 부족하다. 가족과 떨어져 외국에서 일을 하는 것이 힘들고 어려운 일이기는 하지만 국내 상황이 어려우니까 몇 년 고생하면 목돈을 모아올 수 있다는 생각에 사람들은 해외에서 일자리를 찾는다. 들어보면 인도네시아 사람들은 한국에 가서 일을 하면 한 달에 2천만 루피아(한화 약 170만 원) 정도를 벌 수 있다고 생각하는 것 같다. 신문에도 그런 기사가 실리기도 해서 한국에 오고 싶어 하는 대기자도 많다. 외국으로 나가 일하기 위해서는 보통 중개업체를 통한다. 필요 경비와 수수료조로 상당한 비용을 지출해야 하고 이 비용을 마련하기 위해 대출을 받는 일도 흔하다.

그렇지만 막상 나가보면 항상 장밋빛 미래가 기다리는 것은 아니다. 약속한 임금을 다 받지 못하는 경우도 많고, 부당한 처우도 흔하다. 많은 근로자가 부당한 대우를 받더라도 이미 상당한 비용을 지불했기 때문에 어찌하지 못하고 부당한 대우를 감수한다. 예를 들어 홍콩에서 일하는 가정부들은 입국하자마자 고용주에게 여권부터 맡겨야 하는 경우가 많다. 일하는 동안은 기본적인 자유도 제한받는 것이다.

최근에만 해도 중국 어선에서 일하던 인도네시아 출신 어부들이 임금도 제대로 못 받고, 잠도 잘 못 자면서, 제대로 먹지도 마시지도 못한 상태로 일을 했다는 사실이 알려져 큰 공분을 산 일이 있었다. 조업 기간 중 사망한 어부들은 바다에 수장되기도 했다고 한다. 가정부로 일하는 여성 근로자들이 고용주의 폭력에 노출되는 경우도 자주 보도된다. 2010년에는 사우디아라비아에서 가정부로 일하던 인도네시아 여성이 임금체불과 성희롱 등을 이유로 고용주의 부친을 살해하고 금품을 챙겨 도주한 사건이 발생했다. 이 여성은 사형을 선고받았는데, 인도네시아 정부와 시민단체의 거듭된 감형 요구에도 2018년 사형이 집행되었다.

그림 2-4 해외에서 부당한 대우를 받는 인도네시아 근로자(TKI) 문제가 이슈가 되면 정부뿐만 아니라 민간에서도 근로자 인권 보호 운동이 일어나곤 한다

해외에 나가 고달프게 일하는 동포들이 이런 대우를 받는데 마음이 편할 리 없다. 이런 일이 있을 때마다 인도네시아 내 국민감정은 크게 들끓어 오른다. 2020년에는 말레이시아에서 일하던 인도네시아 근로자들이 코로나-19 창궐로 인한 이동제한으로 일자리를 잃고 수입도 없어져 문자 그대로 굶주리고 있다는 보도가 나오기도 했다. 귀국도 여의치 않은 상황에서 어떤 근로자는 쥐를 잡아서 구워 먹으며 버텼다고 한다. 고생담은 끝도 없다.

인도네시아 정부는 해외에 있는 자국 근로 인력이 부당한 대우를 받거나 어려움을 겪을 때마다 필요한 조력을 하거나 해당 국가에 항의를 하거나 심한 경우 공식 인력송출을 중단하는 방법으로 대응하지만 역부족이다. 일단 비공식 인력을 포함해 3백만이 넘을 것으로 추산되는 인원을 관리하는 것도 어렵고, 가정(가정부)이나 농장(일꾼), 바다 위(어부)에서 일어나고 있는 일을 다 파악하기도 쉽지 않다. 인도네시아가 약소국은 아니지만 강대국이라고 하기도 어려워 외교채널을 통한 의사전

달이 항상 먹히는 것도 아니다. 국가가 국민을 보호할 능력과 의지가 있는 것인가에 대한 불만도 항상 터져 나온다.

지방에 사는 인도네시아 사람들은 아는 사람들의 소개나 도움이 없으면 자카르타나 지방 대도시로 나오는 것도 어려워한다. 그런 사람들이 거액의 비용을 지불하고 가족과 떨어져 일을 하기 위해 해외에 몇 년간 나가겠다는 결정을 하는 것은 쉬운 일이 아니다. 성공하는 사람도 있지만 사실 리스크도 상당하다. 인도네시아에서 괜찮은 보수를 주는 안정된 일자리가 충분히 확보되지 않고 있으니 생기는 현상이다. 그렇게라도 새로운 기회를 찾아서 해외로 나가는 사람들, 인도네시아 근로 인력 TKI의 행렬은 당분간 그렇게 길게 이어질 것 같다.

나도 외국인 근로자였다!

2015년 인도네시아에 부임할 때 현지 금융 감독청[OJK]이 주관하는 인터뷰 형태의 시험을 치렀다. 인도네시아에서 금융회사의 주주나 이사, 커미셔너 등으로 취임하려면 그 직에 적합한 사람인지를 보는 시험[Fit and Proper Test]을 치른다. 그런데 2013년부터 2016년에까지 3년간은 금융회사에서 일하려면 외국인은 직위에 관계없이 모두 이 시험을 치러야만 했다. 떨어지는 사람도 꽤 많은 시험이라 바짝 긴장하고 시험 전까지 금융감독규정을 달달 외우다시피 했다. 약 1시간 반의 인터뷰 시간에는 세 명의 시험관이 미리 제출한 학위증과 자격증 등을 보고 여러 가지 질문을 하며 필자가 이 자리에 적합한 사람인지를 물었다. 그리고 그 자리에 현지인을 쓸 수도 있는데 굳이 인건비가 더 많이 드는 외국인을 써야 하는 이유가 무엇인지, 합격하고 부임하면 어떻게 현지 직원들에게 필자가 가진 경험과 지식을 전수할 것인지에 대해서도 설명해야 했다.

시험을 치르고 결과를 기다리고, 고용허가와 체류허가를 차례로 신청해 또 기다리는 시간은 참 길었다. 마침내 모든 수속이 끝나 고용허가서와 체류허가서를 손에 쥐었을 때는 후련하기도 하고 안도감마저 들었다. 비로소 법적으로 신분을 보장받는 외국인 근로자가 된 것이다.

이렇게 인도네시아에서 일하는 외국 인력을 TKA(Tenaga Kerja Asing, 외국인 근로 인력)라고 한다. 노동부 자료를 인용한 기사[34]에 따르면 현재 인도네시아에 있는 외국인 근로자의 수는 약 10만 명이 조금 안 된다. 이 중 중국인이 3만 6천 명으로 36%를 차지하고 일본과 한국인이 1만 명 안팎이며, 인도와 말레이시아, 필리핀 등 아시아 국가들이 5천 명 내외의 근로자를 보냈다.

다른 나라에서 일하는 건 쉬운 일은 아니다. 인도네시아에서도 외국인 근로자로 사는 것은 쉽지 않다. 내야 하는 서류도 많고 조건도 까다롭고 규정도 자주 바뀐다. 같은 회사에서 매번 똑같이 신청을 하는데도 그때그때 규정에 따라 또 처리하는 담당자가 누구냐에 따라 순서와 절차도 일정하지 않을 때도 많다. 서류를 내놓고 처리가 되어서 연락이 올 때까지 오랜 시간 기약 없이 기다려야 했던 기억도 많다.

외국인들끼리 외국인 근로자로 사는 애환을 나누며 이런저런 경험을 이야기하면 항상 나오는 의문이 있다. 인도네시아 정부가 외국인 근로자 고용에 왜 이렇게 인색할까 하는 것이다. 금융업무를 하면서 외국인 투자기업PMA인 한국계 기업을 방문해 보면 서너 명의 한국인 경영자와 관리자가 천 명 정도 되는 현지인 근로자를 관리하는 경우가 허다하다.

그러니까 정부에서 서너 명의 외국인이 일할 수 있도록 고용허가와 체류허가를 내주면 이 사람들이 천 명을 고용해서 급여를 주는 것이다. 고용창출효과만 있는 것이 아니다. 인도네시아에서 고용허가를 받아 일하는 외국인들은 대부분이 전문직, 관리자, 경영진, 컨설턴트, 기술자들이다. 고용창출 외에도 지식이나 경험 전수 같은 부가효과도 기대할 수 있게 되는 것이다.

무엇보다 해외투자를 적극 유치한다고 하면서 본사에서 사람을 파견하는 것을 어렵게 하는 것은 앞뒤가 맞지 않다. 빡빡한 외국 인력 사용 규정은 인도네시아가 외국 자본은 환영한다고 하면서 외국 사람은 환영하지 않는다는 모순된 인상을 준다. 인도네시아와 베트남에 동시에 진출한 어떤 외국 금융회사는 베트남에서보다 훨씬 적은 규모의 본국 인력만을 인도네시아에 보낼 수 있었다. 또, 외국인들이 회사에서 수행할 수 있는 업무도 제한이 있다. 예를 들어 외국 인력은 인사나 경력관리, 채용 등의 업무 수행에 제한이 있었다(다만 2020년 10월 통과된 '옴니버스 고용창출법'은 외국인이 회사에서 수행할 수 있는 업무 제한을 완화하는 내용을 담고 있다). 본사에서 파견할 수 있는 사람 수도, 업무 영역도 제한하면서 새 회사를 인수해 영업망을 갖추고 기업 문화를 만들어 가고 하는 작업을 어떻게 하라는 것일까?

인도네시아 정부라고 이런 점을 모르는 것은 아니다. 조코 위도도(조코위) 대통령 1기 정부에 이어 2기에서도 중요한 의제인 해외투자 유치를 위해서는 외국인 인력에 대한 허가 조건을 쉽게 해 주고 절차를 간소화할 필요가 있다는 것은 분명하다. 그래서 만족스러운 수준은 아니지만 2018년에는 대통령령과 노동부 장관령으로 외국 인력 사용과 관련한 규정을 변경 시행하기도 했다. 또 2020년 10월 국회에서 의결한 '옴니버스 고용창출법'은 외국인 고용허가와 체류 절차를 상당 부분 간소화하는 내용을 담고 있기도 하다. 하지만 의도한 효과가 나올지는 후속 규정을 만들고 법을 시행하는 과정을 지켜봐야 한다. 인도네시아가 규정과 제도가 자주 바뀌는 곳이기도 하고, 외국인 고용에 대한 국민 정서가 어떠냐에 따라 새로운 의제가 형성될 가능성도 있기 때문이다.

사실 인도네시아가 외국인에게 내어 준 고용허가는 10만 개가 채 안된다. 2억 7천만이 넘는 인도네시아 인구에 비하면 비중이 0.05% 정도에 불과하다. 싱가포르(인구대비 외국인 근로자 비중 20%)나 UAE(87%)는 물론이고 외국인 근로자가 3백만이 넘어 인구대비 비중이 10% 정도 되는 말레이시아 같은 나라와도 비교가 안 된다.[35] 또, 인도네시아에서 일

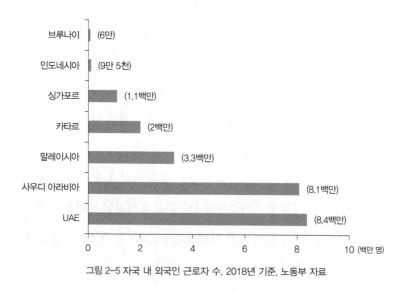

그림 2-5 자국 내 외국인 근로자 수. 2018년 기준, 노동부 자료

하는 외국인 근로자는 대부분 관리나 경영, 전문직에 종사하고 있어 인
도네시아 저임금 노동자들과 직접 경쟁 관계에 있지도 않다. 외국인 고
용은 앞에서 설명한 대로 오히려 고용을 창출하는 효과가 있다. 정부관
리나 경제학자들도 해외에 있는 인도네시아 근로자가 4백만 명 가까이
되어 국내에 있는 외국인 근로자보다 40배 가까이 많다며 외국인을 고
용하는 데 더욱 유연한 접근을 취할 필요가 있음을 주장하기도 한다.

　하지만 인도네시아에서 외국 인력 사용과 관련한 문제는 경제논리로
만 접근할 수 없다. 이것은 정서의 문제이며 정치적 이슈이기도 하다. 10
만 명도 안 되는 외국인 근로자들이 자국 노동자들의 일자리와 고용 여
건에 중대한 위협이 되지는 않을 테지만 언론을 통해 나오는 이야기를
들어보면 그렇지가 않다. 자국민들도 양질의 안정된 일자리를 충분히
얻지 못하는 현실에서 왜 외국인에게 일자리를 내어 주어야 하느냐는
논리가 먹힌다. 2018년 대통령령으로 외국 인력 사용과 관련한 조건과
규정을 개정할 때도 비슷한 이유로 반대가 심했다.

　2020년 중반에는 중부 술라웨시에서 니켈 제련소 건설을 위해 500명
의 중국 인력을 들여오겠다는 계획이 지역에서 강력한 반대에 부딪혔
다. 주지사와 주의회도 앞장서서 반대했다. 코로나-19가 한창인 시점에
서 굳이 대규모 외국 인력을 들여와야 하느냐는 것이다. 방역 때문이라
고 주장했지만 외국인 근로자 도입에 대한 뿌리 깊은 반감도 반대 정서
에 영향을 미쳤다. 결국 이 근로자들이 들어와야 제련소 건설이 빨리 추
진되어 3천 명 이상의 현지 인력 고용유발효과 실현이 가능하며, 들어
온 근로자들은 6개월 단기 고용허가를 받기 때문에 필요한 작업을 하고

나면 다 돌아갈 것이라는 점들을 설명하고서야 논란이 진정되었다.

기본적으로 정부는 외국 인력에 대한 고용허가 조건과 절차를 계속 완화해 나간다는 방침이지만 반 TKA 정서는 언제든지 불쑥불쑥 나타날 수 있고, 이런 분위기에 편승한 정치적 발언도 사라지지 않을 것이다. 경제 발전을 위해 외국 자본도 외국 인력도 필요한데, 정치적 부담 때문에 필요한 외국 인력이 들어와 마음 놓고 일할 수 있는 여건은 쉽게 만들지 못하는 인도네시아의 현실이다.

중국계 인도네시아인 알아보기

        음력 1월 1일 설날은 인도네시아에서도 명절이다. 음력설 Tahun Baru Imlek 이라고 하며 영어로는 보통 중국 새해 CNY, Chinese New Year 라고 부른다. 그런데 음력설이 정식으로 공휴일이 된 것은 비교적 최근인 2003년부터이다. 1968년부터 1999년 사이 약 30여 년 간은 심지어 음력설을 쇠는 것이 금지되어 있었다. 이 기간 동안에는 설 뿐만 아니라 언어와 종교, 문화 등 중국과 관련된 모든 것이 사실상 묶여 있었다. 이러한 조치가 인도네시아 안에 있는 중국계 시민들의 일상생활과 정체성에도 큰 영향을 미쳤음은 물론이다.

        필자가 인도네시아를 처음 방문했던 2001년 1월의 일이다. 착륙을 앞두고 기내에서 세관신고서를 작성하는데 신고사항 중에 중국어로 된 서적이나 인쇄물을 소지하고 있는지를 묻는 항목이 있었다. 중국 약재 같은 것들을 지니고 있는지도 물었다. 그때는 왜 이런 것을 묻는지 알지

그림 2-6 바롱사이(사자춤). 중국 문화의 상징처럼 여겨져 인도네시아에서 한때 금지되었다가 2001년 초 압둘 라만 와히드 정부 때 해금되었다

못해 어리둥절했다. 수하르토 정권이 무너지고 과도 정권을 거쳐 와히드 대통령 체제하에서 단계적으로 해소되고는 있었지만 그때까지도 여전히 남아 있던 중국과 관련된 제약의 흔적이다.

몇 주 뒤 어학원에서 선생님과 신문으로 공부할 때 중국 전통 탈춤인 '바롱사이' 금지가 풀려 이제 탈춤을 출 수 있게 되었다는 기사를 읽기도 했다. 탈춤이 뭐길래 금지까지 했어야 했을까 하는 생각이 들었다. 나중에 보니 그때가 바로 언어와 종교, 문화 모든 차원에서 중국계 시민들에게 가했던 속박이 하나둘씩 풀리던 시기였다.

1945년 인도네시아가 독립하면서 중국계 주민들은 시민권에 대해 속인주의를 적용하는 중국법과 속지주의를 적용하는 네덜란드법 계열 인도네시아법에 따라 이중국적자가 되었다. 일부는 중국을 선택하기도 했지만 대부분은 인도네시아 시민이 되는 것을 선택했다. 중국계라고는 해도 몇 세대를 거쳐 인도네시아에 터전을 잡고 살아온 사람들이다. 문화와 혈통은 중국에 뿌리를 두고 있지만 인도네시아에서 태어나고 자란 인도네시아인이라는 이중의 정체성을 가진 셈이다.

그러던 것이 수하르토 정권(1967~1998)에서 중국계 주민들을 대상으로 '동화Assimilation' 정책을 시행하면서 상황이 또 바뀌었다. 중국 명절을 쇠는 것도, 공식적으로 중국어나 중국 문자를 사용하는 것도 다 금지되었다. 중국식 이름도 대부분 인도네시아식 이름으로 바꾸어야 했다. 이러한 정책은 중국계 주민들의 경제적 영향력을 감소시키고 공산주의를 채택하고 있는 중국의 영향을 배제하기 위해 시행되었다. 지역마다 차이가 있긴 하지만 동화정책이 시행된 이후 태어나거나 성장한 세대들은 상당수가 중국 쪽 뿌리에 대한 연결고리가 약하다. 중국어도 모르고, 집에서 쓰는 중국식 이름이 있는 경우에도 그 뜻을 모르는 경우가 허다하다.

말레이시아만 봐도 상황이 많이 다르다. 말레이시아 중국계 주민들은 대부분이 중국식 이름을 가지고 있다(또는 영어식). 시내에 있는 상점들의 간판을 보면 영어나 말레이어로 된 상호와 함께 한자가 병기되어 있는 경우를 쉽게 볼 수 있다. 미디어도 그렇다. 중국어 TV 채널과 신문도 많다. 대중교통을 이용해 보면 중국어로 된 신문을 읽고 있는 사람들도 쉽게 볼 수 있다(지금은 인도네시아에도 중국어 미디어가 생겼다).

중국계 주민들이 말레이어가 아닌 중국어나 영어를 주된 언어로 사용하는 경우도 많다. 말레이시아에서 같이 공부했던 한 중국계 친구는 처음으로 말레이어로 강연을 한 날 자랑스럽게 이를 소셜 미디어에 올리기도 했다. 말레이시아 사람이지만 말레이어는 일상생활에서나 썼고 업무나 학업에서는 잘 쓰지 않아 왔으니 말레이어로 강연을 한 것이 꽤나 기념할 만한 일이었던 것이다. 이 친구는 5년마다 한 번씩 중국 남부에 있는 종가를 방문한다고도 했다. 가서 호적도 정리하고 회합도 가진다는 것이다. 꽤 놀랐다. 말레이시아에 있는 중국계들이 모두 그런 것은 아니겠지만 말레이시아인이라는 정체성을 가지고 있으면서도 중국에 두고 있는 뿌리를 기억하고 지금도 연결되어 있다는 사실 때문이다.

자카르타에서는 중국계 주민이 많이 거주하는 북부 일부 지역을 제외하고는 한자로 된 상호를 보기 어렵다. 중국계 주민도 인도네시아어를 주된 언어로 사용할 때가 많고, 중국어를 아예 할 줄 모르는 사람도 있다. 중국어로 된 이름이 허용된 이후에도 인도네시아식이나 서구식 이름을 사용하는 경우가 훨씬 더 많다. 수하르토 정권 퇴진과 함께 취해진 해금조치에도 불구하고 그렇다. 중국 설을 명절로 인정해 주고 유교를 6대 공식 종교 중의 하나로 인정해 주는 등의 조치가 시행되었지만 동화정책하에서 자라 인도네시아화한 중국계 주민들이 다시 중국 쪽 뿌리를 더듬어 찾기는 이미 쉽지 않은 일이 되었다.

그래도 경제적으로 여유가 있는 중국계 주민들을 중심으로 중국과의 연계를 강화하려는 노력도 보인다. 수하르토 정권이 무너진 후 몇 년 뒤에 중국의 어느 도시에서 중국어 연수를 했던 한 연수생의 말에 따르면 그곳에서 중국어를 배우러 온 부유한 젊은 중국계 인도네시아인들을 꽤 많이 만날 수 있었다고 한다. 중국과의 교류가 다시 열리자 중국계 부유층들이 제일 먼저 자녀들을 보내 중국을 다시 배우게 한 것이다.

하지만 중국계 인도네시아인들이 모두 이런 여유를 가지고 있는 것은 아니다. 흔히 우리는 동남아시아 대부분 나라들의 경제권을 화교가 쥐고 있으니 중국계 주민들은 부유할 것이라고 생각하기 쉽다. 하지만 부유한 사업가 중 화교가 많다고 해서 화교가 모두 부유한 사업가인 것은 아니다. 그냥 평범한 중산층이나 서민층의 생활을 영위하는 중국계 시민도 많다. 모두가 자녀를 중국에 보내거나 수준 있는 사립학교에 다니게 해 중국을 다시 배우도록 전폭적으로 지원할 만큼 부유하지는 않다. 그래서 외모는 중국 사람 같고 대대로 내려온 중국풍 문화도 어느 정도 간직하고 있지만 중국어도 모르고 중국 문화에 대해서도 잘 모르는 중국계 인도네시아인도 많다.

꼭 중국으로 가서 공부하지 않더라도 이제 중국계 시민들에게 중국의 언어와 문화에 대해 배우는 것은 꽤 중요한 일이 되었다. 자카르타에서 만난 한 젊은 중국계 기업인에게 자녀를 미국과 인도네시아 중 어디에서 교육시킬 것인지 물었던 적이 있다. 이 기업가는 대학은 미국으로 유학을 보낼 수도 있지만 그전에는 인도네시아에 있는 중국계 사립학교에 보내고 싶다고 했다. 중국어와 중국 문화를 배우는 것이 중요하다는 이유에서였다. 중국이나 대만회사의 대對인도네시아 투자가 늘고 있는 지금은 사업을 하건 취업을 하건 간에 중국어를 할 수 있는 중국계 인도네시아인이라는 지위를 꽤 유리하게 활용할 수도 있다. 말레이시아에서는 중국 본토에서 관광객이나 사업차 온 사람들이 늘면서 몰에 있는 점포에서 점원을 뽑을 때도 영어와 중국어 사용 가능자를 우대하는 경우가 많아졌다. 말레이계 정치인들은 말레이시아에서 점원을 뽑는데 말레이어가 아닌 영어와 중국어 사용자를 우대하는 현실을 못마땅해하기도 한다. 인도네시아는 아직 이 정도 상황은 아니다. 하지만 중국 본토나 대만에서 온 사업가나 관광객들이 많아지고 있어 중국과 중국어를 이해할 수 있다는 것이 플러스 요인이 됨은 분명하다.

물론 중국을 다시 배우려는 노력의 배경에는 꼭 실용적인 목적이 아니더라도 뿌리를 아는 것이 중요하다는 생각도 깔려 있다. 언젠가 중국계 기업인의 자녀 결혼식에 참석한 적이 있다. 여러 세대로 이루어진 이 대가족은 서로 의사소통을 할 때 중국어와 영어와 인도네시아어를 모두 자유자재로 섞어 사용했다. 연령이 있는 어른들은 중국어와 인도네시아어를 했지만 젊은 세대들은 영어를 사용하는 비중도 높았다. 이들은 중국에 뿌리를 두고 있지만 중국인은 아니다. 중국계 인도네시아인으로 스스로를 생각하면서 범汎중국을 포함하는 글로벌 네트워크 속에서 자신들의 처지를 이해하는 이들의 정체성을 잘 보여주는 장면인 것 같다.

왜 숟가락 두고 손으로 밥을?

　　말레이시아와 인도네시아 사람들은 손으로 밥을 먹을 때가 많은데, 한국 사람 눈에는 익숙하지 않다. 때로는 당혹스럽다. 왜 멀쩡한 숟가락을 두고 손으로 밥을 먹는지 이해가 되지 않는다. 다양한 문화를 접해보지 않은 이들에게 손으로 밥을 먹는 것은 미개함의 표시인 것처럼 보인다. 문화는 상대적이라는 것을 경험하고 공부를 해도 머리로는 아는데 막상 정서적으로는 받아들이기가 쉽지 않다. 인도에서 손으로 밥을 먹는다는 것은 많이 알려져 있다. 하지만 말레이시아나 인도네시아에서도 손으로 밥을 먹는 건 모르는 경우도 많아서 사전지식 없이 그 광경을 보면 당황스럽다.

　　연수 프로그램으로 자카르타를 단기 방문한 어떤 이는 일꾼들이 길에 앉아 종이에 싼 밥을 손으로 먹는 광경을 보고 충격을 받았다. 자카르타에 처음 와 보니 생각보다 높은 건물도 많고 세련된 느낌이었는데, 여러 명이 길바닥에 앉아서 손으로 밥을 집어 먹는 모습을 받아들일 준비는 되어 있지 않았던 것이다. 그런데 이는 우리에게 익숙하지 않아서 그렇지 매우 평범한 광경이다. 인도네시아에서는 흔히 종이에 밥과 여러 가지 반찬을 담아서 고무줄 같은 것으로 돌돌 말아 자기가 먹을 장소로 가져가 먹는다. 일종의 카페테리아인 셈이다. 숟가락과 포크를 사용하기도 하지만 손으로 먹기도 한다. 길에 앉아서 먹는 것도 그렇게 이상한 장면은 아니다. 길에서만 그렇게 먹는 것이 아니다. 사무실이나 학교, 도서관에서도 그렇게 먹는 사람은 많다.

　손으로 먹는다고 해서 격식이 떨어지는 것도 아니다. 그냥 문화일 뿐이다. 말레이시아에서는 금식을 마치는 명절(아이딜 피트리) 때 오픈 하우스를 많이 하는데, 높은 사람들이 참여하는 기관 행사에서도 손으로 먹는 때가 많다. 말레이시아에서 공부하던 시절 친구들의 결혼식에 몇 번 참석했을 때도 손으로 밥을 먹었다. 한껏 멋있게 차려입은 사람들이 양념을 한 반찬과 밥을 손으로 집어 먹는 것이 전혀 어색하거나 이상하지 않았다. 거기선 다들 그러니까. 그래도 손으로 밥을 먹는 것에 익숙하지 않은 사람들은 그 광경이 이상하다. 파키스탄계 캐나다인인 한 친구는 자기도 손으로 빵에 카레나 다른 음식을 찍어 먹기도 하고 싸서 먹기도 하면서도 말레이시아 친구가 밥을 손으로 먹는 것에 대해서는 놀라움을 표했다.

　쌀로 지은 밥을 주식으로 하는 인구 중 상당수는 손으로 밥을 먹는다. 식기를 사용하기 전에는 다들 손으로 밥을 먹었을 것이니 손은 원초적인 식기이다. 손으로 밥을 먹는 것은 '부자연'스러운 행위가 아니라 오히려 '자연'스러운 행위이다. 빵을 손으로 뜯어 먹는 것이 이상한 것이 아닌 것처럼, 밥을 손으로 먹는 것을 이상하게 여기는 것이 이상한 것은 아닐까?

손으로 밥을 먹는 것에 대한 거부감에는 손으로 밥을 먹는 것은 위생적이지 않다는 생각도 한몫한다. 여기에도 동의할 수 없다. 자카르타나 쿠알라룸푸르 식당에서 밥을 먹을 때 수많은 사람이 사용하고 매번 제대로 씻었는지 확인할 수 없는 숟가락보다는 원초적 식기인 자신의 손을 쓰는 것이 때로는 더 안심이 되기도 한다. 손에도 세균이 있을 수 있지만 식당에 비치된 비누를 사용해 30초 또는 그 이상 씻으면 세균은 대부분 사라진다. 숟가락보다는 내 손이 더 믿을 만하다. 어쨌건 내 손 가지고 내가 씻고 내가 먹는 것이다. 책임도 내가 지면 된다.

손으로 먹는 밥은 우리가 먹는 밥과는 종류가 다르다. 쌀의 품종 자체가 다르다. 우리가 먹는 밥은 찰기가 있고 윤기가 자르르 흐른다. 맛있는 밥은 김치나 김에만 먹어도 맛있다. 맨밥만 먹어도 맛있는 밥도 있다. 그런데 이런 밥을 손으로 집어 먹으면 손가락에 붙는다. 깔끔하게 입으로 들어가지 않는다. 그리고 우리 반찬은 물기가 많다. 우리 밥상 위의 음식을 손으로 먹는 것은 상상이 안 간다. 요리는 '손맛'으로 한다고 해도 먹을 때는 손을 쓰면 안 된다. 우리 음식을 손으로 먹으면 손가락에 밥풀이 붙고 국물이 묻고 난리가 난다. 우리 쌀밥은 손으로 먹기에 적합하지 않다.

동남아에서도 밥은 중요하다. 그런데 동남아에서 먹는 밥은 찰기가 적다. 윤기가 자르르 흐르지도 않는다. 이 밥은 우리처럼 밥만 먹어도 맛있는 그런 밥은 아니다. 그래서 반찬에 양념을 많이 하고 그 양념을 묻혀서 양념맛으로 밥을 넘긴다. 그 양념이 밥과 잘 섞이게 하는 방법이 바로 손으로 먹는 것이다. 인도계 사람이 많이 사는 말레이시아에서는 인도 음식의 영향을 받아 카레를 밥에 많이 뿌려 먹는다. 보통 작은 규모의 식당에서도 여섯 가지에서 열 가지가 넘는 카레가 준비되어 있다. 카레 인심도 후해서 길가의 소박한 카페테리아에서 접시에 밥과 반찬 몇 가지를 담으면 카레는 두세 가지 정도 골라서 밥에 뿌릴 수 있다. 손으로 그 카레와 양념을 밥과 섞는다. 코팅을 하는 것이다. 코팅이 잘 될수록 밥은 맛있다. 물론 숟가락과 포크를 쓰기도 한다. 그렇게 먹는 사람도 많다. 하지만 손으로 먹으면 밥알에 카레나 양념을 더 잘 코팅할 수 있다. 찰기가 적어 먹을 때도 밥알이 잘 붙지 않고, 비교적 깔끔하게 입에 들어간다. 우리나라 음식은 손으로 먹을 수 있게 되어 있지 않다. 하지만 말레이시아, 인도네시아 음식은 손으로 먹을 수 있게 되어 있다. 그렇게 먹어온 사람들은 손으로 먹어야 더 맛있다고 느낄 수도 있다.

대학생 시절 말레이시아 쿠알라룸푸르 교외에 있는 가정에서 2주 정도 머물렀던 적이 있다. 집에서 식사를 하면 끼니마다 손으로 밥을 먹었다. 국수 같은 것을 먹을 때가 아니면 손으로 밥을 먹는 것은 너무 당연한 일이었다. 손을 씻고 접시에 밥을 받으면 식탁에 있는 간장(끼찹)을 밥에 뿌리고 공동 접시에 있는 반찬을 자기 접시로 가져와 부지런히 밥과 양념을 섞고 손으로 반찬을 한입 크기로 떼거나 잘라 밥과 함께 입으로 가져간다. 그렇게 매일 손으로 밥을 먹는 사람들은 손놀림도 익숙하다. 우리가 생각할 때 손으로 밥을 먹는다고 하면 얼굴을 파묻고 양손으로 밥과 반찬을 닥치는 대로 입으로 가져가며 밥풀과 양념이 손과 입 주위에 여기저기 묻는 장면을 상상하기 쉽다. 그런데 말레이시아와 인도네시아에서 그렇게 먹는 사람은 보지 못했다. 손은 거의 한 손만 쓴다. 손은 바쁘게 밥과 양념을 섞으면서도 눈은 상대를 보면서 대화를 한다. 가끔씩 손에 묻은 양념을 가볍게 털어내고 밥과 양념, 그리고 손가락으로 알맞게 떼어낸 반찬을 손가락 끝으로 모아 뭉쳐서 엄지손가락으로 밀어 입으로 넣는다. 손에 밥풀도 양념도 거의 묻지 않는다. 바쁜 손놀림이 꽤 예술적이고 우아하다. 손으로 먹는 데도 격식이 있다. 다 먹고 난 손가락은 의외로 깨끗하다. 향이 나는 비누로 씻으면 깨끗해진다. 식당에서는 허브잎을 넣은 물그릇을 줄 때도 있는데 거기에 손을 씻으면 기름기도 냄새도 쏙 빠진다.

우리나라에서도 음식을 할 때 '손맛'이 있는 것처럼 여기 사람들도 손맛이라는 것이 있다. 어떤 음식은 손으로 먹어야 더 맛있다. 어느 날 한국에서 아침 프로그램을 보는데 시어머니와 사는 인도네시아 며느리가 나와서 한국 생활과 고향에 대한 향수에 대해 이야기했다. 이 며느리는 고향에서 손으로 밥을 먹던 것이 그리웠다. 하지만 인도네시아 문화를 모르는 시어머니가 손으로 밥 먹는 행위를 이해해 줄 리가 없다. 그래서 시어머니 안 계실 때 허겁지겁 손으로 밥을 먹었는데 음식이 다르니 그 느낌이 날 리가 없다. 찰기가 있고 진 한국 밥이라서 손가락에 밥알이 다 붙고 고향 생각만 나서 더 서러웠다는 이야기이다.

한국 사람인 필자가 말레이시아나 인도네시아 사람의 손맛을 안다고 하면 거짓말이다. 그래도 어떤 음식은 손으로 먹어야 제맛인 것들이 있다. 직원들과 밥을 먹을 때면 빠당이나 순다 음식점을 자주 갔다. 그렇게 비싸지도 않고 직원들도 좋아하는 곳이다. 빠당 지역은 인도네시아에서도 음식으로 가장 유명한 곳 중의 하나이며 아랍이나 인도 문물이 들어오는 서쪽에 위치해 음식도 향신료나 카레 같은 양념을 많이 써서 매콤하니 한국 사람 입맛에도 잘 맞는다. 순다 식당은 인도네시아 다른 지역에서 볼 수 없는 생채소를 이용해서 쌈 같은 걸 내놓는다. 생生삼발 같은 매운 양념과 함께 먹으면 맛이 우리 쌈과 거의 비슷하다. 빠당이나 순다 음식을 직원들이나 친구들과 먹을 때 숟가락과 포크를 사용한 적은 없다. 따로 이야기를 안 해도 누구나 다 손으로 먹는다. 물론 식당을 살펴보면 숟가락을 사용하는 사람들도 없지는 않다. 그래도 '디폴트' 식기는 손이다.

빠당 음식은 한국 사람도 좋아할 맛이어서 현지인 친구들과 식당을 방문하는 한국 사람들도 있다. 때때로 손으로 먹어 보라는 권유를 받는 때도 있는 모양이다. 그럴 때면 '빠당 음식을 정말 제대로 즐기려면 손을 사용해 보라'는 말을 듣기도 한다. 숟가락과 포크를 쓴다고 입으로 들어가는 재료와 양념이 달라지는 것도 아닌데 손으로 먹는다고 더 맛있어질 리는 없다. 아마 우리의 '손맛' 비슷한 그런 개념일 것이다. 스테이크를 가위로 잘라서 먹을 수도 있지만 칼로 썰어야 제맛인 것처럼 빠당 음식은 손으로 먹는 것이 제맛이긴 하다.

문화는 상대적이다. 손으로 먹는 문화도 다 그럴 만한 이유가 있어서 생긴 것이다. 그 문화 속에 있으면 손으로 먹는 것도 전혀 이상하지가 않다. 반대로 손으로 먹지 않는 문화도 다 이유가 있어서 생겼다. 인도네시아 친구가 손으로 먹어 보라고 권하면 시도해 볼 수도 있지만 그래도 손으로 먹는 게 너무 이상하면 먹지 않아도 된다. 손으로 먹지 않는다고 인도네시아 문화를 이해할 수 없거나, 인도네시아 사람과 진정한 친구가 될 수 없는 것은 아니다. 그래도 자연스럽게 손으로 밥을 뭉쳐 입으로 가져가는 필자의 모습을 보면 동료들이 필자를 인도네시아 사람 같다고 인정해 주긴 했다. 그리고 그냥 느낌적인 느낌 때문일 수도 있지만 그렇게 먹으면 음식도 확실히 더 맛있었다.

인도네샤 알쓸유레잡

빠당 음식을 먹어보자

자카르타뿐만 아니라 인도네시아 다른 도시를 다녀보면 빠당Padang 음식을 파는 식당을 자주 볼 수 있다. 보통 서부 수마트라 지역의 미낭까바우 건축 양식을 따라 끝이 뾰족뾰족한 기와 양식(루마 가당Rumah Gadang)이 있으면 빠당 음식점임을 알 수 있다. 아내가 왜 이렇게 빠당 음식점은 어딜 가도 있느냐고 질문하길래 한국에도 '전주식당'이 어느 도시에나 있지 않으냐고 답하자 이해하는 것 같다.

매콤하고 카레풍의 요리가 많아 한국 사람 입맛에도 잘 맞는다. 구글Google 설문조사 결과 세계에서 가장 맛있는 음식(?)으로 꼽혔다는 른당Rendang 등이 대표 음식이다. 소의 뇌(오딱 사삐Otak Sapi) 같은 것만 조심하면 닭고기나 해산물, 채소에 양념을 한 음식들 대부분이 먹을 만하다. 양념이 세서 양념에 밥만 먹어도 먹힌다. 밥도둑이라 밥을 너무 많이 먹게 될 수 있으므로 주의가 필요하다.

혼자 가면 한 접시에 밥을 담고 그 위에 반찬을 골라서 담아 주는 카페테리아식으로 먹기도 하지만 둘 이상이 가면 보통 점원이 두 팔에 접시를 가득 가져와서 테이블에

겹겹이 쌓는다. 처음에는 전주 한정식처럼 인심이 좋다고 생각해서 이것저것 먹었는데 보다 못한 인도네시아 업무 파트너가 '한 번 건드리면, 다 먹어야 한다Once you touch it, then you should finish it'고 알려주었다. 먹은 것만 계산하는 방식이다. 회전초밥과 비슷할 수도 있는 계산 시스템인데 접시 색깔로는 구별이 안 되므로 남아 있는 음식이나 양념 가지고 뭘 먹었는지 추리해서 계산한다. 음식 이름을 모르는 외국인의 경우 너무 깨끗이 접시를 비우면 원래 담겨 있던 음식이 무엇인지 몰라서 계산에 어려움을 겪기도 한다.

처음에 깔아주는 음식이 다가 아니다. 메뉴를 보고 따로 주문하면 점원이 가져다준다. 보통 테이블에 미리 깔아주지 않는 빠당식 사떼Sate도 유명하니 주문해 보자. 물이나 음료수는 따로 주문한다. 그릇에 담겨 식탁에 준비된 물은 손 씻는 물이니 마시지 않는다.

그림 2-7 빠당 음식이 차려져 있는 모습(사진: 위키피디아[36])

인도네시아와 말레이시아의
우먼파워

미리 말하지만 이 글에서 말하는 내용이 인도네시아와 말레이시아 여성들이 남성과 동등한 권리와 기회를 보장받고 있다는 뜻은 아니다. 오히려 이 두 나라에선 (실제 이슬람은 그렇지 않다는 지도자들의 부인에도 불구하고) 남성이 여성에 비해 우월하다는 생각을 종교적 가르침이 지지한다는 인식이 은연중 퍼져 있기도 하다. 정치인이나 정부 관료가 공공연하게 남성 우월적인 발언을 해서 논란을 빚는 내용도 정례행사로 언론을 장식한다. 때로는 여성 정치인이나 여성 관료가 그런 성차별적 발언을 하기도 한다. 자신의 분야에서 크고 작은 성공을 거둔 여성들은 그래도 어느 정도 운이 좋아서, 어릴 때부터 경제적으로나 정서적으로 자신을 지지해 주는 가족이나 주변 환경이 있었을지도 모른다. 반면 개인적인 성장에 대한 동기부여 없이 사회에서 주목받지 못한 채 살아가는 여성들이 훨씬 많을 것이다. 그런데 두 나라의 문화가 상당 부분 이슬람에 기반하고 있어서 여성의 지위가 낮고 사회에서 그 역할이 크지 않을 것이라는 편견을 생각하면 그래도 두 나라의 우먼파워는 꽤 놀라운 부분이 있다. 어쩌면 어려움을 극복하고 이겨낸 성취일 것이다.

먼저 인도네시아의 이웃 나라인 말레이시아 우먼파워 이야기이다. 말레이시아에서 공부하던 2011년 어느 날이다. 운전을 하면서 라디오를 듣는데 재미있는 주제로 토론이 이루어지고 있었다. 말레이시아에서 남학생의 대학진학률이 여학생보다 많이 떨어져서 남학생이 대학을 많이 가야 한다는 캠페인을 하고 있다는 것이다. 여성의 대학진학률이 남성을 뛰어넘는 것은 세계적인 현상이지만 말레이시아에서는 이런 현상이 더 뚜렷이 나타나고 있다. 2018년 영국 사설기관UCAS이 조사해 〈인디펜던트the Independent〉지에 실린 자료에 따르면 말레이시아 대학 등록자 중 64%는 여성이다. 대학 신입생들 중 여성과 남성의 비율이 2:1에 가깝다는 것이다.[37]

이 외에도 말레이시아의 우먼파워와 관련해 경험한 에피소드는 너무 많다.

10년도 더 된 일인데 말레이시아 연수가 결정되니 같은 부서에 근무하던 주임님께서 말레이시아와 관련된 기억을 이야기해 주셨다. 1990년대에 말레이시아 어떤 은행에서 업무차 우리 회사를 방문한 일이 있었는데 방문단 중 여성의 비율이 높아서 깊은 인상을 받았다는 것이다. 기관을 대표해서 외국을 방문할 정도면 그래도 회사 내 직위가 꽤 높을 텐데, 히잡을 쓰고 온 여성들이 많았다고 한다. 당시 우리 회사에는 여성 간부급 직원이 아예 없었을 때이다.

이 이야기를 듣고 쿠알라룸푸르에 가서 이슬람금융을 함께 공부하는 말레이시아 출신 학생의 구성을 보니 과연 여학생의 비중이 두드러졌다. 갓 대학을 졸업하고 대학원에 입학한 학생부터 사업가, 은행원, 중앙은행이나 규제기관에서 중간 간부로 있으면서 학업을 병행하는 이들까지 면면도 다양했다. 출석부를 보고 세어 보진 않았지만 얼핏 기억을 떠올려 봐도 여학생이 반 이상 될 뿐만 아니라 경력도 화려했다. 당시에 이슬람금융과 관련한 중요한 규제를 담당하는 두 기관인 중앙은행과 증권거래소 수장이 모두 여성이라는 점도 인상 깊었다. 특히 중앙은행 총재였던 제티 아지즈는 2000년부터 2016년까지 16년간이나 총재직에 있으면서 탁월한 리더십을 발휘했다. 당시 학교에는 선진국에서 온 학생들도 있었지만 서로 이야기를 나누어 보아도 경제와 관련한 중요한 기관을 모두 여성이 이끄는 나라는 많지 않았다.

2006년에는 주한 말레이시아 대사관 주최 투자설명회에 참석할 기회가 있었는데 말레이시아 투자진흥청MIDA장이 발표를 했다. 청장은 여성이었다. 같은 테이블에 있던 말레이시아 여성분이 앞에 있는 청장이 네 아이의 어머니라고 말해 주었다. 아이 넷을 낳아 양육하면서도 성공적인 경력을 이루어 낼 수 있었다는 점이 놀라웠다. 그때는 놀랐지만 말레이시아에서 직업적인 성공을 이룬 여성이 동시에 여러 아이의 어머니인 경우는 흔해서 나중에는 놀라지 않게 되었다.

그럼 인도네시아는 어떤가? 세계경제포럼WEF에서 발표한 '세계 성격차Gender Gap 지수 2020[38]' 자료에 따르면 인도네시아는 조사대상 153

개국 중 85위에 올랐다. 우먼파워로 깊은 인상을 주었던 말레이시아는 104위, 우리나라는 108위이다. 참고로 같은 자료에서 인도네시아의 고등교육(고등학교 졸업 이후) 진학률은 여성이 39%, 남성이 34%이다. 인도네시아에서도 여성들이 더 많이 대학에 가거나 직업교육을 받는다.

표 2-2 성 격차 관련 주요 지표, Global Gender Gap Report 2020, World Economic Forum

항목	순위(153개국 중)	여성	남성
노동 참여율(%)	115	54.3	83.9
동일노동 임금격차	51		
예상 연간소득 (천 국제 달러)	116	7.8	15.4
문해율(%)	91	94.0	97.3
초등교육 등록율(%)	131	91.0	95.9
중등교육 등록율(%)	1	79.9	77.6
의회 내 비율(%)	105	17.4	82.6
행정부 내 장관급 비율(%)	67	23.5	76.5

재미있는 수치도 있다. 예를 들어 여성의 노동 참여율은 54%로 남성의 84%에 크게 못 미친다. 하지만 일단 직장에 들어가면 간부급 직원이 될 가능성은 다른 나라에 비해 낮지 않다. 동 조사WEF에 따르면 인도네시아 직장 내에서 간부급 직원의 여성 비율은 55%로 세계 1위이다. 정말 그럴지 수치의 신뢰성에 고개를 갸웃하게 된다. 하지만 〈니케이 아시안 리뷰Nikkei Asian Review〉에 실린 다른 자료[39]에서도 인도네시아의 직장 내 간부급 여성 비율은 37%로 중국의 31%, 한국의 17%, 일본의 12%를

훨씬 상회한다. 또, 여성의 초등교육 참여율은 91%로 남성의 96%에 못 미치지만 대학이나 직업교육 등을 포함하는 고등교육 참여율은 39%로 남성의 34%를 상회하고 이 역시 세계 최고 수준이다. 즉, 교육이나 직업 선택의 기회를 얻지 못하고 소외되는 여성들이 많지만 일단 기회를 얻고 나면 만족스러운 수준은 아닐지라도 일정 수준 이상의 성취를 이룰 가능성이 다른 나라에 비해서 적어도 뒤지지는 않는다고 해석할 수 있을 것이다.

인도네시아에도 앞에서 언급했던 말레이시아 중앙은행 총재의 사례처럼 강력한 리더십을 발휘하고 있는 여성들이 있다. 조코위 1기 내각에 이어서 2기 내각에서도 재무부 장관으로 연임된 스리 물야니는 유도요노 정권 때인 2005년부터 2010년까지 약 4년 반 동안 장관직을 수행했고 세계은행 이사를 지낸 후 2016년 조코위 1기 내각에 다시 기용되었다가 2019년 10월 2기 내각에서도 연임되었다. 정권과 시장의 신뢰가 그만큼 두텁다는 방증일 것이다. 조코위 1기 내각에서 5년간 해양수산부 장관을 지낸 수시 장관은 철의 리더십으로 유명하다. 입지전적인 기업가 출신으로 도서 국가인 인도네시아에서 비중이 큰 해수부를 맡은 수시 장관은 불법 어로 외국 어선 나포 및 폭파, 저인망 어업 금지 등 강력한 추진력이 필요한 정책들을 수행했다. 이 와중에 대통령과도 의견이 다르면 각을 세우는 소신을 보이기도 했다. 인도네시아 내각에서 여성 장관 비율은 약 네 명 중 한 명 정도로 비율이 그다지 높지는 않지만 주요 부처에 기용되어 강력한 리더십을 발휘하는 장관들이 있다는 점은 의미가 있다. 덧붙여 이미 여성 대통령을 배출했고 (메가와티 대통령, 2001년 7월~2004년 10월) 그의 딸이(뿌안 마하라니) 첫 여성 국회의 장(2019년 10월~현재)이 되었다는 점도 언급할 만하다. 다만, 정치가 가족을 중심으로 이루어지는 구조인 인도네시아에서 부모의 후광을 입고 지금의 위치에 올랐다는 점에서 여성 영향력의 확대로 해석하기에는 다소 무리가 있을 수는 있다.

물론 서두에 밝힌 대로 말레이시아와 인도네시아의 우먼파워에 대해 쓴 위 내용이 두 나라에서 여성들이 모든 분야에서 만족할 만큼 남성과 동등한 권리를 누리고 있다는 뜻은 아니다. 아직 갈 길이 멀기는 하다. 많은 여성이 고등교육을 받고 있기는 하지만 인도네시아에서 여전히 열 명 중의 한 명 정도의 여자아이는 초등교육도 받지 못하고 있는 것도 현실이다.

시간이 지나며 여성이 불평등한 대우를 받는 항목들은 개선되어 갈 것이다. 그게 역사의 흐름이다. 그런데 역사가 꼭 한쪽 방향으로만 흐르지는 않는다. 2020년 인도네시아에서 제정을 추진 중인 '가족강화법안' 초안은 가정에서 남편의 역할을 가족의 생계를 책임지고, 안녕과 복지를 담당하며 가족을 지키는 것이라고 규정하는 반면 부인의 역할을 가사 및 남편과 자녀를 돌보는 것으로 한정하고 있다. 종교적 규범에 근거한 이 법안에 시대착오적이라는 비판이 쏟아져 나왔다.

얼마 전에는 일하는 한 여성이 SNS에 올린 영상에 마음이 무거웠다. 이 영상에서는 한 종교 지도자가 여성은 밖에 나가서 일하지 않고 집에 있는 것이 낫다고 말하고 있었다. 이유는 여성이 밖에 나가서 일을 하면 여러 유혹에 노출되기 쉽고, 여성이 밖에서 성취를 이루면 남편이 기가 죽을 수 있기 때문이라는 것이다. 말도 안 되는 이야기로 무시하고 넘어갈 수도 있지만 이 글을 올린 여성이 어려운 가정환경 속에서도 씩씩하게 일을 하고 공부하고 아이를 키우며 지금에까지 이른 것을 알기에 마음이 심란해졌다. 만족스러운 수준은 아니라 할지라도 여성들에게 점점 더 많은 기회가 주어지고 있는데 종교적 보수화의 물결 속에서 여성 스스로가 그 기회를 포기하는 것이 맞다고 생각하는 일도 늘어나고 있다. 물론 많은 종교 지도자들은 이러한 움직임이 종교적 가르침에 부합하는 것이 아니라고 거듭 말하고 있지만 남성과 여성의 관계를 그렇게 해석하는 사람의 비율이 늘어나는 것도 엄연한 사실이다.

장애물에도 불구하고 여러 부문에서 성취를 이루는 여성들도 늘어나는 반면, 여성의 자리는 가정이고 남편 옆이라고 생각하는 사람도 늘어나는 것이 지금의 상황이다. 앞으로도 말레이시아와 인도네시아 여성들이 주어진 기회를 스스로 포기하지 않고 사회에서 더욱 마음껏 역량을 펼치게 되기를 기대해 본다.

아프면 비행기 타는
인도네시아 사람들

2018년 발생했던 중부 술라웨시 지역 쓰나미 때 헌신적인 대응으로 국민적 사랑을 받았던 재난관리청BNPB 홍보책임자가 이듬해 7월 암 투병 끝에 생을 마감했다. 많은 인도네시아인이 안타까워하며 그를 추모했다. 그런데 관련 기사를 읽다 보니 특이한 점이 보인다. 사망 장소가 중국 광저우의 한 병원이다. 인도네시아 공무원인 그가 왜 중국의 병원에서 생을 마쳤을까?

같은 해인 2019년 6월에는 유력 정치가의 부인이 싱가포르 한 병원에서 투병 끝에 사망한 일도 기사로 실렸다. 이 외에도 인도네시아 신문에 난 부고를 보면 유명인들이 싱가포르나 중국 같은 인접국뿐 아니라 일본, 독일 같은 먼 나라에 소재한 병원에서 생을 마치는 경우가 꽤 많음을 알 수 있다. 왜 그럴까?

기본적으로 인도네시아인들이 자국 의료기관과 의료진을 그다지 신뢰하지 않기 때문이다. 인도네시 아에 주재할 때 교민들을 통해 가장 많이 듣던 말 중 하나가 아 픈 데가 있으면 바로 그날로 비 행기 타고 귀국해서 국내 병원에 서 진단하고 치료를 받으라는 것 이었다. 현지 병원을 믿을 수가 없다는 말이다. 외국인들만 그런

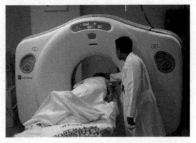

그림 2-8 인도네시아 병원도 최첨단 의료기기를 갖춘 곳이 많다. 다만, 이를 잘 활용할 수 있는 의료 수준 등에 대한 불신과 더불어 의료비용이 비싸 환 자들이 해외로 향한다

것이 아니다. 현지인들도 그렇게 생각한다. 한 화교계 사업가는 친척 어 른 중 한 명이 갑작스러운 심장질환으로 자카르타 시내에 있는 꽤 유명 한 병원의 응급실을 찾았다가 제대로 된 치료도 받지 못하고 몇 시간을 우왕좌왕하다가 사망한 이야기를 들려주기도 했다. 그 병원에 절대 가 지 말라는 말을 덧붙였음은 물론이다. 그곳은 그래도 꽤 유명한 대기업 계열의 병원인데 여기를 믿지 못하면 어디를 믿을 수 있을까 하는 생각 이 들었다.

상황이 이렇다 보니 해외에서 진료를 받을 만큼 여유가 있는 사람들 은 분초를 다루는 급성질환이 아니라면 해외에서 질병을 치료한다. 건 강관리도 해외 기관에 맡기는 경우가 많다. 또 다른 젊은 화교계 사업 가는 부모님을 모시고 싱가포르에서 건강검진을 하고 돌아온 이야기를 들려주었다. 이 가족은 싱가포르에 주치의를 두고 있었다. 3D 심장 초 음파 사진에 붉은색을 입혀 심장의 모양을 재현한 검사결과지를 보니 한 눈에도 비싼 검진 패키지인 것 같았다.

그런데 이처럼 해외에서 진료를 받는 행위가 부유층들만의 전유물은 아니다. 중산층도 치료를 위해 비행기를 타고 국외로 나가는 경우가 늘고 있다. 하지만 중산층은 부유층과는 다른 이유로 비행기를 탄다. 부유층은 질 좋은 의료서비스를 받기 위해서라면 비싼 비용과 여비도 마다하지 않는다는 생각이겠지만 중산층은 해외 진료가 국내 진료보다 서비스의 질뿐만 아니라 비용 측면에서도 유리하다는 생각 때문에 해외를 찾는다. 한 마디로 가성비가 좋다는 것이다.

그런 의미에서 인도네시아인들에게 요즘 각광받는 의료 관광지는 인접국인 말레이시아이다. 한번은 지인이 남편의 심장질환 치료를 위해 말레이시아 페낭을 찾았던 이야기를 들려준 적이 있다. 페낭에서의 치료가 인도네시아에서 받았던 진료에 비해 훨씬 만족스러웠을 뿐 아니라 비용도 더 싸다는 이야기였다. 또 진료 일정을 전후해 페낭과 그 주위를 관광하는 여유도 누릴 수 있었다. 실제로 많은 인도네시아인이 그런 이유로 말레이시아를 찾는다. 중증질환을 치료하기 위해 말레이시아를 찾는 것이 인도네시아에서 진료받는 것보다 더 경제적이고 만족스럽다는 것이다.

그림 2-9 말레이시아는 의료 관광객을 적극적으로 유치하는 정책을 펴고 있다. 해마다 백만 명이 넘는 인도네시아 환자들이 페낭 등 말레이시아 도시를 방문해 치료를 받고 있다

말레이시아 의료관광위원회MHTC 등을 인용한 복수의 기사 등[40]에 따르면 의료목적으로 말레이시아를 찾는 인도네시아인의 수는 2018년 기준 90만 명에 달하는

것으로 추산되고 있다. 2015년에는 50만 명 정도 수준이었다. 2019년에는 백만 명을 넘은 것으로 보인다. 말레이시아와 인접한 수마트라섬에서 오는 환자들이 가장 많고, 심장질환과 암 치료가 주된 치료 대상 질환이라고 한다.

상황이 이러하니 인도네시아 의료 관광객을 유치하기 위한 노력도 치열하다. 말레이시아만 해도 공항에서 마중은 물론이고 숙소와 병원까지 이동을 책임지는 서비스를 제공하는 곳이 많다. 언어가 통하기 때문에 별도의 통역이 필요치 않고 음식이나 문화가 비슷하다는 점이 강점이다. 대만에는 아예 이슬람 병원 컨셉으로 환자들을 유치하는 병원도 있다. 할랄(또는 이슬람) 관광과 의료 관광을 결합한 하이브리드 상품이다. 인도네시아에서도 이슬람 병원은 비교적 새로운 개념인데, 대만이 의료 관광뿐 아니라 이슬람 관광객 유치에도 적극적이기에 생각해 낼 수 있는 전략이다.

꼭 가까운 나라로만 가라는 법은 없다. 일본만 해도 인도네시아어가 통하는 간호사를 두고 인도네시아어 홈페이지까지 운영하며 환자들을 유치하려 노력하는 병원이 있는 것을 본 적이 있다. 부유층이 치료를 위해 유럽까지 가는 것도 마다하지 않는 것을 볼 때 비행시간이 7시간 정도인 우리나라도 인도네시아 의료 관광객을 유치하지 못하리라는 법은 없다. 의료서비스 질이 높고 마침 최근 들어 관광지로서의 한국에 대한 관심도 높아지고 있기 때문이다.

인도네시아 입장에서 해마다 자국민 수백만 명이 비행기를 타고 해외로 나가 진료를 받는 상황이 달가울 리 없다. 전임 유도요노 대통령은 공무원들에게 국내에서 건강검진과 진료를 받으라고 권하기도 했다. 본인도 재임 기간 중에는 국내에서 건강검진을 하곤 했다.

하지만 애국심만으로 해결될 일은 아니다. 합리적인 비용에 우수한 의료서비스를 제공하는 기관이 필요하다. 자체 역량으로 빠른 시일 내에 의료서비스의 질을 끌어올리기가 어려운 경우 해외자본과 노하우를 들여오는 것도 방법이다. 이미 2016년에 인도네시아는 투자제한리스트 개정을 통해 병원 부문에 대한 해외투자 지분을 67%까지 허용했다(아세안 국가 자본인 경우 70%). 병원 부문에 해외투자가 더 필요한 인도네시아는 급기야 2019년 초 투자조정청BKPM장이 교육과 더불어 병원 부문의 해외투자 문호를 더 개방하겠다는 의사를 밝히기도 했다. 이 책의 원고를 마감하고 있는 현재 구체적인 수치와 방법은 확정되지 않았지만 향후 병원이나 의료서비스 등에 대한 해외투자 한도가 상향되거나 아예 철폐될 가능성은 꽤 높다.

소득증가와 함께 질 좋은 의료서비스를 받겠다는 인도네시아 사람들은 앞으로도 더 많아질 것이다. 인도네시아 당국이 양질의 의료서비스를 제공하는 기관들을 성공적으로 확충해 그 수요를 상당 부분 국내에서 흡수할 수 있을지가 주목된다. 그렇지 않으면 비행기를 타고 외국에 있는 병원에 가야 하는 인도네시아 사람들은 앞으로도 더 많아질 것이다. 그 많은 사람들이 다들 어디로 향할지도 관건이다.

인도네시아 사람들의
건강지킴이는 무엇일까?

2016년 7월 말이었다. 신문에 유명 가수 마이크 모혜데Mike Mohede가 사망했다는 기사가 실렸다. 동료 연예인들도 그렇고 많은 사람이 톱가수의 갑작스러운 죽음에 충격을 받았다. 2005년 출장으로 자카르타를 방문했을 때 호텔에서 TV로 오디션 프로그램인 〈인도네시안 아이돌〉을 시청한 적이 있는데 거기서 마이크와 쥬디카Judika가 함께 결승에 올라 마이크가 우승하는 모습을 본 것이 그에 대한 필자의 기억이다. 이후 11년 만에 신문에서 본 그에 대한 소식이 사망 소식이라니. 갑자기 세상을 떠났을 때 마이크 모혜데는 서른두 살이었다. 사인은 심장마비로 추정되었다.

비슷한 일이 같은 해 초에도 있었다. 대중적 인기가 높았던 당시 해양수산부 수시 장관의 아들이 미국에서 서른한 살의 나이로 갑자기 사망한 것이다. 정확한 사인은 밝혀지지 않았지만 언론에서는 심장마비일 가능성이 큰 것으로 보도했다. 마침 회사 사무실에서 큰길을 건너면 수시 장관의 사저가 있어 그 집 앞을 이삼일에 한 번은 지나갔었는데 어느 날 끝도 없이 늘어선 조의 화환이 보이길래 기사에게 왜 그런지 물어보고야 이유를 알 수 있었다.

관심을 가지고 보니 언론에 심장마비로 사망하는 유명인들의 기사가 종종 보였다. 심장질환으로 사망한 유명인 명단을 보니 꽤 많았다. 유명인만이 아니다. 자카르타에 머문 삼 년 동안에도 주위에 심장질환으로 고생하거나 갑자기 가족을 잃는 사람들이 꽤 많았다. 물론 심장질환을 앓거나 갑작스러운 심장기능 이상을 겪는 사람들은 세계 어디에나 있다. 우리나라에도 많다. 하지만 정확한 통계를 가지고 비교하지 않더라도 유명인과 일반인을 막론하고 인도네시아에서 심장질환으로 고생하거나 갑자기 세상을 떠나는 사람이 너무 많은 것 같은 느낌이었다.

인도네시아 사람들이 사망하는 원인을 순서대로 살펴보면 뇌졸중, 심장질환, 당뇨 및 합병증, 결핵, 고혈압 및 합병증 등의 비중이 높다. 인구가 고령화됨에 따라 암 발생률도 증가추세이다. 1990년대만 해도 급성 호흡기질환이나, 결핵, 설사 같은 전염성질환으로 인한 사망자가 많았다면 공중보건 분야에서 뚜렷한 개선이 이루어진 지금은 비전염성질환이 주된 사망원인이 되었다. 이 중에서도 순환계와 대사 이상과 관련한 질환이 차지하는 비중이 크다.

물론 순환계와 대사 이상 환자가 증가하는 것은 인도네시아만의 문제는 아니다. 하지만 인도네시아에는 자신의 건강상태를 잘 모르고 제대로 관리하지 못하는 숨은 환자가 많을 수 있다는 점에서 상황이 심각하다. 직장 건강검진을 자카르타에서 받은 적이 있다. 규모가 꽤 큰 병원에서 검사를 받았는데 그날 수검자는 모두 여섯 명이었다. 검진항목과 수가는 우리나라와 크게 다르지 않았지만 수검자 수가 워낙 적다 보니 전담직원이 밀착해 수검자를 안내했고 의사도 여럿 만나서 상담을 할 수 있었다. 검진받는 사람이 너무 많아 접수하는 데만 한 시간 가까이 걸리기도 하는 우리나라 건강검진센터에서의 경험과 비교하면 꽤 쾌적한 검진이었다. 이 정도 큰 병원에서 하루에 건강검진받는 사람의 수가 이 정도라면 자카르타나 인도네시아에서 정기적으로 건강상태를 점검하고 자기 건강상태에 대해 아는 사람이 몇 명이나 될까 하는 생각이 들었다. 평균수명 증가에 따른 인구 고령화로 인도네시아에도 암 환자가 늘어나는데 정기적으로 건강상태를 점검하는 사람이 적으니 조기발견은 잘 되지 않는다. 그러다 보니 때를 놓쳐 3기나 4기에 병원을 찾는 환자가 많다고 한다. 믿기 어렵지만 인도네시아 암 환자 중 70%가 4기에서야 병을 발견한다는 전문가의 인터뷰가 기사로 실린 적도 있다.[41]

혈압이나 혈중 당, 지질 수치를 제대로 알고 관리하는 사람도 드물다. 해마다 세계 고혈압의 날(5.17)과 당뇨의 날(11.14)이 되면 인도네시아 신문에도 고혈압과 당뇨 현황에 대한 기사가 실린다. 내용은 항상 비슷하다. 인도네시아에도 식습관이나 생활습관 등의 영향으로 고혈압과 당뇨 환자가 급증하고 있으며, 또 아직 확진은 받지 않았지만 수치가 경고 수준에 이른 예비 환자가 많아 미래에는 고혈압, 당뇨병 대란이 우려되며, 따라서 개인과 보건당국 차원에서 적극적인 관리가 필요하다는 내용이다.

대사이상질환과 밀접한 연관이 있는 비만 인구도 많다. 2019년 자카르타 보건당국 발표에 따르면 자카르타 시민 중 35%가 비만이며, 허리둘레 기준을 초과하는 사람의 비율은 49%이다.[42] 주위에도 많이 보인다. 사무실에서 직원들은 한국 사람은 인도네시아 사람보다 많이 먹는 것 같은데 어떻게 날씬할 수 있는지 신기해하고 자주 물었다.

비만이나 보건 전문가는 아니지만 인도네시아 사람들이 건강관리가 어려운 몇 가지 이유가 떠오르긴 한다. 인도네시아 음식은 밥이 기본이다. 우리처럼 반찬과 함께 밥을 먹는데 단백질이나 해산물, 신선한 채소보다 양념이나 국물에 밥을 먹을 때가 많다. 채소도 생채소로 먹는 곳도 있지만 이보다는 기름으로 볶고 튀길 때가 훨씬 더 많다. 1인당 육류 소비량은 세계 평균에 미치지 못해 단백질 섭취량도 충분하지 않다. 그리고 단 음식은 너무 달다. 커피 한 잔에 설탕을 다섯 스푼 넣기도 한다. 음식이 이러면 운동량이나 활동량이라도 많은가 하면 그렇지도 않다. 물론 시간을 내 운동을 하는 사람들이 있긴 하다. 하지만 몸을 써서 일하는 직업이 아니면 생활 속에서 활동량이 많기가 힘든 환경이다. 우리나라에서는 대중교통을 이용하면 따로 운동을 하지 않더라도 기본 하루에 몇천 보를 걸어야 한다. 하지만 인도네시아에서 교통수단은 도어 투도어가 기본이다. 자가용 차량이 없더라도 자가 오토바이나 오토바이 택시를 이용할 수 있기 때문이다. 걷고 싶어도 걸을 수 있는 보도가 갖추어져 있지 않고 자동차와 오토바이 매연이 심해 제대로 걸을 수 없는 곳도 많다. 지도를 보면 도보로 걸을 수 있다고 되어 있는데 막상 가 보면 아예 못 걷거나 걷기 힘든 경로일 때가 허다하다.

따로 시간 내 운동하기도 어렵다. 운동할 수 있는 공원이나 운동장을 가까운 데서 찾을 수 없을 때가 많고, 체육시설은 비싸거나 접근하기 어렵다. 쇼핑몰에 가면 화려한 체육관들이 입점해 있긴 한데 입회료와 월 회비가 비싸다. 체육실을 갖추고 있는 공동주택에 살거나 비싼 체육시설 이용료를 부담할 수 있는 정도의 여유가 없으면 도시 거주자들은 운동할 수 있는 공간을 찾기도 어렵다. 우리 사무실만 봐도 교외에서 교통 체증을 피해 새벽같이 출근해서 회사에서 부족한 잠을 보충하는 직원도 있고, 출퇴근에만 길에서 4시간 넘게 보내는 직원도 있었는데 운동할 공간이 있더라도 그 정도로 몸이 피곤하면 운동할 힘도 안 날 거라는 생각도 들었다. 비만과 질병을 예방하고 건강한 삶을 살기 위한 노력이 개인의 실천과 의지뿐만 아니라 사회 경제적 요인과도 크게 관계가 있다는 것을 실감할 수 있었다.

제때 검진을 받아 내 몸에서 취약한 부분이 어디인지를 미리 알아 질병을 예방하고, 적절한 운동과 식이요법으로 건강을 관리하는 것이 아직 쉽지 않은 인도네시아이다. 그렇다고 사람들이 건강에 관심이 없지는 않다. 신문을 보면 '어디에는 어떤 음식이 좋다', '어떤 음식에는 어떤 영양소가 많다'는 식의 기사가 자주 실린다. 다이어트에 대한 최신 유행도 쉽게 접할 수 있다. 우리나라에서 '저탄수화물 고지방' 식이요법이 화제였을 때 자카르타에도 '저탄고지' 식이요법을 실천하고 소셜 미디어에 올리는 사람들을 주위에서 볼 수 있었다.

종합적으로 보면 건강에 관심은 있으되 균형 잡히고 건강한 생활습관보다는 건강에 좋은 것으로 알려진 음식이나 건강보조식품, 다이어트 방법 같은 비법을 통해 건강을 찾고자 하는 경향이 보인다. 정보도 부족하고, 건강한 생활습관을 유지할 수 있는 경제적 여유도 없기 때문일 것이다. 이런 느낌을 뒷받침할 수 있는 인상적인 TV 광고를 본 적이 있다. 이 광고에서는 한 남성이 식탁에서 기름지고 맛있는 음식을 놓고도 먹지를 못한다. 높은 콜레스테롤 수치에 대한 걱정 때문이다. 이어서 콜레스테롤 수치를 효과적으로 관리해 준다는 약·건강보조식품에 대한 소개가 나오고 이걸 복용한 남성은 이제 더 이상 걱정 없이 유쾌하게 그 음식들을 먹을 수 있게 된다는 내용이다. 조금 당황스럽기도 했다. 이 약을 먹으면 기름진 음식은 마음대로 먹어도 된다는 이야기인지….

꽤 알려진 언론사 웹 사이트에도 광고 기사의 형태로 당뇨나 고혈압을 근본적으로 치료해 준다는 약에 대한 소개가 실리기도 한다. 당뇨나 고혈압, 고지혈증 같은 만성질환을 그렇게 시원하게 고쳐줄 수 있는 획기적인 약이 있다는 이야기는 들어보지 못했다. 아무리 광고라지만 이런 내용을 기사와 혼동할 수 있는 형태로 이렇게 실어도 될까 하는 생각이 들 정도였다. 코로나-19에 대한 우려가 커지던 시기에도 면역력을 높여 코로나-19 예방에 도움이 된다는 음식이나 생활습관에 대한 정보가 기사 형태로 많이 소개되었다. 이 중 천연재료로 만든 인도네시아 전통 음료 자무^{Jamu}가 코로나-19에 효과가 있다 해서 원료 중 하나인 적생강 값이 5배 이상 오른 곳도 있었다.

얼마 전까지도 인도네시아에서는 전염성질환이 가장 중요한 보건 과제 중 하나였다. 생활습관과 식습관 변화, 인구의 고령화 같은 요인으로 이제는 비전염성 만성질환이 사람들의 건강을 위협하고 있다. 전반적으로 소득 수준이 증가하면서 질환을 관리하고 건강 수준을 향상하는 데 사람들의 관심이 늘어갈 것이다. 아직 인도네시아에는 이런 필요를 채워줄 서비스가 충분하지 않아 보인다. 코로나-19 유행이 한창이던 2020년 초에는 말레이시아가 외국인에 대해 문을 닫아걸면서 인도네시아에서 온 의료 관광객들이 입국하지 못하는 일이 벌어졌다. 인도네시아에서는 구할 수 없는 심장질환약 같은 것을 타러 말레이시아를 꼭

그림 2-10 전통 음료와 전통 의약품의 경계에 있는 자무(Jamu)를 팔고 있는 모습. 자무는 조코위 대통령의 건강 비결로 종종 소개되기도 한다(사진: 위키피디아[43])

가야 하는 경우도 있어서 환자도 발을 동동 구르고 의사도 안타까워하는 사례가 많았다. 다행히 말레이시아 당국이 같은 해 6월에 국경을 조건부로 개방하면서 의료 관광객들에게는 예외를 적용하기로 한 모양이다.

인구대국 인도네시아에서 아픈 사람과 건강에 관심을 갖는 사람이 많아지는 데 비해 필요한 서비스와 정보는 충분하지 않으니 의료서비스, 제약, 식품, 건강관리 프로그램 분야에 기회도 많아질 것 같다. 인도네시아라는 큰 시장에 양질의 의료, 건강관리 서비스를 제공할 수 있는 기업은 달콤한 과실을 맛보고, 인도네시아 사람들은 더 건강해질 수 있으면 서로 윈윈Win-Win이다.

28 The Jakarta Post, Underprivileged millennials ; Being young and poor in Jakarta, 2020.1.22자, https://www.thejakartapost.com/longform/2020/01/22/underpriviteged-millennials-being-young-and-poor-in-jakarta.html

29 Inside Indonesia, Edition 134 : Oct-Dec 2018, Youth, https://www.insideindonesia.org/edition-134-oct-dec-2018

30 아혹 주지사는 원래 2012년 자카르타 주지사 선거에서 조코 위도도 후보의 러닝메이트로 나와 부주지사로 당선되었다. 그리고 2014년 조코 위도도 주지사가 대통령 선거 출마를 위해 주지사직을 사임하면서 주지사직을 승계했다. 그는 2016년 주지사 선거운동 과정에서 꾸란 구절(알-마이다장 51절)을 들어 다른 종교(기독교)를 가진 그에게 투표하지 못하겠다는 유권자에게 해당 꾸란 구절을 그렇게 해석하는 것은 옳지 않다는 취지의 발언을 했는데, 그것이 반대파가 그에게 신성모독 혐의를 제기하는 빌미가 되었다. 결국 아혹은 2017년 주지사 선거에서 패배했고, 같은 해 5월 신성모독 혐의로 2년형을 선고받고 투옥되었다.

31 Kontan, Indonesia Development Forum 2019 : Menteri Bambang Sampaikan Tiga Tantangan Tingkatkan Pertumbuhan Ekonomi(인도네시아 개발포럼 2019: 밤방 장관 경제성장 제고를 위한 세 가지 도전과제를 제시하다), 2019.7.23자, 국가개발기획부 보도자료 인용, https://pressrelease.kontan.co.id/release/indonesia-development-forum-2019-menteri-bambang-sampaikan-tiga-tantangan-tingkatkan-pertumbuhan-ekonomi-dan-pemerataan-pembangunan

32 Kompas, 10 Negara Penampung TKI Terbanyak, Taiwan Hampir Samai Malaysia(TKI가 가장 많은 10개 나라, 타이완이 말레이시아에 거의 근접하다), 2020.4.8자, https://money.kompas.com/read/2020/04/28/170000726/10-negara-penampung-tki-terbanyak-taiwan-hampir-samai-malaysia?page=all

33 Detik, Ribut Jumlah TKA di RI, Ekonom: TKI di Luar Negeri 40 Kali Lipat(인

도네시아 내 TKA에 대한 논란에 대한 경제학자의 의견: 외국에 있는 TKI가 40배 더 많다). 2019.4.11자, https://finance.detik.com/berita-ekonomi-bisnis/d-4506547/ribut-jumlah-tka-di-ri-ekonom-tki-di-luar-negeri-40-kali-lipat

34 Kontan, Jumlah tenaga kerja asing di Indonesia 98,902, TKA China terbesar(인도네시아 내 외국인 근로자 수는 총 98,902명, 중국 근로자가 가장 많아), 2020.5.12자, https://nasional.kontan.co.id/news/jumlah-tenaga-kerja-asing-di-indonesia-98902-tka-china-terbesar-berikut-datanya

35 Databoks, Inilah Jumlah Tenaga Kerja Asing di Indonesia Dibanding Beberapa Negara Tahun 2018(2018년 몇몇 나라와 비교한 인도네시아 내 외국인 근로자 수), 2019년 노동부 자료 인용, https://databoks.katadata.co.id/datapublish/2019/04/10/inilah-jumlah-tenaga-kerja-asing-di-indonesia-dibanding-beberapa-negara-tahun-2018

36 John Orford 촬영, Best Padang Food Ever

37 The Independent, Gender gap in university applications at record high, ucas figures show, 2018.2.5자, https://www.independent.co.uk/news/education/education-news/gender-gap-university-applications-high-men-women-ucas-figures-students-a8191491.html

38 Global Gender Gap Report 2020, World Economic Forum, http://www3.weforum.org/docs/WEF_GGGR_2020.pdf

39 Nikkei Asia, Women in management : Southeast Asia improves but Singapore slips, 2020.3.7자, https://asia.nikkei.com/Economy/Women-in-management-Southeast-Asia-improves-but-Singapore-slips

40 http://malaysiahealthcare.org/punya-73-rumah-sakit-rekanan-se-malaysia-ini-keuntungan-jika-berobat-melalui-mhtc/와 https://www.suara.com/health/2019/10/03/171450/hampir-satu-juta-wni-berobat-ke-malaysia-apa-keunggulannya등 복수의 기사와 자료에서 확인할 수 있다.

41 Antara News, Pakar: 70% persen masyarakat sadar kanker saat stadium empat(전

문가: 70%의 사람들이 4기에 암을 발견한다), 2020.2.4자 https://www.antaranews.com/berita/1279099/pakar-70-persen-masyarakat-sadar-kanker-saat-stadium-empat

42 CNN Indonesia, Dinkes: 35 Persen Orang Jakarta Obesitas(보건국: 자카르타 시민 35%는 비만), 2019.11.5일자, https://www.cnnindonesia.com/gaya-hidup/20191105161804-255-445810/dinkes-35-persen-orang-jakarta-obesitas

43 22Kartika 촬영, Jamu Gendong in Yogyakarta

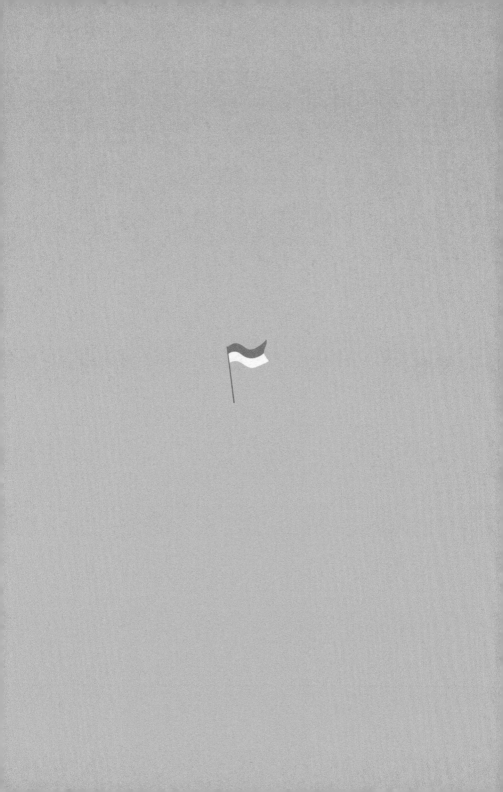

● 누산따라 Nusantara는 해양 동남아시아를 일컫는 인도네시아어 · 말레이어 표현이다. 좁게
  는 인도네시아를 일컫기도 하고, 인도네시아와 말레이시아를 포함한 군도의 해양세계를 말
  한다.

3장

누산따라*,
인도네시아

Nusantara, Indonesia

사통팔달 인도네시아에
세계가 들어와 있었네!

스리랑카 출장 중의 일이다. 아침식사를 하러 호텔 식당을 찾았는데 '삼볼Sambol'이라는 표식을 단 접시들이 눈에 띄었다. 망고로 만든 것도 있고, 말린 생선가루가 들어간 것도 있었다. 영락없는 '삼발'이었다. 삼발은 대표적인 인도네시아 음식 중 하나로 고추와 같은 매운 향신성 채소에 다른 부재료를 섞어서 만든 양념이다. 종류도 많고 우리나라 고추장처럼 여러 음식에 다양하게 활용된다. 스리랑카 호텔에서 삼발을 볼 줄이야. 검색해 보니 과연 스리랑카에도 삼발이 있었다. 스리랑카에서 구하기 쉽고 친숙한 재료를 주로 사용하는 식으로 변용되었지만 틀림없는 삼발이다. 소수이지만 스리랑카에는 말레이·자바계 주민들이 살고 있는데, 이들의 존재와 삼발이야말로 인도네시아와 스리랑카가 연결된 바닷길로 꾸준히 서로 교류해 왔다는 흔적일 것이다.

그림 3-1 삼발. 여러 종류가 있고 지방마다 가정마다 조리법도 제각각이다(사진: 위키피디아[44])

　재미있는 것은 삼발이라는 음식 자체는 인도네시아에서 스리랑카로 전해진 것 같지만 삼발에 쓰이는 여러 종류의 고추는 16세기 즈음에 인도네시아 열도에 도달한 것으로 추정된다는 점이다. 16세기 이전에도 매운 채소는 있었지만 고추의 전래 이후 쓰임새가 줄어든 것 같다. 인도네시아 열도는 서구 제국을 통해 세계로 퍼진, 아메리카가 원산지인 고추를 전래 받아 삼발이라는 양념 조리법을 발달시키고 이를 또 스리랑카를 포함해 인도네시아 사람들의 발길이 닿는 데에 전래한 것이다. 아메리카와 서구 제국, 인도네시아 열도와 스리랑카를 이어준 이 삼발 로드Sambal Road는 모두 바닷길이다.

　인도네시아는 섬으로 이루어진 나라이다. 바다가 인도네시아를 인도나 중국, 중동, 그리고 다른 동남아시아 지역 같은 인근 지역과 연결해 주었다. 또, 인도네시아에서만 나는 향신료나 다른 자원 때문에 포르투갈, 네덜란드, 영국 같은 멀고 먼 유럽 나라들도 바닷길을 통해 들어왔다. 인도네시아가 주변 지역들과 활발하게 교류하며 문화를 받아들인 흔적은 언어에 남아 있다.

회사에서 두 차례 정도 인도사업을 담당한 적이 있어서 인도의 문화와 종교, 역사에 대한 책을 읽은 적이 있다. 그런데 책 속에 나오는 용어들 중 낯익은 것이 많았다. 인도네시아어를 공부하면서 익혔던 단어들이었다. 그때는 신기했지만 사실 신기할 일도 이상한 일도 아니다. 인도의 문물과 종교, 문화가 인도네시아에 전래되면서 언어도 함께 전해진 것이다. 인도에서 온 힌두교와 불교 문화의 영향은 보로부두르와 쁘람바난 같은 웅장한 유적을 남기고 자바어와 발리어, 그리고 인도네시아어에 산스크리트어 계열의 차용어를 많이 남겼다.[45] 회사에서 스리랑카와 방글라데시 출신 인턴을 두 달간 받은 적이 있었는데, 스리랑카에서 온 인턴의 부르는 이름이 '마두'였다. 혹시 '허니'나 '스위트'와 비슷한 뜻이냐고 묻자 맞다고 한다. 인도네시아어에서 꿀이 '마두(Madu)'이다. 그런데 방글라데시 인턴이 자기들도 꿀이 '마두'라고 한다. 뿌리가 되는 산스크리트어 단어가 인도와 스리랑카, 방글라데시뿐 아니라 인도네시아까지 흘러들어온 것이다.

이슬람과 아랍을 공부할 때도 그랬다. 이슬람 율법 샤리아를 공부할 때 무슬림 친구들은 이슬람도 아랍어도 잘 모르는 필자가 아랍어로 된 생소한 용어를 어려워할까 봐 염려해 주었다. 관심은 고맙지만 사실 샤리아 용어들은 생소하지도 어렵지도 않았다. 처음 보는 용어들이 있긴 했으나 절반 이상의 용어들이 이미 익숙한 것들이었다. 인도네시아와 말레이시아어를 공부하면서 익혔던 법률, 종교, 철학 관련 어휘들이 상당 부분 아랍어에서 빌려온 것이기 때문이다.[46] 이 분야는 이슬람 문화가 특히 인도네시아에 많은 영향을 남긴 분야이기에 아랍어 차용 어휘의 흔적도 많았다. 그런데 그뿐이 아니었다. 간단한 기본 어휘라서 당연히 원래 말레이어 계통일 것이라고 생각했던 어휘들도 아랍어에서 온 단어가 많았다. 아랍어를 공부하기 전에는 얼굴Wajah, 시간Waktu, 의자Kursi, 집·오두막Pondok 같은 단어들이 아랍어에서 유래했을 것이라는 생각을 하지 못했다. 이슬람의 영향이 법률, 종교, 철학 같은 분야뿐 아니라 일상생활 꽤 깊은 데까지 미쳤다는 흔적일지도 모른다. 참고로 인도네시아와 말레이시아의 요일 이름도 두 언어에 약간의 차이가 있지만[47] 기본적으로는 아랍어에서 1부터 7까지의 숫자를 활용해서 요일을 부르는 데서 따 왔다.

스페인어를 공부할 때도 인도네시아를 만날 수 있었다. 사실 엄밀히 말하면 인도네시아어에 영향을 미친 것은 스페인어가 아니고 포르투갈어이다. 하지만 포르투갈어를 공부할 일은 많지 않으니 스페인어 단어들을 보면서 이와 비슷한 포르투갈어 단어들이 인도네시아어가 되는 과정을 상상해 볼 수 있었다. 스페인어로 신발을 뜻하는 싸파또Zapato를 보면 인도네시아어로 신발인 쎄빠뚜Sepatu가 떠오른다. 찾아보니 과연 인도네시아어 쎄빠뚜는 포르투갈어인 싸빠뚜Sapato에서 온 것이다. 포르투갈 사람들이 들어오기 전에도 신발은 있었겠지만 사람들이 일상적으로 신고 다니는 신발에는 서양 언어에서 온 단어를 붙인 것이다.

포르투갈어 어휘들은 포르투갈이 향신료 무역을 위해 말레이반도의 말라카와 인도네시아 동부 지역에 거점을 마련하고 인도네시아 다른 지역과 교류하면서 흡수되었을 것이다. 버터(멘떼가Mentega)나 치즈(께주

Keju) 같은 단어가 포르투갈어에서 온 이유는 쉽게 납득이 간다. 테이블 (메자Meja), 창문(즌델라Jendela), 교회(그레자Gereja), 셔츠(끄메자Kemeja) 같은 단어도 포르투갈어에서 왔다. 재미있는 것은 일주일이나 일요일을 의미하는 밍구Minggu라는 말도 포르투갈어의 도밍구Domingo에서 왔는데, 인도네시아가 일요일을 하리 밍구Hari Minggu라고 하는 데 반해 말레이시아는 하리 아핫Hari Ahad이라 하여 아랍어에서 온 단어를 고수하고 있다는 점이다. 인도네시아어는 월요일부터 토요일까지는 다 아랍어 차용어를 쓰고 일요일만 포르투갈어에서 빌려 왔다. 인도네시아와 말레이시아가 서구 국가와의 교류에서 서로 다른 경험을 한 것이 언어에 반영된 예일 것이다. 인도네시아어로 시골이나 마을을 의미하는 깜뿡Kampung이 포르투갈어에서 왔다는 점도 흥미롭다. 시골이나 마을을 뜻하는 단어가 원래 있었을 것인데, 서구 언어가 토착 언어를 대체했다.

　네덜란드가 인도네시아 지역에 진출해 오랜 시간 통치를 했기 때문에 언어와 행정체계, 법률 등에 미친 네덜란드의 영향도 상당하다. 네덜란드어를 공부해 보면 그 영향을 직접 실감할 수 있겠지만 네덜란드어를 공부할 일은 많지 않으니 그 영향이 딱히 와 닿지는 않는다. 이럴 때는 말레이시아어를 보면 네덜란드어가 인도네시아어에 미친 영향을 간접적으로 알 수 있는 경우가 있다. 지금 말레이시아 지역은 대체로 네덜란드의 영향 밖에 있었기에 말레이시아어에는 네덜란드어의 흔적이 인도네시아어만큼 현저하지는 않기 때문이다. 예를 들어 인도네시아에서는 사무실을 깐또르Kantor라고 하지만 말레이시아를 가면 쁘자밧Pejabat이라고 쓴다. 네덜란드에서 사무실을 깐뚜어Kantoor라고 하니 인도네시아는 깐또르라는 말을 쓰고 말레이시아는 쓰지 않는 것이다. 네덜란드에서 까르치예^{Kaartje}라고 하는 표^票도 인도네시아에서는 까르치스^{Karcis}라고 한다. 말레이시아에서는 티켓^{Tiket}이라고 한다. 요즘엔 인도네시아에서도 티켓이라고 쓰는 경우가 많기는 하다. 서구에서 온 문화와 언어를 받아들일 때 인도네시아는 네덜란드어식으로 받고, 말레이시아는 영어식으로 받는 경우가 많았다. 카드를 인도네시아에서는 네덜란드어의 카르트^{Kaart}를 빌려 까르뚜^{Kartu}라고 하고 말레이시아에서는 그냥 카드^{Kad}라고 하는 것이 그 예이다. 그 외에도 형태가 비슷한 외래어를 인도네시아어는 네덜란드식으로 말레이시아어는 영어식으로 받아들이는 사례가 꽤 있다.

요즘에는 영어 단어가 네덜란드식 외래어나 인도네시아어 고유어를 대체하는 현상도 보인다. 사무실을 네덜란드식 인도네시아어인 '깐또르^{Kantor}'라고 하는 경우가 여전히 많지만 그냥 영어로 오피스^{Office}라고 할 때도 많다. 사무실에서 직원들이 사직할 때 '사직하다'라는 뜻의 인도네시아어가 엄연히 있고 많이 쓰지만 그냥 영어로 '리사인^{Resign}'이라고 하는 경우도 많다. 인도네시아는 여러 문화로부터 영향을 받고 그걸 인도네시아화 하는 나라이다. 때마다 지배적인 영향을 미친 문화에서 어휘를 수입해 오는 것이 자연스럽다. 지금은 세계적으로 영어가 가장 영향력 있는 언어이니 영어권 문화를 받아들이고 이에 따라 영어에서 많은 어휘가 따라 들어오는 것은 너무 당연해 보인다. 영어 어휘가 말레이계 고유어휘나 다른 언어에서 차용한 어휘와 경쟁해 이들을 대체하는 현상도 보인다. 그것이 언어이고, 또 그것이 인도네시아이다.

영어를 공부해 보면 영어가 수많은 문화와 언어에서 많은 어휘를 받아들여 왔음을 알 수 있다. 이를 통해 영어를 사용해 온 사람들이 수많은 문화와 교류하며 영향을 주고받았음을 알 수 있고, 또 영어가 상업과 교류에 사용되는 링구아 프랑카로 쓰인 역사를 짐작할 수 있다. 인도네시아어가 그렇다. 인도에서, 아랍에서, 중국에서, 서양에서 어휘를 받아들일 때 언어뿐만 아니라, 생각도 풍습도 문화도 사람도 함께 주고받았을 것이다.

2019년 하반기에 재미있는 프로젝트가 추진된 적이 있다. 역사를 주로 다루는 한 잡지에서 인도네시아인 16명의 DNA를 분석해 본 것이다. 이 중에는 일반적으로 아랍혈통으로 알려져 있는 유명한 방송인 나즈와 쉬합Najwa Shihab도 있었다. 그런데 막상 DNA 분석을 해 본 결과 10개의 서로 다른 조상으로부터 온 DNA 조각이 발견되었다. 남아시아(48.5%)와 북아프리카(26.8%) 혈통이 현저했으며 동아시아 혈통이 4.2%로 아랍혈통 3.5%보다 높았다. 다른 참가자들도 대부분 여러 혈통이 섞인 결과를 보였다. 요컨대 '순수한' 인도네시아 사람 같은 것은 없다는 것이다.

인도네시아에는 아랍계, 인도계, 중국계 인도네시아인들도 있다. 일반적으로 '순수 인도네시아 혈통Orang Asli Indonesia으로 여겨지는 여러 토착민족 출신들도 있고, 서구인들의 혈통을 부분적으로 받은 사람들도 있다. 이렇게 다양한 사람들이 차례로 들어와 살며 가져온 문물과 언어가 지금의 인도네시아를 만들었다. 그리고 그렇게 만들어진 문화가 또 인도네시아 디아스포라를 통해 다른 데로 전해졌다. 그 길고 복잡한 교류의 역사를 정확히 추적하는 것은 불가능하다. 하지만 그 흔적은 언어에도 사람들의 DNA에도, 그리고 필자가 스리랑카에서 맛본 삼발에도 새겨져 있다.

아랍어 아니죠, 자위Jawi 문자 맞습니다

〈그림 3-2〉는 말레이시아에서 쓰는 100링깃짜리 지폐 뒷면이다. 이슬람세가 강한 나라라서 그런지 위아래에 아랍어 글자가 보인다. 그런데 정작 아랍어 화자들은 쓰여 있는 글자의 의미를 잘 모를 수 있다. 심지어 아랍어 알파벳에 없는 글자도 보인다.

이 글자는 자위Jawi 문자이다. 우리로 치면 이두와 비슷하다. 로마 알파벳으로 말레이·인도네시아어를 표기하기 전에 아랍어 알파벳의 소리를 사용해 말레이·인도네시아어와 아체어, 미낭까바우어 등 인근 다른 언어를 표기했다. 따라서 자위 문자로 된 역사적 문헌을 읽으려면 이 문자를 알아야 한다.

위에서부터 차례대로 읽어 보면 방크 느가라 말레이시아(Bank Negara Malaysia, 말레이시아 국립은행), 스라뚜스 링기트(Seratus Ringgit, 100링깃)이 된다. 아랍어처럼 오른쪽부터 읽고 단모음은 표시하지 않고 자음과 장모음만 표시했다. 말레이·인도네시아어에는 있지만 아랍어 알파벳에는 없는 소리를 위해 원래 있던 글자에 점을 더 찍어 새로운 글자를 만들기도 했다.

말레이시아 일부 주 표지판에서 로마 알파벳과 병기되어 있는 아랍어처럼 생긴 글자도 자위 문자이다. 말레이·인도네시아 누산따라 세계에 새겨진 아랍·이슬람 문화의 또 하나의 흔적이다.

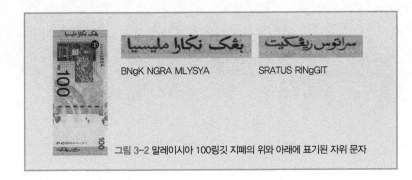

BNgK NGRA MLYSYA   SRATUS RINggIT

그림 3-2 말레이시아 100링깃 지폐의 위와 아래에 표기된 자위 문자

인도네시아의 매운맛

자카르타에서 회사 직원들과 같은 건물에 있는 식당에서 식사할 때 일이다. 메뉴판을 보고 있는데 한 여직원이 음식 하나를 가리키며 점원에게 '이거 매워요?' 하고 묻는다. '매운 걸 잘 못 먹는가 보다'라고만 생각했다. 그런데 '별로 맵지 않다'는 점원의 대답에 이 직원은 계속 다른 메뉴들을 가리키면서 매운지를 묻는다. 나중에 알고 보니 매운 음식을 거르려는 것이 아니고 맵지 않은 음식을 거르려는 시도였다. '매워야 먹는다'는 것이다. 매운 음식을 좋아해도 너무 좋아하기 때문이다. 이 직원은 나중에는 휴가차 한국에 가 있던 필자에게 닭고기맛 매운 볶음라면이 보통 맛보다 두 배 더 매운 것이 있다며 사진을 보내주었다. 올 때 사달라는 부탁이었다.

매운맛을 사랑하는 직원은 또 있었다. 고객 방문을 하면 이 직원과 식사를 함께 하는 일이 많았다. 한번은 짜장면을 먹는데 이 직원이 점원에게 고춧가루가 있는지를 묻더니 짜장면 위에 척척 뿌려 먹는 것이 아닌가? 짜장면에 고춧가루라…. 이런 건 도대체 어디에서 배웠을까? 한국 드라마에 이런 장면도 나오던가? 사실 누가 가르쳐 준 적도 배운 적도 없다. 그저 지극한 매운맛 사랑 때문이다. 처음 먹어 봐서 맛도 모르는 음식에 당연하다는 듯이 고춧가루를 뿌려 먹을 정도로 맵게 먹는 건 이 직원에게 너무 당연한 일이었다. 일식집에 가서 가락국수를 먹을 때도 똑같았다. 또 가락국수 위에 고춧가루를 뿌린다. 짜장면과 가락국수에 고춧가루를 뿌려 먹는 모습이 한국 사람보다 더 한국 사람 같다.

매운맛을 사랑하는 이 두 직원은 공통점이 있다. 둘 다 서부 수마트라 빠당Padang 지역 사람이다. 인도네시아는 넓고 섬으로 이루어져 지방마다 종족마다 음식의 특색이 뚜렷하다. 예를 들어 현지인들에게 '족자(족자카르타)' 음식이 어떠냐고 물으면 달다고 답하는 경우가 많다. 음식이 매운 곳을 물으면 빠당과 마나도를 꼽는 경우가 많다. 빠당은 인도네시아에서도 음식으로 가장 유명한 곳 중 하나이다. 인도네시아 열도에서도 서쪽에 있어 아랍과 인도 문물이 들어오기에 유리했고 가장 먼저 이슬람화된 곳 중 하나이다. 음식도 아랍과 인도의 영향을 받아 향신료를 풍부하게 사용하고 카레풍의 레시피가 많다. 마나도는 북부 술라웨시에 있는 항구도시로서 동부 지역의 향신료들이 거쳐 가는 무역항의 역할을 하면서 자연스럽게 음식에 향신료를 많이 쓰게 되었다. 향신료를 충분히 쓰는 곳들이라 빠당과 마나도의 음식은 매운맛을 내는 경우가 많다.

인도네시아에도 매운맛이 있다는 걸 몰라 낭패를 본 일도 있다. 학생 때 인도네시아를 잠시 찾았을 때의 일이다. 작은 이벤트가 있어 참여했

그림 3-3 발라도 양념을 한 달걀과 새우 요리. 발라도는 매운 빨간 고추와 양념을 코코넛오일이나 팜오일에 볶아 만든다(사진: 위키피디아[48])

더니 간식으로 튀김이 준비되어 있었다. 인도네시아에서는 튀김에 작은 고추를 곁들여 먹는 경우가 많다. 몇몇 친구들이 튀김과 함께 나온 작은 고추를 먹을 수 있는지 물었다. '고추를 먹을 수 있냐고? 나 한국 사람인데? 이거 왜 이래' 하고 매운맛 부심을 부리며 작은 고추 하나를 입에 넣었다. 몇 초가 지나자 신호가 왔다. 얼굴이 빨개지고 딸꾹질이 났다. 호흡곤란이 왔다. 매워도 너무 매웠다. 다들 웃고 난리가 났다. 나중에 알고 보니 그 고추는 우리 풋고추 베어 물듯이 덥석 삼킬 것이 아니라 튀김을 먹으며 끝에서부터 조금씩 베어 먹어야 하는 것 같았다. 그렇게 해서 먹으면 고추의 맵고 알싸함에 튀김의 느끼한 맛이 개운하게 싹 가신다. 콜라보다 훨씬 낫다. 보통 큰 튀김 하나에 작은 고추 하나 정도를 주는데 그 정도가 적절한 조합이다. 그런데 그런 걸 덥석 베어 물었으니 고생할 만했다. 그날 한국 고추만 매운 것이 아니라 세상에는 매운 고추가 많다는 것을 배웠다.

우리도 옛날과 비교하면 음식이 점점 매워지는 추세라고 한다. 화끈한 매운맛을 자랑하는 식당도 제품도 많다. 인도네시아도 요즘 매운맛이 뜬다. 한번은 족자(족자카르타)로 출장을 가서 차를 타고 가는데 동행한 매니저가 길옆에 있는 한 식당을 가리켰다. 요즘 핫 플레이스라고 한다. 닭고기 요리를 파는 가게인데 매운맛을 레벨1부터 레벨10까지 골라서 주문할 수 있다는 설명이다. 나중에 이 가게를 다른 친구에게 소개받은 적도 있다. 핫하긴 핫한 가게인 모양이다. 원래 족자 음식은 달다는 인식이 있는데 요즘엔 매운맛도 뜨는 것 같다. 인터넷 검색을 해 보면 '족자에서 먹어 봐야 할 10가지 매운 음식' 같은 아이템을 쉽게 찾아볼 수 있다. 우리도 젊은 층들이 매운맛에 더 열광하는 것처럼 족자가 젊은 학생들이 많은 도시여서 매운맛 식당들이 뜨는 것일지도 모르겠다.

한국의 매운맛도 각광받는다. 말레이시아에 공부하러 갔을 때 수업을 같이 듣던 여학생이 한류 팬이면서 한국 음식을 사랑했기에 가끔 다른 학생들과 같이 쿠알라룸푸르에 있는 한식당을 가곤 했다. 떡볶이나 불고기 같은 걸 주문할 줄 알았는데 이 학생은 뜻밖에 순두부나 육개장을 주로 주문했다. 20대 말레이 여학생이 히잡을 쓰고 땀을 흘리며 고추기름이 둥둥 뜬 뻘건 순두부나 육개장을 먹는 모습은 신기함 그 자체였다. 요즘 말로 하면 '아재미'가 '뿜뿜'한 건데 한국 사람보다 더 한국 사람 같았다.

그런데 다들 순두부나 육개장 같은 한국형 매운맛을 좋아하는 것은 아니다. 잘 팔리는 한국의 매운맛은 따로 있다. 닭고기맛 매운 볶음라면은 매운맛을 좋아하는 사람이라면 꼭 맛보아야 할 품목이 되었다. 마트에 가면 라면 코너의 잘 보이는 곳에 까맣고 빨간 매운 볶음라면 봉지가 꾸러미로 진열되어 있는 것을 흔히 볼 수 있다. 불닭 같은 음식에 치즈

토핑을 얹은 품목들도 꽤 인기가 있다. 시내 중심가에 있는 고급 대형몰에 이런 음식을 파는 식당이 입점해 있는데 줄을 서서 대기를 걸어가며 사 먹는 광경을 본 적이 있다. 다른 몰에도 이런 식당이 많이 입점해 있고, 볼 때마다 항상 친구와 함께 또는 가족 단위로 온 손님들로 붐빈다. 요즘 우리나라 매운맛은 약간 달면서도 매운맛이다. 이것이 단 음식을 좋아하는 인도네시아 사람들의 입맛에도 잘 맞는다. 거기에 치즈라도 얹으면 인도네시아 사람이 좋아하는 완벽한 조합이 된다.

그러니 한국식 중국집이나 삼계탕집에 가도 치즈를 얹은 매운 불닭 메뉴가 있는 곳을 찾아볼 수 있다. 때로는 짜장면이나 삼계탕보다 치즈 불닭 같은 메뉴가 더 잘 나가기도 한다. 이런 식당을 찾는 현지인들은 한국 문화, 한국 음식에 대한 관심 때문에 한국 식당을 찾는 것일 텐데 매운 치즈불닭이 한국을 대표하는 음식일까? 하는 생각이 들기도 한다. 하지만 우리나라에서 소비되는 이탈리아, 베트남, 일본 음식이 본토와는 다르듯이 인도네시아에서 잘 나가는 한국 음식은 인도네시아 사람이 결정하는 것이 아니겠는가? 어쩌면 치즈불닭이야말로 한국의 매운맛과 인도네시아의 매운맛을 연결해 주는 다리일 수도 있겠다는 생각이 든다.

인도네시아의 매운맛은 뜻밖이다. 그런데 그건 우리가 몰라서 그런 것이다. 나시고렝이나 미고렝, 사떼같이 쉽게 접할 수 있는 인도네시아 음식들이 그다지 맵지 않아서 그렇지 인도네시아를 비롯한 동남아 음식 중에는 매운 음식이 원래 많았다. 우리가 이곳의 매운맛이 뜻밖이라고 하면 인도네시아 사람들이 오히려 어리둥절할 것이다. 빠당이나 마나도뿐만 아니라 열도 여기저기에 매운맛을 자랑하는 곳들은 많다. 삼발 같은 소스만 해도 매운 것은 속이 쓰릴 만큼 맵다. 후후 입김을 불어 가며 먹어야 할 정도이다. 이렇게 매운맛에 익숙한 문화적 배경이 있으니 매운 한국 음식들도 환영받을 수 있는 것이다. 매운맛 사랑은 우리와 인도네시아 사이를 연결해 주는 또 하나의 뜻밖의 접점이다.

못 말리는 한국 드라마 사랑,
한국과 한국제품 사랑으로 이어질까?

인도네시아에서 일하던 어느 날, 한국 드라마 팬인 마케팅 매니저가 이렇게 묻는다.

'미스터 양, 한국 드라마 보니까 사람들이 검은 국수 먹는 장면들이 가끔 나오던데, 그거 뭐예요?'

검은 국수라…. 드라마에서 검은 국수를 자주 보았는데 무엇인지 몰라서 궁금했던 모양이다. 그래서 이 검은 국수가 '짜장면'이라는 이름을 가지고 있는 한국식 중국 음식임을 알려 주었다. 그리고 한국인에게 짜장면이 어떤 의미를 가지고 있는지도 덧붙였다. 어릴 때 졸업식 후에 먹던 짜장면부터, 이사할 때 먹는 짜장면, 그리고 첫 데이트 때는 왜 짜장면을 먹으면 안 되는지까지 이야기하다 보니 짜장면 하나 가지고도 한국의 경제, 사회, 문화, 역사가 다 나왔다.

말로만 설명하고 마칠 수는 없었다. 같은 팀 직원도 불러 약속을 잡고 며칠 후 함께 자카르타에 있는 한국식 중국 음식점을 찾았다. 무슬림이 아닌 이 매니저는 돼지고기가 든 순정 짜장면을, 무슬림인 다른 직원은 닭고기 짜장면을 주문했다. 주위를 둘러보니 손님 중 반 정도는 현지인인 것 같았다. 음식이 나오자마자 사진부터 찍는다. 아마 SNS에 올렸을 것이다. 필자가 볼 땐 그냥 까맣고 평범한 짜장면이지만 우리 직원들에겐 소셜 미디어에 올릴 만한Instagrammable 힙Hip한 K-국수이다. 우리로 치면 어디 이탈리아 식당에서 파스타를 찍어 올리는 것과 비슷한 느낌이다.

또 한번은 이 매니저가 직장을 배경으로 하는 드라마에 많이 나오는 장면에 대해서도 물어온 적이 있다. 퇴근 후 동그란 식탁과 등받이 없는 둥근 의자에 앉아 소주와 함께 고기 같은 것들을 구워 먹는 장면이다. 자연히 한국의 직장생활과 문화에 대해 이야기하는 기회가 되었다. 직장인들의 애환에 대해서도 나누었다. 공식적인 행사가 아니면 퇴근 후 동료들과 저녁 자리를 거의 갖지 않는 인도네시아 사람에게는 생소한 장면일 수 있다. 한국계 회사에서만 25년 넘게 일한 이 매니저에게는 한국 드라마 장면과 이어지는 대화를 통해 한국 직장인들을 이해하는 것이 같이 일하는 한국인 관리자들에 대해 더 잘 알아가는 좋은 기회가 되었을 것이다.

필자의 동료들이야 한국인 직원과 함께 일하고 대화하며 한국 사람에 대해서 알 기회가 있겠지만 한국 사람을 만날 일 없는 인도네시아 사람은 한국 드라마를 통해서 한국에 대해 알아갈 수도 있다는 생각이 들었다. 생각해 보면 우리나라 사람들도 외국 드라마나 영화를 보면서 그 나라의 문화에 대해 엿보기도 하지 않는가. 드라마나 영화가 해당 나라의 현실을 정확하게 반영하는 것은 아니라고 해도 말이다. 위에서 말한 매니저만 해도 친구들이 한국인 상사(보스)에 대해 물어본다고 했다. 드라마를 보면 젊고 매력적이고 능력 있는 '실장님'들이 많이 나오기 때문이다. 친구가 한국회사에서 한국인들과 일하고 있다고 하니 정말 코리언 보스들은 드라마에 나오는 실장님 같은지 궁금했던 모양이다. 매니저에게 어떻게 대답했냐고 묻자 '드라마는 드라마고, 현실은 현실이다'라고 답했다고 한다. 현명한 대답이다.

인도네시아에서 한국 드라마는 두터운 팬층을 확보하고 있다. 모든 인도네시아 사람들이 한국 드라마 팬인 것은 아니지만 일단 한국 드라마를 보기 시작하면 다음 작품들을 계속해서 찾아보게 된다. 한국 드라마 팬인 우리 동료 직원들은 한국 사람도 잘 모르는 드라마 작품명을 줄줄 꿰고 있고, 한국 연예계 소식까지 실시간으로 알려주기도 한다. 인기 드라마의 남녀 주인공의 연애나 결혼 소식이 인도네시아 신문에 크게 보도되는 것도 이상한 일이 아니다. 한국 연예뉴스를 보지 않고 인도네시아 기사만 봐도 한국 연예계에서 일어나는 중요한 일들을 알 수 있을 정도이다.

한국 드라마를 포함해 한국에서 생산되는 콘텐츠는 이제 그 자체로 하나의 장르이고, 하나의 브랜드가 되어 가고 있다. 현지에서는 한국 드라마를 드라코르Drakor라는 약어로 부른다. 드라마 코리아Drama Korea를 줄인 말이다. CNN 인도네시아는 아예 홈페이지에 드라코르, 즉 한국 드라마를 추천하는 페이지를 두기도 했다.[49] 한번은 인터넷에서 뉴스를 보는데 '중국의 먹방Chinese Mukbang'이라는 단어가 보인다. 중국 사람들이 먹는 장면에도 먹방이라는 한국말 조어를 붙인 것이 신기했다. 유튜브 등을 통해 한국인 크리에이터들이 먹방이라는 장르를 개척했는데 이제 '먹방'이라는 장르 자체가 형성이 되어 국적을 불문하고 누군가 먹는 콘텐츠를 제작하면 이를 '먹방'이라고 부르는 것이다. 정치인들도 K-드라마 붐을 활용한다. 서부 자바주 주지사이며 젊고 인기 있는 정치인인 리드완 카밀은 2017년 반둥 시장 시절에 사람들 앞에서 칼 모형을 꽂고 이야기하는 사진 편집본이 화제가 되자 이를 자신의 소셜 미디어 계정에 올렸다. 자신을 아저씨Ahjussi라고 지칭하면서 말이다. 이 사진은 인도네시아에서도 신드롬을 일으켰던 드라마 〈도깨비〉의 주인공 김신(공유 분)을 떠올리게 한다. 리드완 카밀은 〈태양의 후예〉의 주인공 유시진(송중기 분)을 연상시키는 옷을 입은 사진을 올린 적도 있다. K-드라마는 이제 하나의 현상이다.

　한국 드라마에 많이 노출될수록 한국에 대해 더 많이 알고 이해하게 되고 한국 사람들도 더 친근하게 느낄 가능성은 커진다. 2010년경 말레이시아에서 공부할 때 그리고 2015년부터 3년간 인도네시아에서 일할 때 한국 사람이라는 이유만으로 친근한 대접을 받고 때로는 처음 만난 사람들로부터 사진을 같이 찍자는 요청을 받게 되는 일이 있었다. 한류가 붐을 이루기 전에는 없었던 일이다. 옛날 자카르타에 출장을 갔을 때는 공항 점포의 판매원들

그림 3-4 서부 자바주 주지사인 리드완 카밀이 반둥 시장 시절 소셜 미디어 계정에 올린 사진. 한국 드라마 〈도깨비〉를 연상시키는 편집이다

이 필자를 일본 사람으로 보고 일본말로 말을 걸며 구매를 권유하곤 했었다. 그 사이 한국의 위상과 한국에 대한 관심도는 많이 올랐다. 한국 드라마의 역할도 크다. 한국 드라마 팬들과 이야기해 보면 극의 내용뿐 아니라 배경이 되는 한국 사회와 한국인의 삶에 대해서도 관심이 많다. 검은 국수에 대해 물어보았던 동료 매니저처럼 기회가 되면 한국에 대한 질문들을 쏟아 놓기도 한다. 완벽하지는 않지만 한국 드라마가 한국에 대한 이해를 돕는 좋은 교보재가 되는 것이다.

한국 드라마가 인도네시아에 수출되는 셈이지만 드라마 자체가 인도네시아에서 큰돈이 되지 않을 수도 있다. 정식 경로를 통해 방송국에서 방영하는 경우도 있지만 많은 인도네시아 사람이 비공식적인 경로로 드라마를 보기 때문이다. 한국에서 특정 회차가 방영되면 다음 날이면 벌써 인도네시아어 자막을 단 방영본이 돌아다니고 있다.

하지만 한국 드라마를 통해 한국과 한국 문화에 대해 더 친근하게 느끼면 인도네시아에 다른 한국산 소비재 수출이 증가하는 효과를 기대해 볼 수도 있다. 계량화하기는 어렵지만 그래도 두 나라 간 문화적 근접성이 높아지면 국가 간 무역이 늘어난다는 사실을 밝혀내려고 시도하는 학자들이 있다. 우리나라에서도 2001년부터 2011년까지 92개국에 수출한 문화상품의 수출액과 소비재 상품들의 수출액을 대상으로 한 연구에서 문화상품 수출액이 100달러 늘어날 때마다 소비재 수출이 412달러 늘어난다는 결과가 나오기도 했다.[50]

한국에서 달고나 커피 판매가 붐을 이루었을 때 인도네시아 신문에서도 달고나Dalgona 커피에 대한 기사가 뜨고, 심지어 노점에서도 달고나 커피를 판매한다는 푯말을 볼 수 있었다. 이제 한국에서 뜨는 상품은 인도네시아에서도 관심을 받는다. 사업가들은 이런 기회를 주의 깊게 볼 것이다. 같이 일하던 한 현지 직원은 한국을 여행할 기회가 있을 때 아예 빈 여행 가방을 몇 개를 들고 갔다. 인도네시아에는 여행을 다녀올 때 기념품을 사 오는 '올레 올레Oleh-Oleh' 문화가 중요한데, 이 직원이 한국에 간다는 이야기를 듣고 주위 친구나 지인들이 한국 물건을 많이 부탁했기 때문이다. 꼭 드라마 때문은 아니겠지만 그래도 이미 한국 드라마 등을 통해 한국을 친근하게 생각하는 사람들에게는 주위 아는 사람이 한국을 방문하는 것이 한국 물건을 구할 수 있는 놓쳐서는 안 되는 기회인 것이다.

드라마를 만들 때 수출연관효과까지 염두에 둘 필요는 없을 것이다. 〈대장금〉 같은 우리나라 시대극이 중동에서 통할 줄 누가 알았겠는가? 우리의 정서와 가치를 잘 담아 드라마를 제작하면 인도네시아건 중동에서건 경쟁력이 있다. 세계 각국의 사람들이 한국 드라마를 더 많이 볼수록 한국을 더 잘 이해하고 친근하게 생각하는 사람들이 많아질 것이다. 서로에 대해 더 많이 이해할 수 있다는 것은 그 자체로 좋은 일이다. '한국인'과 '한국 상품'의 브랜드 가치가 따라서 올라가는 것은 덤이다.

자카르타 사람들이
시간을 보내는 방법

　　말레이시아 어느 신문에서 인도네시아와 말레이시아 도시에 공원이 부족하다는 기사를 본 적이 있다. 인도네시아와 말레이시아 도시를 다 다녀본 것은 아니어서 필자가 머문 적이 있는 두 나라의 수도 자카르타와 쿠알라룸푸르에 대해서만 이야기해 보려 한다.

　그냥 두 도시 다 공원이 부족하다고 뭉뚱그려서 이야기하면 쿠알라룸푸르가 섭섭하다. 서울만큼은 못해도 쿠알라룸푸르에는 공원이 좀 있다. 집을 나가 10분 정도만 걸으면 호수공원이 있어서 가족과 산책도 하고 먹을 걸 가져가 소풍을 할 수도 있었다. 해가 져서 선선해지면 호수 주위를 따라서 뛰며 운동을 하기도 했다. 공원에 나와 산책도 하고 운동도 하며 한가로운 시간을 보내는 다른 시민들도 많았다. 차를 타고 조금만 나가면 더 큰 호수가 있는 공원도 있었다. 거기엔 아이들이 놀 수 있는 큰 놀이터가 있어서 아이들도 신나게 뛰어놀곤 했다.

　반대로 자카르타에는 공원이 많지 않다. 차를 타고 한참 가면 북쪽 항구 근처에 공원과 놀이공원, 수족관 등이 함께 있는 복합시설이 있긴 하지만 여기를 제외하면 자카르타를 대표하는 공원이라 할 만한 곳이 딱히 떠오르지 않는다. 구글 지도를 보면 여기저기에 공원이라고 표시되어 있는 공간이 있긴 한데 차를 타고 지나가면서 보면 크지도 않고, 복잡한 도로 사이에 나무 몇 그루를 심어 놓고 의자 몇 개 가져다 놓은 것이 전부이다. 앉아서 쉬고 싶지가 않다. 아이들이 뛰어놀 수 있는 그런 공간도 아니다. 자카르타에는 고급 주택단지나 아파트가 아니면 뛰거나 산책할 수 있는 곳이나 아이들이 놀 수 있는 공간이 많이 부족하다.

　자카르타는 매력 있는 도시이지만 다소 재미없는 도시라는 불평도 많다. 물론 동의하지 않는 사람들도 있다. 풋살이나 배드민턴 같은 운동을 하는 사람도 있고, 교외에 하이킹을 하러 다니는 사람도 있다. 자카르타가 좀 지루한 곳이라는 생각이 드는 것은 필자가 게을러서 일수도 있다. 잘 찾아보면 아기자기한 재미를 주는 곳도, 신나는 활동도 많을 것이다. 하지만 함정은 정말 부지런히 잘 찾아봐야 그런 데가 있다는 것이다. 그냥 가벼운 마음으로 나서서 쉽게 갈 수 있는 곳은 많지 않다. 자카르타는 다른 도시들이 주는 만큼 선택의 폭을 제공하지 않는다. 우리나라 교민과 주재원뿐만 아니라 다른 나라에서 온 사람들도 할 게 없다는 불평을 많이 한다. 한국에서 손님이라도 오면 어디를 데리고 가야 할지가 항상 고민이다.

　주말이나 휴일에 딱히 갈 곳이 없으면 택시를 타고 몰에 간다. 대중교통 수단이 부족한 자카르타에서는 개인 차량이 없으면 이동이 불편하다. 그러므로 몰에 가면 밥도 먹고, 차도 마시고, 영화도 보고, 장도 보고, 상점에서 물건 구경도 하고 원스톱으로 여러 가지를 한 번에 할 수 있다는 건 장점이었다. 또 몰에 가야 그나마 시원하고 편하게 걸을 수 있는 공간이 나왔다. 운동이라고 하기도 민망한 수준이지만 자카르타에서는 따로 운동을 찾아서 하지 않는다면 몰이라도 가야 그 정도라도 걸을 수 있는 것 같았다. 하지만 허구한 날 몰에만 가는 것도 질리고 또 가족에게 미안하기도 해서 직원과 친구들에게 도대체 주말이나 휴일에는 어디서 시간을 보내느냐고 물어보기도 했다. 그래도 자카르타에 잠시 살다 가는 외국인보다야 더 잘 알겠지 싶었다. 하지만 실망스럽게도 돌아오는 대답은 비슷했다. 자카르타 사람들이라고 뭐 뾰족한 수가 있는 게 아니었다. 그냥 가족과 함께 몰 같은 곳에 간다는 대답이 많았다.

근교에 갈 곳도 마땅치 않다. 물론 가끔씩은 비행기를 타고 멋진 곳을 여행하기도 한다. 그런데 매번 그럴 수는 없어서 자주 가는 보고르나 반둥 같은 곳 말고 자카르타에서 1박 2일 정도로 다녀올 수 있는 다른 곳은 없는지 친구나 동료들에게 물어보기도 했다. 한참 생각해 보고 뜸을 들여도 뾰족한 대답이 안 나왔다. 현지인들도 그냥 보고르, 반둥, 뿐짝, 뿔라우 스리부 이런 곳에 가는 것 같았다. 친구나 지인 소셜 미디어 계정을 들여다봐도 그랬다. 우리가 모르는 새로운 데는 잘 안 보인다. 이 넓은 나라에서도 사람들은 가는 데만 가는 것 같았다. 물론 좀 여유가 되는 사람들이야 좋은 데 잘 찾아서 가기도 한다. 신문이나 잡지를 볼 때 여행 섹션 같은 데를 보면 인도네시아 구석구석 좋은 데가 많이 소개되어 있다. 플로레스섬에서 그림 같은 경치를 보며 할 수 있는 자전거 일주 소개는 정말 인상적이었다. 그런데 인도네시아에 사는 사람 중에 플로레스섬에 가서 자전거를 탈 수 있는 사람이 몇이나 되겠는가?

그래서 자카르타 사람들은 우리랑 마찬가지로 몰에 많이 간다. 가족과도 가고 친구와도 간다. 데이트도 몰에서 하고, 영화도 몰에 딸린 극장에서 본다. 그래서 자카르타와 그 인근 도시는 몰 공화국이다. 동네마다 몰이 많다. 그런데 몰마다 다 똑같진 않고 조금씩 특색이 있기는 하다. 변두리에 가면 중저가 제품을 판매하는 상점과 대중적인 식당이 입점한 수수한 몰도 있다. 도심으로 갈수록 명품점이나 고가 자동차 모델을 1층에 집중 배치한 화려한 몰이 많다. 화교들이 많이 가는 몰은 중국풍이 뚜렷하고, 일본계 유통회사가 운영하는 몰은 일본 식당과 상점이 많아 일본 분위기가 물씬 난다.

몰에는 상점이나 식당만 있는 게 아니라 극장, 피트니스센터, 놀이시설, 노래방, 대형마트, 서점 등 없는 것이 없다. 여기저기 갈 필요 없이 몰에 가면 다 있으니 원스톱이다. 주머니 사정이 넉넉해서 이것저것 사고 서비스를 이용할 수 있어도 좋겠지만 그렇지 않아도 상관없다. 시원한 몰에 가서 여기저기 다니며 이것저것 구경하며 시간을 보낼 수 있기 때문이다. '몰에 가기'야 말로 대도시건 중소도시에서건 인도네시아 사람이 여가를 보내는 가장 대표적인 활동 중 하나라 할 수 있다. 인터넷이나 소셜 미디어에서는 아예 '몰에 가서 시간을 보낸다.'라는 뜻의 동사로 몰Mall에 동사를 만드는 구어형 접두사를 붙여 'Ngemall' 이라는 단어를 사용하기도 한다.

다른 선택지가 많지 않은 상황에서 영화도 가장 쉽게 접근할 수 있는 오락 중 하나이다. 우리나라도 영화관마다 평일과 주말에 따라 관람료가 다르긴 하지만 인도네시아는 그 차이가 더 크다. 자카르타 도심의 주요 몰에 입점한 극장들의 관람료가 약 6~7천 원 정도 하는 데 반해 변두리 극장들은 2천 원이 조금 넘는 관람료로 영화를 볼 수 있다. 코로나-19 때문에 성장세가 약간 주춤하고는 있지만 먼저 진출한 한국 브랜드 영화관도 최근 자카르타뿐 아니라 지방 중소도시로도 지점망을 확충하고 있다.

인도네시아 사람들은 한가한 시간이면 '농끄롱Nongkrong' 하며 시간을 보낸다. 농끄롱은 여러 명이 편안하게 둘러앉아 음식을 먹고 마시며 농담을 섞어가며 이야기하는 것을 의미한다. 농끄롱은 식당이나 인도네시아판 포장마차 분위기인 와룽이나 커피숍 등에서도 할 수 있고, 집이나 길가에서도 할 수 있다. 이야기 주제도 가벼운 것부터 무거운 것까지 다 가능하다. 여러 명이 둘러앉아 음식을 들며 이야기하는 곳이 인도네시아밖에 없는 것은 아니지만 인도네시아인들이 사용하는 농끄롱에는 말로 정확히 표현하기 어려운 고유하고 독특한 분위기가 있다. 농끄롱은 그저 앉아서 먹고 마시고 이야기하며 한가하게 시간을 보내는 것이다. 한가해야 한다. 생산적인 시간이 아니다. 거기에 농끄롱의 멋이 있다. 그래도 의미 있는 시간이다. 인도네시아 사람들은 그렇게 이야기하는 것을 좋아한다. 한국 사람, 특히 한국 남성들은 인도네시아 남성들이 술도 안 마시고 커피나 차를 마시면서 때로는 서로 잘 모르는 사람들끼리도 특별한 주제 없이 두세 시간 동안 계속 이야기를 할 수 있다는 사실을 신기해하기도 한다.

2019년 하반기에는 조코위 대통령 가족이 자카르타의 한 몰에서 농크롱하며 시간을 보냈다는 기사가 여러 신문에 실리기도 했다. 대통령의 일거수일투족이 기삿거리가 되기도 하지만 가족과 함께 몰에서 차마시고 이야기하고 시간을 보내는 것이 신문에 실릴 만큼 대단한 일일까 하는 생각이 들 수도 있다. 하지만 대통령이 하는 행위에 정치적인 함의가 없는 일이 어디 있겠는가? 충분히 의미가 있는 일이다. 조코위 대통령은 당시 5년의 임기를 마치며 최대의 정치적 라이벌인 쁘라보워 진영과 대선 리턴 매치에서 승리했다. 이후 상대 진영의 대선 불복을 둘러싼 소요와 소송이 마무리되고 양 진영의 화해로 본격적인 2기 정권 출범을 앞두고 있을 때였다. 지금까지 쉴 틈 없이 이어져 왔던 정치 일정을 일단락하고 앞으로 5년을 내달리기 전에 잠시 가족과 여유로운 시간을 가지는 모습을 국민들에게 보여준 것이다. 미국 대통령이라면 캠프 데이비드나 개인 별장에 갔을 것이다. 인도네시아 대통령도 그런 장소가 없는 것은 아닐 것이다. 하지만 인도네시아 대통령은 몰에서 농크롱하는 모습을 보여주었다. 지극히 인도네시아적인 방법으로 가족과 함께 여가를 보내는 것을 국민들에게 보여주며 정치 일정의 한 단락을 마치고 휴식을 취한 후 새로운 정치를 시작하겠다는 메시지를 던진 것이다.

어느 명절에 뉴스를 보니 자카르타 시민들이 시내 한가운데 있는 기념탑인 '모나스' 광장에 자리를 펴고 소풍을 즐기는 장면이 나왔다. 평소에는 잔디밭 개방을 하지 않는 곳인데 명절이라서 개방을 했다는 설명이었다. 나무 그늘도 없는 뙤약볕에 이렇다 할 시설도 없는 곳에 수많은 사람이 다닥다닥 자리를 펴고 앉은 것을 보니 얼마나 갈 데가 없으면 여기에 와서 앉아 있을까 하는 생각이 절로 들었다. 자카르타라고 놀이 공원이나 수족관, 아이들 실내놀이터 등의 시설이 없는 건 아니다. 그런데 일단 비싸고 가성비가 많이 떨어진다. 비슷하거나 더 비싼 돈을 지불하고도 만족도가 떨어지니 본전 생각이 절로 난다. 그리고 그렇게 비싼 돈을 내고 이런 시설을 이용하지 못하는 사람들이 훨씬 많다.

지금까지 그랬던 것처럼 한가할 때 둘러앉아서 아무것도 안 하고 차마시면서 이야기하는 것도 인도네시아에서 여가를 보내는 좋은 방법이다. 시원한 몰에 가서 시간을 보내는 것도 좋다. 그래도 소득증가와 함께 도시 중산층을 중심으로 더 재미있는 활동을 찾는 사람들은 지금도 늘고 있고 앞으로도 늘 것이다. 지금까지는 농끄롱만으로도 충분히 재미있었을지 몰라도 앞으로는 새로운 재미를 또 찾지 않겠는가? 사람은 끊임없이 재미를 찾는 존재이다. TV나 신문 레저란을 보면 여행, 자전거, 캠핑, 스포츠, 애완동물 등 다양한 활동에 대한 정보들이 실린다. 돈이 없고 시간이 없어서 그렇지 인도네시아에도 재미있는 것들이 많이 있으며 또 새롭게 생기기도 한다.

인도네시아 사람들이 재미를 찾고, 또 거기에 돈을 쓸 만큼 소득이 증가하는 것은 우리나라 사람들에게도 기회이다. 우리나라는 재미있는 것이 많은 곳이다. 볼 것, 놀 것, 갈 곳, 할 것이 넘친다. 자카르타에 있다 보면 서울에 있을 때 경험하던 재미있던 것들이 많이 생각난다. 한국에 대한 관심이 높아서 한국에서 화제를 모으는 아이템은 인도네시아에서도 화제를 모은다. 이미 한국에 있는 것과 같은 놀이시설을 들여오고, 공연

같은 걸 기획하는 사업가들이 있다. 한국 게임도 인도네시아에서 인기이다. 적당한 비용에 즐길 수 있는 아이템을 들여온다면 수요는 앞으로도 많다. 재미있게 시간을 보낼 거리를 제공해 주는 쪽은 사업이 잘 되어 좋고, 자카르타 사람들은 더 재미있고 의미 있는 활동들로 삶을 채우게 되어 좋을 것이다.

인도네샤 알쓸유有잡

인도네시아에는 발리뿐인가?

인도네시아와 특별히 인연이 없는 사람과 이야기를 나누면 인도네시아 하면 발리를 떠올리는 경우가 많다. 인도네시아 하면 발리이다. 때로는 발리가 인도네시아에 있다는 것을 모르는 경우도 많다. 발리가 인도네시아보다 더 유명하기도 한 것 같다. 인도네시아에 관광지가 발리만 있는 것은 아닐 텐데 왜 사람들은 발리에만 갈까?

자카르타에 사는 친구가 가족과 함께 칼리만탄섬에 있는 야생 오랑우탄을 보러 갔을 때의 이야기이다. 자카르타에서 저가항공 비행기를 타고 인근 도시로 가서 차를 타고 그다음에는 배를 타고 강을 따라 한참을 올라갔다고 한다. 그리 넓지 않은 강을 따라 올라가는 배라 작고 시설도 낡고 씻을 곳도 화장실도 마땅치 않은 그런 배였다. 그리고 도착한 밀림에서는 숙소도 시원치 않았다. 이 친구는 자카르타에 살기 때문에 그래도 거기까지 간 것이었다. 한국에서라면 일부러 거기까지 찾아가진 않았을 거다. 그런데 거기서 만난 사람 중에는 이 오랑우탄을 보려고 유럽에서 일부러 그 먼 길을 온 사람들도 있었다고 한다. 냉방도 안 되고 벌레도 나오는 나무 위 숙소도 마다하지 않는 그런 사람들이다. 때로 유럽에서 온 관광객들은 그런 불편함을 즐기는 것 같기도 하다.

그렇게 먼 길을 가서 언제 멸종할지 모르는 야생상태의 오랑우탄을 잠깐 본 것이 평생 동안 잊지 못할 추억이요, 소중한 경험이라는 생각이 든다면 축하할 일이다. 그런 사람이라면 인도네시아에 갈 곳이 많다. 현지 관광가이드나 기사랑 이야기를 해 보면 유럽 사람들은 실제로 그런 여행을 많이 한다고 한다. 정해진 스케줄 없이 동쪽 섬들을 한 달간 일주하는 것 같은 여행이다. 당연히 교통편도, 숙소도 불편하다. 관광 인프라도 부족하다. 그래도 끝내주는 풍광을 보고 평생 잊지 못할 경험을 할 수 있다.

하지만 많은 시간을 들여 고생해 가며 잠깐 본 야생의 오랑우탄이 자카르타에서 차로 한 시간만 가면 있는 사파리 동물원에 있는 오랑우탄과 뭐가 다를까 하는 생각이 든다면? 그렇다면 발리에 가면 된다. 발리에 가야 한다.

사람마다 기준이 다르니 차이가 있을 수 있으나 발리가 인도네시아에서 자연이 가장 아름다운 곳이라고 말하긴 어렵다. 하지만 발리는 관광 인프라가 완비되어 있고, 다양한 선택지를 제공하는 곳이다. 항공망도 잘 발달해 가기도 편하고, 자연과 문화, 음식, 액티비티, 쇼핑, 휴양, 놀거리 등의 요소가 균형 있게 다 잘 갖추어져 있다. 숙소나 음식, 스파 등도 배낭 여행객들을 위한 저렴한 것들로부터 호화로운 것까지 선택할 수 있는 범위가 다양하다. 가족 단위로 조용히 휴양을 즐길 수 있는 곳도 있고, 젊은이들은 클럽 같은 곳에 가서 에너지를 발산할 수도 있다. 발리는 어린아이부터 어르신까지 다양한 연령과 기호를 가진 관광객을 다 품을 수 있는 선택지가 많은 관광지이다.

발리에 가는 것은 멋지기도 하고 또 무난하기도 한 선택이다. 그래서 인도네시아에 사는 외국인 중에는 다른 곳을 여기저기 가기보다 발리에만 여러 번 가는 이들도 있다.

하지만 평생 잊을 수 없는 추억을 만들기 위해 먼 길을 가고 불편함을 감수할 준비가 되어 있다면 칼리만탄의 야생원숭이를 보러 가거나, 파푸아의 라자암빳, 코모도와 플로레스섬에 가 볼 수도 있다. 인도네시아에 발리만 있는 것은 아니다.

그림 3-6 의식을 행하는 발리 사람들

그림 3-5 오랑우탄

그림 3-7 토바 호수

그림 3-8 플로레스섬의 폭포

박주봉과 방수현 선수 아세요?
수시 수산티는요?

　　2019년 12월, 인도네시아 축구 국가대표팀 감독으로 신태용 감독이 선임되었다. 베트남 국가대표팀이 박항서 감독을 선임해서 효과를 톡톡히 보고 있는 가운데 한국인 감독을 선임해 대표팀 체질개선을 꾀하고자 하는 기대가 깔린 결정일 것이다. 인도네시아 언론들도 신태용 감독의 선수 시절 경력과 함께 지도자로서의 성과를 짚으며 기대를 표했다. 지난 월드컵에서 독일을 2:0으로 격침한 팀을 이끈 지도자라는 설명도 빠지지 않았다.

　　그러고 보면 1986년 멕시코 월드컵 이전만 해도 우리 대표팀이 킹스컵이니 메르데카컵이니, 코리아컵이니 하는 지역대회에서 인도네시아 대표팀과 경기할 기회가 제법 많았던 것 같다. 상대전적이야 우리나라가 압도적으로 앞서지만(35승 4무 4패) 그래도 매번 꽤 대등한 경기를 펼쳤던 기억이 있다. 그러다 우리나라 대표팀이 월드컵에 매번 출전하게 되며 지역대회 출전을 하지 않고, 또 기량 차이가 벌어지게 되면서 인도네시아 대표팀과 마주칠 기회는 많이 사라졌다. 어렴풋이 남아 있는 인도네시아와의 스포츠 교류에 대한 기억 중 하나이다.

인도네시아 사람들은 우리나라와의 스포츠 인연에 대해 어떤 기억을 가지고 있을까?

단연 배드민턴을 이야기하는 이들이 많다. 1990년대 후반과 2000년대 초반 인도네시아 사람들을 만나서 이야기해 보면 박주봉, 김문수, 방수현 선수의 이름을 쉽게 들을 수 있었다. 지금은 인도네시아에서 한국 하면 한국 드라마나 K-팝을 떠올리겠지만 그때는 한국 하면 배드민턴이 먼저 떠올랐나 보다. 우리나라에서야 올림픽이나 아시안게임 때나 배드민턴이라는 종목이 관심을 받지만 인도네시아에서는 국제대회에서 정상급에 도전할 수 있는 몇 안 되는 종목 중 하나가 배드민턴이라 관심이 많다.

박주봉-김문수 복식조는 1992년 배드민턴이 처음으로 정식종목이 된 바르셀로나 올림픽에서 인도네시아의 하르토노-구나완 조를 이기고 금메달을 목에 걸었다. 여자 단식 방수현 선수는 더 극적이다. 92년 바르셀로나에서는 결승에서 인도네시아 수시 수산티 선수에게 져 은메달을 땄는데, 4년 뒤 애틀랜타에서 열린 리턴 매치에서 수산티 선수를 준결승에서 이기고 결국 금메달을 차지한 것이다(수시 수산티 선수는 동메달 수상).

인도네시아가 지금까지 하계 올림픽에서 딴 메달 32개 중 19개가 배드민턴 종목에서 나왔다. 금메달은 7개 모두 배드민턴에서만 나왔다. 그러니 배드민턴 종목에서 메달을 따는 선수는 국민적 관심을 불러일으키게 되는데, 그 길목마다 한국 선수들과 마주치며 인상적인 기억을 남겼던 것이다. 아마 박주봉 선수나 방수현 선수는 한국에서보다 인도네시아에서 더 유명할 것이다. 20년이 훌쩍 지난 지금도 이들의 이름을 기억하는 사람들이 있어 대화 중에 이 선수들의 이름이 언급되는 경우가 가끔 있을 정도이다.

한국과 인도네시아는 아직도 배드민턴 강국이긴 하지만 이전처럼 기억에 남을만한 양국 선수 간 경기는 잘 나오지 않는다. 인도네시아는 2012년 런던올림픽을 제외하고는 매 대회에서 배드민턴 종목에서 최소한 1개의 금메달은 땄지만 성적이 예전 같지는 같다. 배드민턴이라는 종목이 갖는 위상이 남다른 인도네시아에서는 '예전의 영화'를 그리워하는 목소리도 자주 나온다.

우리나라에서는 요즘 올림픽 등 국제대회에서 메달 순위를 통해 국력을 가늠하고, 스포츠를 통해 국위를 선양한다는 개념이 옛날보다는 많이 약해졌다. 필자가 초등학교를 다니던 1984년의 LA 올림픽이나 1988년 서울올림픽 때만 해도 누가 금메달이라도 따면 그것은 개인의 성취에 그치는 것이 아니라 민족의 자긍심을 고취시키는 일이었다. 메달 수여식에서 장엄한 애국가와 함께 국기가 오르고 이후에 '동방의 아름다운 나의 조국 대한민국' 같은 가사의 노래와 함께 애국심을 한껏 고취시키는 그런 영상도 나오고 그랬다. 지금은 금메달 개수나 종합순위 이런 것으로 우리 국력을 자랑스러워하지는 않는다. 그런데 인도네시아는 아직 좀 그렇다. 그리고 아직 그런 게 좀 필요하기도 한 모양이다.

인도네시아는 2019년 기준 1인당 국민소득^{GNI}이 4,050달러로, 세계은행에서 하위중소득국과 상위중소득국을 가르는 기준인 4,045달러를 넘어섰다. 처음으로 상위중소득국으로 편입된 것이다. 사실 상위중소득국으로 편입되면 차관도입 조건 등을 비롯해서 이전보다 오히려 불리해지는 것도 많다. 그래도 국민들에게 나라가 가난을 벗어나 발전하고 있다는 신호를 주고 자긍심을 준다는 측면에서는 의미가 있다. 그래서 정부와 언론도 상위중소득국 편입 사실과 그 의미에 대해 적극적으로 홍보했다. 빈곤에서 벗어나 중진국으로 도약하려는 이 시기에 스포츠를 통해 시민들이 일체감을 가지고 우리도 세계에서 통하는 게 있다는 자신감을 획득하는 경험은 의미가 있다. 우리가 '86 아시안게임'과 '88 올림픽', '2002 한일월드컵' 등을 거치며 가졌던 바로 그런 경험이다.

그런 의미에서 2018년 열렸던 자카르타-빨렘방 아시안게임은 남다른 의미가 있다. 사실 요즘 아시안게임은 예산 부족 등을 이유로 선뜻 개최하려는 곳이 많지 않다. 2018년 아시안게임도 베트남 하노이가 유치했다가 예산을 이유로 반납한 것을 인도네시아가 재유치한 것이다. 인도네시아는 이 아시아 경기대회를 성공적으로 개최함으로써 자국의 저력을 국내외에 보여줄 뿐 아니라 국민들을 하나로 모으고 자신감을 높이는 용도로 활용했다. 공무원이나 군경, 관계자뿐만 아니라 많은 시민이 자원봉사자로 참여하며 뿌듯함을 느낄 수 있었다.

성적도 더할 나위 없었다. 인도네시아는 1990년 베이징 대회에서 7위를 한 이후 메달 집계에서 10위 안에 들었던 적이 없다. 최근 2번의 대회에서는 각각 금메달 4개를 수확하는 데 그쳤다. 이번 대회에서는 10위권 진입을 목표로 했는데, 금메달 31개, 총 메달 수 98개로 4위를 기록해 목표를 초과달성했다. 그중 14개의 금메달은 인도네시아가 대회를 개최하며 정식종목이 된 전통무술 뻰짝 실랏^{Pencak Silat}에서 거둔 것이며 그 외에도 개최국으로서의 이점이 상당 부분 작용했음을 부인하기는 어렵다. 그래도 이유가 어떠하든 간에 대회를 성공적으로 개최했다는 평가와 함께 성적까지 좋으니 더 바랄 것이 없게 되었다. 많은 예산을 들여 다른 데서 개최하기 꺼려 하는 대회를 치러낸 보상을 받은 셈이다.

이 여세를 몰아 조코위 대통령은 2032년 하계 올림픽 유치에 도전하겠다는 뜻을 내비쳤다. 유치 가능성을 높게 보는 시각은 많지 않다. 하지만 인도네시아는 진지하다. 코로나-19로 인한 변수로 계획이 틀어지긴 했지만 2020년 열릴 예정이던 도쿄 올림픽에서 본격적으로 유치전을 벌인다는 구상이었다. 정말 자카르타가 2032년 올림픽 개최지가 될 수 있을지, 이후에도 계속 진지하게 올림픽 유치 노력을 계속 기울일 것인지 궁금하다. 우리가 1988년에 했던 경험을 인도네시아도 하게 될 수 있을지 주목해 볼 만하다.

다시 축구 이야기이다. 단일 종목으로 축구만큼 사람들에게 일체감을 주고 자부심을 고취하는 데 효과적인 종목은 없다. 우리는 2002년에 경험했고, 베트남은 지금 경험하고 있다.

인도네시아는 빠른 축구를 하지만 체격이 작고, 체력이 약하다는 점이 지적되곤 한다. 신태용 감독은 부임 후 자신만의 철학과 방식으로 인도네시아 축구 체질개선에 나서고 있다. 2002년 히딩크 감독이 우리 대표팀에, 최근 박항서 감독이 베트남 대표팀에 했던 것처럼 말이다. 신감독은 부임하면서 주요 코칭스태프에 한국인 지도자들을 배치했다. 감독 개인만 가는 것이 아니라 한국 축구 시스템을 가지고 가는 것이다. 순조롭지만은 않다. 신 감독과 인도네시아 축구협회와의 소통의 어려움과 자주 발생하는 오해는 언론 스포츠면의 단골 주제 중 하나이다.

결국 한국 축구를 어떻게 인도네시아 토양에 접목하느냐가 성공의 관건이겠지만, 신태용 감독이 성공하면 인도네시아는 감독 개인뿐 아니라 한국적 시스템에도 주목하게 될 것이다. 스포츠 한류가 되는 것이다. 인도네시아 스포츠 입국立國에 우리나라와의 또 하나의 인연이 만들어질 수 있을 것인지 관심이 모아진다.

스피드에 열광하는 인도네시아 사람들

우리나라에서는 그다지 관심을 받지 못하는데 뜻밖에 인도네시아에서 인기가 있는 스포츠 종목이 있다. 바로 모터스포츠 종목이다.

인도네시아 주요 뉴스를 인터넷으로 보다 보면 자주 보는 뉴스 10개 중 5개 이상이 모터 그랑프리MotoGP 같은 모터사이클 레이싱이나 F1 같은 자동차 경주 소식일 때가 있다. 스포츠면도 아니고 메인 화면이 그렇다. 한국 드라마나 K-pop이 인기 있다 해도 이렇게까지 메인 화면에서 지분을 점유하진 못한다. 이웃 나라 말레이시아도 레이싱 종목이 인기가 있다. 식당이나 펍 같은 곳을 가면 화면에 레이싱 장면이 나오고 있을 때도 많다.

자카르타에서 남쪽에 위치한 센뚤Sentul에는 경주용 서킷이 마련되어 있다. 원래 F1

경기를 유치하고자 짓기 시작한 경기장인데, 정해진 규격에 못 미쳐서 F1 대회를 유치한 적은 없다. 대신 하위대회나 국내대회, 모터사이클 경기가 주로 열린다. 2016년에는 인도네시아 선수가 처음으로 해외에서 열리는 F1 레이싱에 출전한 적도 있어 모터스포츠에 대한 관심이 더해졌다.

말레이시아에는 쿠알라룸푸르 남쪽에 있는 세빵Sepang에 F1 규격의 서킷이 있다. F1 경기가 열린 적도 있다. 말레이시아에는 모터사이클 레이싱인 MotoGP에 참여하는 레이싱팀이 있으며, 국영 석유회사인 페트로나스Petronas는 2010년부터 F1 팀인 메르세데스-AMG 페트로나스 포뮬러 원 팀Mercedes-AMG Petronas Formula One Team의 타이틀 및 기술 파트너로 참여하고 있다. 인도네시아에서도 하위 모터사이클 레이싱에 참여할 팀이 창단되는 등 레이싱 종목에 대한 관심이 많다.

그림 3-9 모터사이클 레이싱　　　　　그림 3-10 자동차 레이싱

인도네시아판 세종시의 꿈

2019년 8월 26일 조코위(조코 위도도) 대통령은 수도를 자카르타에서 보르네오섬으로 알려진 칼리만탄섬 동부로 옮기는 조치를 전격 발표했다. 갑작스러운 천도로 보이지만 사실 인도네시아에서 수도 이전은 독립 직후인 초대 대통령 수카르노 때부터 이어져 온 묵은 의제이다. 조코위 대통령은 2019년 4월 재선에 성공했으며, 그 자신감을 바탕으로 제2기 정부가 출범하는 10월이 채 되기도 전에 수도 이전을 전격 발표했다. 수도 이전은 이전 정부들에서 만지작거리기만 했지 쉽게 결정하지 못했던 숙원사업이다. 발표만으로도 75년 묵은 숙제를 해치운 결정이라 하겠다.

조코위 대통령은 칼리만탄 동부를 새로운 수도로 정한 이유로 자연재해가 적고, 국토 중앙에 위치해 입지조건이 전략적임을 들었다. 또, 칼리만탄 지역 주요 도시인 발릭빠빤과 사마린다와 가까워 인프라가 어느 정

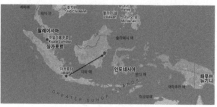

그림 3-11 수도 이전 조치를 전격 발표하
는 조코위 대통령(사진: VOA)

그림 3-12 새 수도 위치(출처: 구글 지도)

도 갖춰져 있다는 점도 고려했다고 밝혔다. 해당 지역에는 이미 16만 헥타르 규모의 국유지가 있어 토지매입비용 절감 효과도 기대할 수 있다.

자카르타는 순다 끌라빠라는 작은 어촌으로 시작해서 향료 등을 실어 나르는 무역항으로 발달해 350여 년 이상의 역사를 간직하며 오늘에 이르렀다. 문제는 자카르타와 동·서·남부의 위성도시를 아우르는 대★자카르타 지역이 3천만 명이 넘는 인구를 품고 인도네시아의 미래 발전을 견인해 가기에는 여러모로 한계에 이르렀다는 것이다.

대표적인 예로 자카르타의 유명한 교통체증을 들 수 있다. 통행량 증가에 따라 상황은 해마다 심해지고 있지만 도로 건설이나 확장 여력은 크지 않다. 상황이 이렇다 보니 출퇴근 시간에 주요도로 홀짝제 시행이라는 극약처방으로 간신히 교통의 흐름을 통제하고 있는 것이 현실이다. 하늘길도 답답하다. 자카르타의 관문공항인 수카르노-하타 국제공항은 2016년 제3터미널을 새로 열었지만 활주로 증설이 늦어져 늘어나는 국내외 항공수요를 잘 감당하지 못했다. 착륙할 때 공항 수변을 선회하며 관제사의 착륙허가를 기다리느라 몇십 분을 허비하는 일도 흔했다. 2019년 8월 제3활주로 개설로 당장 급한 불은 껐지만 앞으로의 항공편 증가 예측 수요를 따라잡기엔 충분하지 않다.

치수治水도 어렵다. 해마다 우기가 되면 시내 곳곳이 물에 잠긴다. 홍수 대비를 잘하는 것이 자카르타 주지사의 능력을 가늠하는 리트머스 시험지로 여겨진 지는 이미 오래다. 그러다가도 건기가 되어 가뭄이 들면 원활한 생활용수 공급이 어려워지곤 한다. 지반이 약한 데다 지하수를 많이 뽑아내서 도시 전체가 조금씩 가라앉고 있다는 것도 잘 알려진 사실이다. 대기오염 이슈도 부각되고 있다. 자카르타는 세계에서 대기오염 수치가 가장 높은 도시 중 하나이다. 사실 자카르타의 대기오염은 하루 이틀 문제가 아닌데 요즘 들어 부쩍 언론에 문제 제기가 많고 시민들의 관심이 높다. 환경과 건강에 대한 관심이 늘어난 것도 한 요인일 것이다.

행정기능을 새로운 수도로 옮겨도 자카르타는 경제중심지로 남을 것이기에 과밀 문제가 완전히 해소되지는 않는다. 수도 이전에도 불구 대중교통과 도로망 확충, 도심하천 정비, 지반침하 문제 해결 등 자카르타에 남은 과제는 계속 해결해 나가야 한다.

한편, 명시적으로 밝히고 있지는 않지만 중장기적으로 이번 천도계획에는 국토 중앙에 수도를 두어 자카르타와 자바섬에 발전의 과실이 집중되는 현상을 해소하고 국토균형발전을 도모하겠다는 복안도 담겨 있다.

수도 이전 계획은 야심차고 공격적이다. 하지만 장애물도 만만치 않다. 수도 이전 자체를 탐탁지 않게 생각하는 그룹도 분명히 있다. 절차적, 법적 흠결이 거론되기도 했다. 수도 이전으로 삶의 터전이었던 자카르타를 떠나 칼리만탄 동부로 가야 하는 공무원들 사이에서도 반대와 우려의 목소리가 크게 터져 나왔다. 정부 측은 관사 제공이나 편의시설 확충 같은 당근과 이전에 참여하지 않을 경우 불이익을 주겠다는 채찍을 동시에 사용하겠다는 방침이다. 교육과 편의시설이 갖추어지기까지 가족을 자카르타에 남겨두고 오는 기러기 공무원들이 많을 것이라는 예측도 있다.

경제중심지는 여전히 자카르타로 남을 것이기에 기업활동에 미치는 영향은 제한적일 것으로 보인다. 부처 이전 계획이 아직 확정되지는 않았지만 재무부 등 경제 관련 부처는 자카르타에 남게 될 가능성도 크다. 하지만 사안에 따라 중요한 협의가 자카르타와 신수도 양쪽에서 이루어질 경우 양 도시를 오가며 잦은 출장을 다니는 등 비효율은 당분간 감수해야 할 것으로 보인다. 중앙정부 및 공공 부문과의 협업이 많은 기업이나 기관의 경우 사무소를 자카르타에 둘지, 신수도에 둘지 결정해야 하는 고민도 어렵다. 인도네시아 신수도 건설에서 가장 중요한 모델이 될 말레이시아 푸트라자야는 쿠알라룸푸르에서 차로 1시간이면 갈 수 있다. 동일 생활권이다. 자카르타에서 칼리만탄 동부까지는 비행시간만 2시간이다. 공항 이동시간 및 대기시간을 포함하면 더 길어진다. 인도네시아 관련 사업을 하며 하늘과 길에서 보내는 시간이 늘어나는 것은 불가피해 보인다.

원래 청사진에 따르면 2020년까지 타당성 조사를 하고 2021년부터는 본격 이전을 시작해, 조코위 2기 정부의 임기가 끝나는 2024년까지는 어느 정도 천도작업을 마무리 짓겠다는 계획이었다. 속도전으로 임기 내에 결실을 보고야 말겠다는 조코위 대통령의 강력한 의지가 엿보이는 야심찬 계획이다. 하지만 코로나-19 대응과 이로 인한 경기후퇴 우려로 수도 이전 작업에 정책 우선순위를 두기 힘든 현실에서 사업추진은 시작부터 차질이 불가피하다. 예산 배정도 쉽지 않다. 2기 정부 출범(2019년 10월)과 동시에 속도감 있게 이전 작업을 추진한다는 조코위 대통령의 구상은 어그러졌다. 그렇다면 수도 이전 작업은 이번 정부에서 시작은 해도 결국 마무리는 다음 정권으로 넘어가게 된다. 이 사업이 정권교체기를 잘 넘어 성공적 사업 수행에 필요한 추진력을 충분히 공급받을 수 있을지는 불투명하다. 우리나라 기업과 기관들도 수도 이전 작업 각 단계에서 참여를 검토하고 있는데 추이를 좀 지켜봐야 할 것 같다.

이전 작업의 향후 진행 속도와 방향은 불투명하지만 이 야심찬 천도 계획의 초기 청사진을 한 번 들여다보면 이렇다. 새로운 도시는 처음부터 도시기능에 대한 중장기 수요를 예측하고 이를 바탕으로 마스터플랜을 그려서 계획도시로 만들겠다는 구상이다. 백지 위에 그려가는 프로젝트인 만큼 여러 가능성이 거론된다. 행정부와 입법부, 사법부의 축이 모두 옮겨가고, 20여만 명의 중앙공무원과 그 가족이 이주해야 하는 메가 프로젝트 수행 과정에서 건설과 인프라 부문을 중심으로 여러 기회가 있을 것으로 보인다.

일단 기존 인프라는 최대한 활용한다는 계획이다. 칼리만탄은 인구밀도는 자바 지역보다 낮지만 석탄, 석유, 천연가스, 팜 플랜테이션 등의 산업이 발달한 곳이다. 신수도 입지와 인접한 발릭빠빤과 사마린다는 이들 산업을 바탕으로 성장해 칼리만탄의 대표적 도시가 되었다. 이들 도시에 인접해 기존 인프라를 활용할 수 있다는 점은 신수도 입지 선정에서 중요한 고려요소로 작용하기도 했다. 공항이 기존 인프라 활용의 대표적인 예이다. 두 도시에는 이미 국제공항이 있다. 새로운 수도는 이 두 공항을 복수 공항 체제로 사용한다는 구상이다. 물론 항공편 및 이용객 증가가 예상되어 새로운 터미널 건설과 활주로 용량 확충은 필요하다.

신수도에는 먼저 대통령궁을 위치시키고 국회, 대법원, 헌법재판소, 다른 행정부처 청사를 지을 계획이다. 말레이시아의 행정수도 푸트라자야 사례가 참고 가능한 모델로 거론된다. 공무원과 그 가족에게는 관사를 제공한다는 방침인데 토지활용도를 높이기 위해 아파트 형태의 건설을 추진할 것으로 보인다. 민간업자가 공급하는 주택, 상업시설 등 부동산 개발시장도 활성화될 전망이다. 교통망 확충도 이어진다. 기존 철도와 도로가 있지만 새로운 수도가 기능을 하기 위해선 대규모 증설이 불가피하다. 국가개발계획부 관계자는 신수도 입지가 철도를 활용한 교통 활용에 최적이라고 평가하고 있다.

백지 위에 그리는 그림인 만큼 신수도는 신에너지 구상 등 인도네시아 미래발전계획과 비전의 시험장이 될 가능성이 크다. 그래서인지 새로운 도시는 스마트도시Smart City, 녹색도시Green City를 표방하고 있다. 부지 주변의 녹지를 보전하겠다는 원칙도 최대한 자연과의 조화를 이루겠다는 노력의 일환이다. 한편, 국영전기공사PLN는 발전소 신규건설 여부는 칼리만탄 동부와 남부 발전량과 전력수요 예측량을 종합적으로 고려해 추후 결정할 계획임을 밝혔다. 발전소 추기 건설이 필요하다는 결론이 나오는 경우 전력원으로는 바이오매스 등 대체에너지원들이 거론된다. 전선은 모두 땅에 묻어 전신주 없는 도시를 지향하겠다고 한다.

한편, 도시가스 활용안도 나오고 있다. 자카르타만 해도 도시가스가 없어 고급주택에서도 3kg짜리 LPG통을 사용하는데 새 도시는 도시가스 공급망을 갖춰 LPG통 없는 도시를 만들겠다는 것이다. 또, 요즘 부쩍 관심이 높아진 전기차 활용도를 극대화하는 데 신수도가 최적이라는 평가도 눈에 띈다. 처음부터 버스와 택시 등 대중교통차량을 전기차 위주로 구매하고, 충전 인프라를 충분히 구비하면 가능한 일이다.

호텔 건설 붐을 예측하는 시각도 있다. 행정, 입법, 사법의 중심 기능이 모두 집중해 있는 만큼 업무차 신수도를 찾는 사람들의 수는 계속 늘어날 것이기 때문이다. 인프라 확충과 함께 주변의 관광지 개발이 가속화될 가능성도 크다. 칼리만탄은 자연이 비교적 잘 보존된 곳으로 관광자원의 잠재력이 충분하다. 참고로 우리나라 사람들이 많이 찾는 관광지 코타키나발루도 신수도와 같은 섬인 말레이시아령 북부 보르네오에 위치해 있다.

신수도 건설에는 초기 추산으로 약 330억 달러(한화 약 40조 원)에 달하는 비용이 들 것으로 보인다. 이 중 정부예산으로는 약 20% 정도를 조달해, 토지 매입, 기초 인프라 · 공무원 관사 · 군경 시설 건설에 사용한다는 계획이다. 정부는 재정부담을 최소화하기 위해 자카르타 소재 정부 소유 자산의 일부를 매각하거나 임대하는 방안을 찾고 있다. 총비용의 55%는 민관협력투자개발사업 PPP 형태로 마련해 행정부, 입법부, 사법부에서 사용할 건물을 짓고, 기타 인프라를 확충하는데 사용할 예정이다. 국내외 기업에 모두 문호를 개방하되 현지기업과 국영기업에 가점을 준다는 방침이어서 컨소시엄 등 현지기업과의 제휴도 검토해 볼 만하다. 나머지는 민간 부문에서 마련해 관사 이외의 공공주택, 대학 등 교육시설, 공항 · 항만 · 유료도로, 의료시설, 쇼핑몰과 기타 상업시설 조성 등에 충당한다. 인도네시아 정부는 재원 마련을 위해 모든 가능성을 검토하겠다는 방침이어서 계획이 구체화됨에 따라 개발금융기관과 민간금융기관 참여도 줄을 이을 전망이다.

조코위 2기 정부는 지금 코로나-19 대응, 이로 인한 경기 후퇴 최소화, 투자와 기업환경 개선을 위한 경제개혁 입법 작업 연착륙 등 큰 과제를 안고 있다. 이런 부담을 안고도 수도 이전이라는 또 하나의 메가 프로젝트를 차질 없이 완수해 낼 동력을 유지해 75년 천도의 꿈을 이룰수 있을지 주목된다.

멀고도 가까운 이웃,
인도네시아와 말레이시아

거의 20년 전 일이다. 한국에서 공부하던 말레이시아 학생을 알게 되었다. 배울 기회가 없던 말레이어를 수업료를 내고 배워 보기로 했다. 표준 인도네시아어와 말레이어는 뿌리가 같으며 어휘와 표현, 발음에 차이가 있다. 그런데 수업시간에 말레이어 지문을 읽고 문장을 만들어 이야기할 때마다 선생님이던 이 말레이 학생이 깔깔대며 웃었다. 필자가 하는 말레이어가 너무 인도네시아어 같았기 때문이다. 이 친구는 '형, 우리는 그렇게 말 안 해요'라고 하며 어휘와 발음을 교정해 주었다. 필자는 제대로 말하는 것 같은데 놀림을 받는 듯해 살짝 기분이 상하기도 했다. 나중에 생각해 보면 외국인이 북한 주민이나 중국 동포들이 쓰는 어휘나 억양으로 한국어를 말하는 그런 느낌이 아니었을까 싶다. 이런 경험 때문에 나중에 말레이시아에 살 때도 가급적 인도네시아어는 쓰지 않았다. 말레이시아 사람들에게 인도네시아말을 쓰면 '우리 말을 쓴다'며 좋아하기보다는 말은 안 하지만 억양과 표현, 발음을 어색해한다는 것을 알기 때문이다. 서툴지만 말레이어를 쓰든지 아니면 차라리 영어를 쓰는 것이 낫다고 생각했다.

인도네시아와 말레이시아의 관계는 복잡하다. 두 나라는 역사와 문화, 언어에 걸쳐 공유하는 부분이 많지만 그래도 관계가 미묘하다. 아니 공유하는 것이 많아서 더 미묘한 것인지도 모르겠다.

말레이시아에 대해 공부해 보면 말레이시아 역사를 15세기 초 말라카 왕국의 성립으로부터 설명하는 책이 많다. 여러 설이 있지만 말라카 왕국을 연 파라메스와라Parameswara는 현재는 인도네시아 영토인 수마트라에서 건너갔거나 아니면 수마트라에서 건너간 세력의 후손인 것으로 보인다. 그 이전에는 말레이시아와 인도네시아의 역사가 뚜렷이 구분되지 않는다. 고구려의 영토가 한반도와 만주에 걸쳐 있었던 것처럼 말레이시아와 인도네시아 강역에 걸쳐 있는 왕국도 여럿이다.

역사만 공유하는 것이 아니다. 지금 말레이족으로 분류되는 사람들의 조상 중 상당수는 지금은 인도네시아인 지역에서 건너간 사람들이다. 2020년 3월 말레이시아 제8대 총리로 취임한 무히딘 야신은 부계 쪽으로는 부기스계이고 모계 쪽으로는 자바계 혈통인 것으로 알려져 있다. 부기스족은 인도네시아 술라웨시섬이 터전인 종족인데 내전 등으로 17세기에 대거 말레이반도로 이주했다. 자바나 수마트라섬에 있는 종족들의 이주도 몇백 년에 걸쳐 이루어졌다. 쿠알라룸푸르 국제공항이 있는 느그리슴빌란Negeri Sembilan주에는 인도네시아 수마트라에서 온 미낭까바우족이 많이 산다. 고속도로 톨게이트에도 끝이 뾰족뾰족한 기와 모양이 특징인 미낭까바우 양식을 재현해 놓았다. 이 양식은 인도네시아에서도 빠당 요리 음식점 등에서 볼 수 있다. 같은 미낭까바우 양식이다. 말레이시아에서 공부할 때 학교에서 느그리슴빌란주 출신인 말레이여학생이 자신들의 조상이 몇 세대 전에 말레이시아에 온 미낭까바우족이라며 빠당에서 온 인도네시아 미낭까바우족 남학생 조상과 뿌리, 전통에 대해 이야기하는 것을 들은 적도 있다.

역사도, 조상도, 문화도 공유하고 있어 친하게 지낼 수 있을 것 같은 두 나라이지만 껄끄러운 일도 많았다.

1962년경 말레이반도를 거점으로 한 말라야 연방과 싱가포르, 그리고 보르네오섬 북서쪽의 브루나이, 사라왁, 사바가 말레이시아 연방으로 새로 출범하려 하자 인도네시아는 역내에서 영향력이 감소할 것을 우려해 이 계획에 반대했다. 인도네시아는 여기에 그치지 않고 국지전을 전개해 1962년부터 4년 동안 두 나라 간 충돌Confrontation이 벌어지기에 이르렀다. 전면전은 아니라고 하지만 인도네시아 군함이 말레이반도에 상륙하기도 하고, 군용기로 공수부대원들을 말레이반도에 떨구어 낙하한 군인들 대부분이 사살되기도 하는 등 살벌한 충돌이 이어졌다. 영토분쟁도 끊이지 않았다. 특히 보르네오섬 동쪽 암발랏 지역을 둘러싼 분쟁에서는 2009년 인도네시아 군함이 말레이시아 군함에 발포 일보직전까지 갔던 것으로 알려져 있다.

말레이시아 내 인도네시아 근로자 문제도 뜨거웠다. 가사도우미로 와 있는 여성들에 대한 부당한 대우도 문제가 되었고, 불법체류 인도네시아 근로자들에 대한 말레이시아 당국의 처벌도 불씨가 되었다. 말레이시아에서는 불법체류 근로자들을 적발할 경우 채찍으로 때리는 형벌을 가하기도 했는데, 이 처벌이 비인간적이고 모욕적이라고 인도네시아 여론이 들끓었다. 말레이시아는 가사와 육아를 맡아 하는 가사도우미들이나 고된 노동이 필요한 팜농장 일꾼들로 인도네시아 근로자들을 필요로 하긴 했으나 한때 말레이시아 인구의 10% 수준까지 이른 2백만 인도네시아 근로자들을 관리하는 것은 쉽지 않은 일이었다. 말레이시아에서는 이들을 은근히 낮게 여기고 무시하거나 이들이 일으키는 사회 문제 때문에 못마땅하게 여기는 분위기도 있었다.

요즘엔 수마트라와 칼리만탄에서 말레이시아로 날아드는 연무가 문제이다. 말레이시아는 인도네시아 정부가 산불과 연무 문제를 방관하고 있다고 여긴다. 연무가 심해질 때는 말레이시아 각 도시에서 호흡기 환자가 속출하고 학교도 며칠씩 휴교하는 일이 벌어진다. 정도의 차이가 있지만 이런 일이 20여 년 넘게 해마다 지속되었으니 감정이 좋을 리 없다. 15년 전 말레이시아 여행 중 연무가 심하던 어느 날 아침 호텔방 앞에 놓여 있던 신문 머리기사가 생각난다. '우리가 이 이웃을 언제까지 참아주어야 하는가?'

이렇게 양국 간 갈등이 있을 때마다

그림 3-13 인도네시아 · 말레이시아 전통 의상인 바띡. 누가 원조인가를 두고 가끔 양국 간 자존심 싸움이 벌어진다

국민들 간 감정의 골도 깊어진다. 자카르타에 있는 주인도네시아 말레이시아 대사관 앞에서 항의시위가 벌어지는 광경도 TV에서 몇 년에 한 번씩은 볼 수 있었다. 타이어나 국기를 불태우는 장면이 나오기도 한다. 같은 문화유산을 공유하는 두 나라라 때로는 음식이나 전통의상(바띡 등), 전통문자 같은 것들을 두고 누가 원조이며 그 유산을 계승하는 정통성은 어디에 있는가 하는 문제를 두고 감정이 상하기도 한다.

말레이시아에서 함께 공부하던 인도네시아 친구는 말레이시아 사람들과도 영어로만 이야기했다. 인도네시아어를 써도 의사소통은 가능하지만, 당시 여러 이슈로 인한 두 나라 간의 갈등 때문에 밖에서 인도네시아어를 사용하기가 두렵다는 이유에서였다. 2010년에 동남아시아 국가 간 축구대회인 스즈키컵 결승에서는 인도네시아와 말레이시아가 홈 앤드 어웨이 방식으로 격돌한 일이 있었다. 원래 계획은 쿠알라룸푸르에서 열릴 예정이었던 1차전을 인도네시아 친구들과 함께 관람하며 두 나라를 모두 응원할 생각이었으나 경기 전부터 분위기가 과열되어 자칫 위험한 상황이 벌어질 수 있다는 친구들의 조언에 따라 결국 직관을 포기했다. 큰 충돌은 없었지만 1차전과 2차전이 벌어지는 며칠간의 분위기가 너무 뜨거웠다. 한일전보다 더 뜨거운 것 같았다.

지리적으로도 가깝고 문화적, 역사적으로도 가까워 600년 전에는 서로 구별도 되지 않았던 두 나라는 서로 다른 근대화 과정을 거치면서 다른 길을 걸어가고 있다. 이웃으로서 껄끄러울 이유도 많지만 가깝게 지내야 할 이유도 많다. 같은 아세안 회원국으로서 역내에는 해결을 위해 공동의 협력이 필요한 과제들이 산적해 있다. 경제협력을 통한 공동번영 추구같이 거창한 이슈뿐 아니라 수마트라와 칼리만탄 연무 문제처럼 역내에서 함께 해결해야 할 공동의 문제들이 있다. 코로나-19처럼 문제 해결을 위해 힘을 반드시 합해야 하는 문제도 많다. 국경이 없는 바이러스이니 싫으나 좋으나 이웃끼리 방역 협력이 필요하다.

무엇보다 이 두 나라는 서로를 가장 잘 이해할 수 있는 나라이다. 인도네시아 드라마와 토크쇼, 대중가요는 이미 국경을 넘어 말레이시아 사람들도 함께 즐기고 있다. 반대로 말레이시아 만화시리즈인 '우핀&이핀 Upin&Ipin' 같은 프로그램은 인도네시아에서도 인기가 있어 말레이시아 문화를 대표하는 창窓이 되었다. 물론 다른 점이 있기는 있다. 인도네시아 드라마가 말레이시아에서 방영될 때, 그리고 말레이시아 만화가 인도네시아에서 방영될 때면 아래에는 자막이 깔린다. 미묘하게 다른 점이 있어 자막이 필요하긴 하지만 양국 시청자라면 극 내용을 자막 없이도 대부분 알아들을 수 있다. 무엇보다 문화적 배경이라면 서로가 서로를 누구보다 잘 이해할 수 있다. 차이에 집중하면 다른 점이 많지만 밖에서 보면 다른 점보다 비슷한 점이 훨씬 더 눈에 띈다.

인도네시아 언론은 다른 나라들을 흔히 별명으로 부른다. 한국은 김치(또는 인삼)의 나라, 일본은 스시의 나라, 미국은 샘 아저씨의 나라, 중국은 죽의 장막의 나라 그런 식이다. 말레이시아는 이웃 나라 Negeri Jiran 라고 부른다. 오랜 역사 속에서 좋은 일도 껄끄러운 일도 있었지만, 앞으로도 함께 걸어가야 할 그런 이웃이다. 인도네시아는 아세안에서 가장 인구가 많은 나라이다. 말레이시아는 (도시국가인 싱가포르를 제외하면) 태국과 함께 역내에서 중소득국 지위를 가장 확고히 하고 있는 나라 중 하나이다. 협력하면서 서로 채워줄 수 있는 부분이 많다. 멀리 지내면 껄끄러울 일이 없다. 가까운 이웃이니까 껄끄러울 일도 생긴다. 앞으로도 서로 껄끄러울 일은 많겠지만 그 가운데서도 인도네시아와 말레이시아가 건설적인 방향으로 협력해 시너지를 이뤄갈 수 있을지 주목해 본다.

인도네시아와 말레이시아에서 다르게 읽는 알파벳

인도네시아어와 말레이시아어는 비슷한 듯하면서도 조금씩 다르다. 요즘엔 노래나 드라마, TV 쇼 등 미디어의 영향으로 서로 영향을 주고받기도 한다. 또, 양국 간 철자법을 통일시키려는 노력도 꾸준했다.

두 나라는 모두 로마자 알파벳을 사용해 자국 언어의 소리를 표시하는데 알파벳을 읽는 소리가 다르다. 네덜란드의 식민 지배를 받았던 인도네시아는 A, B, C, D를 아, 베, 쩨(쎄), 데 이렇게 네덜란드어처럼 읽는데, 영국 식민 지배를 받았던 말레이시아는 에이, 비, 씨, 디 이렇게 영어처럼 읽는다. 따라서 말레이시아어 알파벳 읽는 법은 따로 배울 필요가 없다.

인도네시아에 가면 처음엔 좀 어색하지만 곧 익숙해지는 것이 알파벳 읽는 방법이다. 인도네시아에서는 약어를 많이 쓰기 때문에 신경을 쓰지 않아도 생활하다 보면 보통 곧 익숙해지게 된다. 예를 들어 ACG라는 학교에 가려면 운전기사에게 '에이씨지'를 가자고 하는 것보다 '아.쎄.게'를 가자고 하는 편이 더 낫다. 인도네시아 국립대학교 UI는 '우.이'이고, UGM은 '우.게.엠'이다. 차를 타고 너무 더워서 에어컨을 세게 틀어달라고 하려면 '아.쎄(A.C.)'를 틀어달라고 한다.

그런데 말레이시아에서 택시기사에게 '아.쎄(A.C.)'를 틀어달라고 하면 한 번에 못 알아들을 수 있다. 말라야 대학UM, Universiti Malaya은 '우.엠'이 아니라 '유엠'이다. 말레이시아에서는 그냥 영어 시간에 배운 대로 알파벳을 읽어주면 된다. 그런데 인도네시아에 있다가 말레이시아로 가면 자꾸 인도네시아식으로 읽게 되기가 쉽다. 가끔씩 상대방이 잘못 알아들을 수도 있지만 다시 말해 주면 되니 별일은 아니다. 다만, 상대방이 웬 한국 사람이 진하게 인도네시아식으로 말을 한다고 생각하기는 할 것이다.

연무 두고 갈등 빚는
인도네시아와 말레이시아

2005년에 말레이반도 서해안에 위치한 말레이시아 주요 도시를 여행할 때 일이다. 쿠알라룸푸르 국제공항에 내리니 짙은 안개가 끼어 있었다. 타는 냄새도 났다. 책에서만 읽었던 런던스모그 같은 용어가 머릿속에 떠올랐다. 말레이시아 공기가 원래 이런 건지 아니면 그때만 그랬던 건지 잘 몰랐다. 지금처럼 미세먼지나 대기질에 대한 관심이 크지 않을 때였기 때문이다.

남쪽인 말라카로 내려오니 공기질은 더 안 좋아졌다. 타는 냄새도 심해졌다. 아침에 숙소에서 일어나 문 앞에 와 있는 신문을 보고서야 이 연무가 인도네시아 수마트라 지방 여러 곳에서 발생한 산불 때문임을 알 수 있었다. 공기질이 안 좋아 학교들이 문을 닫았다는 기사도 보이고, 노약자나 민감군은 바깥활동에 주의하라는 권고도 실려 있었다. 300이니 600이니 하는 공기질을 나타내는 숫자들도 도시별로 소개되었다.

그 수치가 공기가 얼마나 안 좋다는 뜻인지도 전혀 감이 없었다. 지금도 기억나는 것은 그 신문 1면에 크게 쓰여 있던 머리기사의 제목이었다. 거기에는 '언제까지 우리가 이 이웃을 참아줘야 하는가?'라고 쓰여 있었다. 그게 벌써 15년 전의 일이다. 15년 전에도 이미 말레이시아 사람들은 바람을 타고 인도네시아에서 오는 연무를 지긋지긋해하며, 인도네시아를 참을 만큼 참아 주었다고 생각한 모양이다. 지금까지 연무 문제는 나아질 기미가 보이지 않으니 말레이시아 사람들은 그때 이후로도 최소 15년 이상은 더 참아야 했을 것이다.

지리적으로 가까운 나라들이 여러 이유로 갈등을 빚는 것은 흔한 일이다. 인도네시아와 말레이시아도 이전부터 영토분쟁, 말레이시아 내 인도네시아 근로자의 처우 문제 등 여러 이슈를 놓고 티격태격 해왔다. 지금은 수마트라섬과 보르네오섬(인도네시아령은 칼리만탄)에서 발생하는 연무 때문에 빚는 갈등도 상당하다.

1990년대 중반부터 본격적으로 연례행사가 된 연무는 주로 인도네시아의 수마트라섬 중부와 남부, 그리고 인도네시아령 보르네오섬(칼리만탄)에서 발생하는 산불 때문에 일어난다. 말레이시아령 보르네오나 말레이반도에서도 산불은 발생하지만 인도네시아에서 발생하는 산불보다는 정도가 심하지 않다. 기존 숲을 밀고 단일 경작물을 심기 위해 고의로 산불을 내거나, 고의로 불을 내지는 않더라도 이미 발생한 소규모의 산불을 일부러 방치해 크게 키우는 팜이나 제지 플랜테이션들이 주범으로 지목된다. 중소규모 농장도 예외는 아니고, 제지나 팜 경작에 관련된 대기업들도 상당수 연루되어 있다고 보면 된다. 요즘은 위성사진으로 현재 발화지점이 어디에 몇 군데인지까지 비교적 정확히 나온다.

산불 발생과 이로 인한 연무의 이동은 기상 상황의 영향을 많이 받는다. 그러다 보니 산불로 인한 피해 정도가 항상 똑같은 것은 아니다. 한 해 중에서도 건기에 심하고 그중에서도 가뭄이 심할 때나 연무가 바람을 타고 인구가 밀집한 지역을 강타할 때 특히 피해가 심하다. 2015년에는 산불 상황과 이로 인한 연무 피해가 특히 극심했고, 2017년과 2018년에는 좀 잠잠해졌다가 2019년 8월 초 이후 상황이 다시 극도로 악화된 바 있다.

그런데 대기오염의 특성상 오염원과 피해를 가장 많이 보는 지역이 반드시 일치하지 않는다는 점이 갈등의 주요 원인이다. 발화지점은 인도네시아령 수마트라와 보르네오섬에 집중되어 있지만 여기서 발생한 연무는 바람을 타고 인도네시아 도시뿐만 아니라 쿠알라룸푸르를 비롯한 말레이시아 주요 도시와 싱가포르를 강타한다. 물론 인도네시아도 수마트라 지역 3개 주와 보르네오섬(칼리만탄) 3개 주가 연무로 뒤덮여 주민들이 큰 피해를 보지만 인도네시아 정치, 경제, 사회의 중심지라 할 수 있는 자바섬은 상대적으로 연무 피해에서 벗어나 있다. 바람의 방향 때문에 그렇다. 산불과 연무 피해가 컸다고 하는 2015년과 2016년에도 자카르타는 자동차 배기가스와 대기정체 등 자체 원인으로 오염이 발생했지 연무로 인한 오염에서는 비교적 자유로웠다. 지금도 그렇다. 자카르타 및 자바 지역에서 연무 피해는 신문이나 TV를 통해 보고 그런 줄 아는 것이지 피부로 와 닿는 주제는 아니다. 실제 말레이시아에서 공부할 때는 매년 날아오는 연무 때문에 짜증도 나고 관심을 갖지 않으려야 갖지 않을 수 없었지만 막상 자카르타에서 일을 하며 살 때는 직접 연무 때문에 고생을 하지 않다 보니 이 문제에 무관심하게 되었다. 만약 자카르타 인근이 매년 극심한 연기와 안개에 휩싸였다면 이 사태의 전개가 좀 다르지 않았을까 하는 생각이 들기도 한다.

인도네시아에서도 산불과 이로 인한 연무 피해를 방지하기 위해 꾸준히 노력을 기울이기는 한다. 피해가 컸던 2019년에도 정부는 연무 상황이 극도로 좋지 않았던 6개 주에 비상 상황을 선포하고 약 1만 명에 달하는 군경과 소방관, 공무원들을 동원해 발화지점을 포착하고 초기진화를 꾀하는 등 사태 해결을 위해 노력했다.

하지만 말레이시아나 싱가포르같이 피해를 직접 보는 나라들은 만족스럽지가 않다. 인도네시아가 과연 이 산불과 연무 문제를 해결해야겠다는 의지가 있는 것인지, 또 의지가 있더라도 이 문제를 해결할 수 있는 능력이 있는 것인지에 대한 의구심이 크다. 건기에 발생하는 연무 문제는 이미 인도네시아를 넘어 아세안 지역의 역내 문제가 되었지만 뚜렷한 해결책은 나오지 않고 있다. 건기가 시작되는 8~9월이면 연무 문

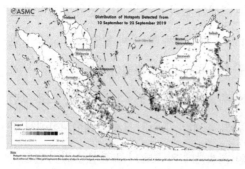

그림 3-14 특정 시점에서 발화지점과 풍향을 나타낸 지도. 대부분의 발화지점이 인도네시아령 칼리만탄과 수마트라에 집중되어 있고, 연기는 바람을 타고 말레이시아와 싱가포르를 향해 가는 것을 알 수 있다[사진: ASMC(아세안 특별 기상센터) 자료]

제가 본격화되기 시작하는데, 지난 2019년에도 말레이시아 신문들은 1면에 각 도시의 대기질 지수와 뿌연 안개에 휩싸인 도시 사진을 올렸다. 대기질이 많이 악화된 날에는 학교도 대부분 문을 닫았다. 20년 이상 끌어온 이 문제를 어떻게 해결할 것인지에 대해 정치권에 근본적 해답을 요구하는 소리도 높고, 인도네시아 측의 책임 있는 행동을 촉구하는 목소리도 나온다.

인도네시아는 곤혹스럽다. 2019년 8월 초 조코 위도도(조코위) 대통령이 싱가포르, 말레이시아를 순방해 공식일정을 소화할 때 극심한 연무가 날아들었다. 싱가포르에서는 인도네시아에서 날아온 짙은 연무 속에서 인도네시아에서 온 대통령을 환영하는 의전이 펼쳐지기도 했다. 본의 아니게 대통령이 인도네시아에서 연무를 끌고 온 듯한 그림이 펼쳐진 것이다.

하지만 인도네시아 내부에서도 계속 미안해하고 해명만 하기에는 지친 모양인지 다른 목소리도 나온다. 말레이시아로 날아드는 연무가 다 인도네시아에서 온 것이 아니고 말레이시아에서 자체 발생한 화재로 인한 것도 있다는 것이다. 또, 설혹 인도네시아에서 발생한 불이라도 그게 다 인도네시아 사람이나 인도네시아 기업이 낸 것이 아니라 인도네시아에서 사업을 영위하는 말레이시아나 싱가포르 기업에 책임이 있는 경우도 많다는 것이 반격의 요지이다.

말레이시아는 적반하장이라는 입장이다. 물론 말레이시아 자체 요인으로 발생하는 연무도 일부 있고 자국기업들도 책임이 있을 수는 있지만 위성사진으로 연무의 주요인이 인도네시아발 화재라는 것은 이미

자명하게 밝혀졌는데 말레이시아 탓을 하며 책임을 회피하는 모양이 못마땅한 것이다. 이 기회에 말레이시아 자국기업들도 강력히 단속하면서도 인도네시아에 문제를 해결해 달라고 요청만 할 것이 아니라 무언가 실질적인 조치를 취할 수 있도록 강제할 방법을 찾아야 한다는 목소리도 높다.

연무는 이제 환경 문제를 넘어서 역내 국가들이 공동으로 해결해야 할 외교적 문제가 되었다. 인도네시아, 말레이시아, 싱가포르가 직접 당사자이기는 하지만 다른 아세안 국가들도 크고 작은 영향을 받는다. 문제 해결을 위해 역내 국가들이 함께 협력해야 한다는 명제에 대해선 대부분 이견이 없다. 하지만 이런 협력의 움직임과는 별개로 무언가 획기적인 해결책이 나오지 않는 한 가뭄이 심한 건기에 발생한 산불 연기와 바람이 말레이시아 주요 도시를 향할 때마다 양국 간 관계는 껄끄러워질 것 같다.

자카르타에도 지하철이!
자카르타 대중교통 훑어보기

자카르타에서 일할 때 차량 홀짝제를 피해 종종 아침에 일찍 출근한 적이 있다. 출근 시간인 8시보다도 한 시간 이상 빠른 7시 전에 사무실에 도착했다. 그런데 그 시간에도 사무실에는 꽤 많은 직원이 나와 있었다. 아침 교통정체를 피해서 새벽같이 출근하는 것이다. 출근해서는 한국 드라마 같은 것을 보기도 하지만 새벽같이 일어나 집을 나선 것이 피곤해 탈의실에 간이 매트리스를 깔고 잠을 청하는 직원도 많다. 집에서 머리를 말릴 시간도 없이 젖은 머리로 출근해 사무실에서 드라이어를 사용해 말리는 직원도 보인다. 매일 고단한 아침이다.

자카르타에서 일하는 사람들은 자카르타에 살기도 하지만 동, 서, 남쪽으로 자카르타를 둘러싸고 있는 위성도시에서 출퇴근하는 경우도 많다. 자카르타를 중심으로 남쪽의 보고르, 데뽁, 서쪽의 땅그랑, 동쪽의 버까시를 묶어 자보데따벡Jabodetabek이라고 하고 여기까지를 보통 자카르타 생활권으로 본다. 이 대★자카르타Greater Jakarta 지역에는 3천만 명이 넘는 사람들이 산다. 우리 사무실만 해도 자카르타를 포함해 이 위성도시에서 출퇴근하는 직원들이 골고루 있었다.

출퇴근 시간은 약 한 시간 정도 걸리는 경우가 많지만 오토바이를 타고 매일 두 시간을 길에서 보내야 하는 직원도 꽤 있었다. 필자가 들은 최장 출퇴근거리는 편도 세 시간이었다. 업무능률이 오를 리 없다. 지각과 결근이 잦은 것도 이해가 되었다. 하루에 그렇게 많은 시간을 길에서 보내고서야 가족과 함께 하는 시간도, 저녁이 있는 삶도, 자기계발도 가능할 것 같지가 않다. 비라도 오면 출퇴근길은 더 힘들어진다. 비가 조금 오면 비옷을 입고 오토바이를 타면 되지만 비가 많이 오면 고가도로 아래 같은 곳에 모여 비가 그치기를 기다리는 라이더들의 무리를 흔히 볼 수 있었다.

자카르타에서 지내면서 현지인들로부터 한국에서는 어디에 살았는지 질문을 많이 받았다. 서울에서 일했고 서울 북서쪽에 있는 도시에서 통근을 했는데, 자카르타로 치면 땅그랑 정도 되는 곳이라고 말하면 금방 이해를 한다. 통근거리는 30km가 넘지만 대중교통망이 잘 갖추어져 있어서 시간이 그렇게 많이 걸리지 않았고, 또 열차에서도 책을 읽는다든지 하면서 시간을 활용할 수 있어서 그렇게 힘들지 않았다는 말을 덧붙일 때도 있었다.

만약 자카르타에서 사무실과 집 간 거리가 30km가 넘었다면 매일 험난한 출퇴근길을 각오해야 했을 것이다. 한국에 살 때는 잘 발달된 대중교통망을 그냥 당연하게 생각했는데 자카르타에서 '교통이 복지'라는 말을 비로소 실감할 수 있었다.

자카르타에도 이용할 수 있는 대중교통수단이 있다. 매일 80만 명 정도가 이용하는 간선버스망 트랜스 자카르타TransJakarta가 있고, 지선은 미니버스가 운행한다(Metromini, Kopaja 등). 택시 외에도 최근 몇 년 사이에는 그랩Grab 같은 온라인 택시와 온라인 오토바이 택시가 교통수단으로 급부상했다. 2019년부터는 도시전철MRT과 경전철LRT 구간들이 일부 개통되기 시작해 선택의 폭이 넓어지기 시작했다. 하지만 자카르타 광역권을 아우르는 교통망은 아직 부족하다. 철도 이용이 가능하기는 하지만 시간이 오래 걸리고 타 교통수단과의 연계성이 부족해 출퇴근 용도로 이용하기에는 아직 많이 불편하다. 요금도 자카르타와 인근 도시 시민들의 소득 수준을 생각하면 아직 다소 부담스럽다.

자카르타 도시전철MRT 첫 구간이 완공되어 2019년 3월부터 운행을 개시한 것은 큰 전환점이다. MRT에 대한 논의는 35년 전인 1985년부터 시작되었다. 여러 이유로 미뤄지고 타당성 조사도 20번을 넘게 하고 나서야 비로소 2014년에 첫 삽을 떠서 5년 만에 완공을 한 것이다. 첫 구간은 남북노선 중 남南자카르타와 시내 중심부를 잇는 20km, 13개 정거장 노선이며, 이후 2025년과 2026년에 남북라인 잔여 구간 완공이 예정되어 있다. 그다음엔 동서를 가로지르는 노선도 남북노선처럼 단계적으로 확충한다는 계획이다. 다만 코로나-19로 인해 사업추진에 차질이 빚어지고 있는 모양이어서 후속 노선 운행 일정은 뒤로 밀릴 가능성도 크다. 현재 개통된 자카르타 MRT는 코로나-19로 인한 이동제한 이전 기준으로 일일 약 10만 명 정도의 승객이 이용했다. 천만 명에 이르는 자카르타 인구를 생각하면 이용자가 많지는 않다. 아직 이용할 수 있는 구간이 제한적이기 때문이다. 노선이 확장되면 이용객은 늘어날 것으로 보인다. 자카르타와 인근 도시들을 연결할 자카르타 광역권 경전철망LRT도 건설 중이다. 운행이 개시되면 장거리 통근자들의 출퇴근길도 훨씬 수월해질 것이다.

하지만 만들어 놓는다고 다는 아니다. 새로이 구축되고 있는 교통수단들이 제 역할을 하려면 일반 철도서비스와 도시전철, 경전철, 도시 내 광역버스와 미니버스망이 유기적으로 통합된 통합교통망 설계가 필요할 것으로 보인다. 실제 2019년 12월 상업운행을 시작한 자카르타 경전철(LRT)은 코로나-19 이전 기준으로 일일 이용자가 4천 명 수준에 그쳐 고민이 깊었다. 총길이가 5.8km에 불과하고 오토바이 택시 등과 비교해서 경쟁력이 떨어지기 때문이라는 분석이다. 오토바이는 불편하고 위험하지만 출발지에서 목적지를 도어 투 도어Door to Door로 연결할 수 있다는 장점이 있다. 대중교통망도 보행공간도 부족한 자카르타에서는 효과적인 교통수단이다. 오토바이 택시와 경쟁하기 위해서는 철도와 버스를 하나로 묶는 통합 대중교통망 구축이 필요하다. 전철역에 오토바이를 가지고 와서 오토바이는 세워두고 전철을 타는 파크 앤 라이드Park & Ride가 가능하도록 주차공간도 충분히 확충하는 등의 전략도 뒤따라야 한다.

속도와 방향이 문제겠지만 자카르타 대중교통망은 앞으로 점점 촘촘해져 갈 것이다. 출퇴근길은 수월해지고 삶의 질도 제고될 것이다. 지금까지 워낙 대중교통망이 부족했던 만큼 체감하는 변화의 폭은 클 수밖에 없다. 자카르타에서는 교통이야말로 정부와 지자체가 공공투자를 통해 시민에게 제공할 수 있는 가장 큰 복지의 하나이다.

따라서 우리 기업 진출 가능성도 생각해 볼 수 있다. 이미 한국회사가 광역버스망 트랜스 자카르타 일부 노선에 버스 차량을 공급한 적이 있고, 자카르타 경전철 1단계 노선에도 우리 기업이 철도차량을 납품했다. 우리의 경험을 전수하는 것도 가능하다. 국가철도공단은 1단계에 이어 2단계 자카르타 경전철사업 관리용역도 수주했다. 개별 프로젝트를 넘어 세계적 수준의 대중교통망을 갖추고 광역망까지 추진하고 있는 우리나라 도시의 사례를 통합교통망에 대한 벤치마크로 제공하는 방안도 생각해 볼 만하다.

인도네사 알쓸유有잡

자카르타에서 택시 타기

인도네시아 택시산업은 온라인 택시(그랩 등)의 등장으로 최근 큰 변화를 겪었다. 택시기사들이 온라인 택시 영업 금지를 요구하며 시위를 하기도 했다.

온라인 택시 타기는 어렵지 않다. 현지 교민과 주재원들도 자주 이용한다. 다른 회사 사례를 보면 업무 때문에 온 단기 출장자들도 큰 어려움 없이 이용한다. 그래도 플랫폼 회사에서 기사들을 다 제대로 검증하고 교육하는 것도 아니고 해서 신문을 보면 가끔 불미스러운 사건이 발생하기도 한다. 또, 차량공유라는 본래의 취지와는 달리 영업차량이 훨씬 많기 때문에 더 많은 돈을 벌어야 하는 기사들이 부당하고 당황스러운 요구를 하기도 한다.

그래서 때로는 일반택시를 타는 것이 더 무난한 선택일 수 있다. 호텔이나 쇼핑몰이나 고층건물, 공항, 역, 고급 아파트 등에는 보통 택시들이 줄을 서 있다. 도어맨이나 경비원에게 택시를 불러 달라고 하면 불러준다. 택시회사는 여러 군데가 있지만 푸른색의 '블루버드Blue Bird'나 하얀색의 '익스프레스Express' 정도만 타는 외국인들도 많다. 블루버드만 고집하기도 한다. 이를 아는 도어맨이나 경비원 중에는 대기차량 중 블루버드가 없으면 익스프레스도 괜찮냐고 의사를 묻기도 한다. 택시회사 중에는 블루버드나 익스프레스와 비슷한 색상과 디자인으로 택시를 꾸미는 경우도 있어서 타고 나서 다른 회사 택시임을 알게 되는 경우도 많다.

우리나라도 유럽 등에 비해서는 택시요금이 싼 편이지만 인도네시아는 더 싸다. 크게 부담이 없는 수준이다. 따라서 일반택시는 대기 줄이 긴데 옆에 고급택시는 놀고 있으면 과감하게 고급택시를 타 보자. 블루버드의 상위버전은 검은색의 '실버버드Silver Bird'이며 차종은 주로 메르세데스-벤츠 시리즈이다. 차내 공간과 짐 싣는 공간도 훨씬 넓다. 몇 년 전에 공항에서 시내 숙소까지 실버버드를 타고 와보니 요금이 한화로 약 2만 원도 나오지 않았다. 지금 검색해 봐도 3만 원 미만이다. 자카르타가 차가 많이 막히기도 하고 시간-거리 병산을 하기는 하지만 차가 막힌다고 우리나라처럼 요금이 쭉쭉 올라가지는 않으니 너무 걱정하지 않아도 좋다.

앱을 이용해 택시를 부르거나 차량을 정해진 시간에 오도록 예약할 수도 있다. 공항에 가거나 할 때 앱에서 '밴'을 선택해 호출하면 트렁크가 커서 짐을 싣기 편하다. 요금은 같다.

자카르타에 택시는 많고 보통은 한가로이 대기하는 긴 택시 줄도 항상 볼 수 있지만 출퇴근 시간이나 무슨 이벤트가 있을 경우 그렇게 많던 택시가 잘 안 보이고 잘 잡히지도 않는다. 호출도 안 된다. 이런 시간에는 온라인 택시도 부르기 어려우므로 다른 이동수단을 미리 마련해 두고 길을 나서야 한다.

그림 3-15 블루버드 택시, 일반형(왼쪽)과 실버버드 택시, 고급형(오른쪽)

인도네시아의 먹고사는 문제

처음 인도네시아에 대해 알아가던 20여 년 전만 해도 인도네시아가 다른 건 몰라도 먹고사는 데는 문제가 없을 줄 알았다. 겨울이 없으니 벼농사도 3모작은 할 거고, 나무에 열리는 과일만 따 먹어도 굶지는 않을 것이라고 생각했던 것이다. 그런 생각을 한 것이 필자 혼자만은 아니었던 모양이다. 인도네시아에서 식량자급을 이루는 일이 큰 숙제였다고 하면 놀라는 사람들이 많다.

인도네시아는 기후만 놓고 보면 3모작이 가능하지만 현실은 농업용수와 비료가 부족해 평균적으로 2모작도 쉽지 않다. 농기계도 많이 부족하다. 마트에 가면 채소와 과일은 뜻밖에도 수입산이 많고 값도 비싸다. 재래시장을 가도 가격이 생각만큼 많이 싸지 않다. 채소와 과일, 해산물이 산지에서는 공급이 풍부하다 해도 유통망이 잘 갖추어지지 않아 최종 소비지에서는 공급이 부족하고 값이 비쌀 때가 많다.

2억 7천만이 넘는 인구를 부양하는 일은 그렇게 간단하지 않다. 인도네시아에서 먹고사는 문제가 아직도 완전히 해결되지 않은 현재진행형임을 나타내는 몇 가지 자료가 최근 나왔다. 아시아 개발은행ADB 발표[51]에 따르면 2016년부터 2018년 사이 3년간 인도네시아에서 약 2천 2백만 명이 만성적인 식량부족을 겪었다고 한다. 인도네시아에서 자체적으로 내놓는 결과도 비슷하다. 통계청BPS 조사에 따르면 총인구 중 약 7.95%가 식량부족을 겪고 있으며[52], 농업부에서는 현시점에서 88개의 시와 군 단위에서 식량부족 우려가 있다고 파악하고 있다.[53]

EIU Economist Intelligence Unit 에서 발표하는 2019년 국제 식량안보지수GFSI에서 인도네시아는 113개국 중 62위를 기록해 인도(72위), 필리핀(64위), 스리랑카(66위) 등에 비해서는 식량사정이 양호하지만 말레이시아(28위), 태국(52위), 베트남(54위) 등 역내 이웃 국가들에 비해선 상황이 좋지 않은 것으로 나왔다(우리나라는 29위이다).

성과가 없지는 않다. 부분적으로 식량부족 현상이 발생하고는 있으나 주식인 쌀을 기준으로는 자급을 이루어 냈다. 2019년 인도네시아의 쌀 생산량은 3천 1백만 톤을 넘는데, 수요는 3천만 톤을 밑돌아 약 1백 71만 톤의 잉여를 기록한 것으로 추산되고 있다. 조코위 대통령 1기 정부(2014-2019) 출범 시 주요 국정목표 중 하나가 식량자급 달성이었음을 생각하면 의미 있는 성과이다.

식량자급을 이루기 위한 정부와 민간의 노력도 있었다. 풍작이 들었을 때 쌀을 수매해 저장해 두었다가 작황이 좋지 않을 때 이를 풀어 쌀 가격도 안정화하면서 쌀 수입량도 최소화하는 전략도 효과를 냈다. 자

그림 3-16 쌀은 인도네시아에서 가장 중요한 식량자원이다. 밥에 반찬을 먹는 것은 인도네시아에서 가장 기본이 되는 식사 방법이다

카르타 근무 시 담당하던 현지기업 중 하나는 에너지를 주력 업종으로 하는 곳이었는데 대출 상담 중 인도네시아 영토인 서파푸아 지역에 대규모 벼농사사업을 진행한다는 이야기를 들려주었다. 들어 보니 식량자급 목표를 이루고자 하는 정부의 비공식적 요청이 있었다는 것이다. 에너지기업의 경영이 정부 정책이나 허가에 많이 좌우되는 것을 감안할 때 이 기업이 정부의 요청을 듣고 주력업종과 거리가 먼 농업에 뛰어든 결정이 이해가 가기도 했다. 그냥 벼농사가 아니라 5,000헥타르의 면적을 100여 명이 현대식으로 관리하는 대규모 영농이다.

하지만 식량, 특히 주식인 쌀 자급을 우선하는 정책이 항상 환영을 받는 것은 아니다. 사실 농업 기반이 잘 갖추어진 나라를 제외하고는 식량을 자급할 수 있는 나라는 많지 않다. 식량 대외 의존도가 너무 높지 않다면 일부는 수입해도 좋을 것인데, 쌀 100% 자급 목표 달성이라는 정치적 수사를 위해 정부가 너무 무리한 정책을 펴고 있다는 비판의 목소리도 있다. 구체적으로는 쌀 수입량을 조금 늘려 시장에 풀고 유통망만 잘 정비해도 식량 가격이 하락해 도시 노동자들이 혜택을 볼 수 있을 텐데 무리한 쌀 자급 정책으로 도시민들이 피해를 보고 있다는 분석이다. 또, 쌀 자급을 위한 대규모 농지사업이 대부분 생산성이 높지 않았다는 비판의 목소리도 있다. 대규모 식량기지사업이 성공을 거둔 역사가 없다는 것이다.

그럼에도 조코위 2기 정부는 칼리만탄 중부와 수마트라 서부에 또다시 대규모 식량 생산 기지를 조성한다는 계획을 세워 실행에 옮기고 있다. 2020년 중반 조코위 대통령이 칼리만탄 중부에 소재한 후보지를 방문할 때는 쁘라보워 국방부 장관이 동행했다. 자연스럽게 대통령이 국방부 장관에게 이 프로젝트에서 중요한 임무를 맡길 것이라는 추측이 나왔다. 국방부 장관과 식량공급이 무슨 관계가 있느냐는 반응도 만만치 않다. 아마도 식량자급이 곧 식량안보이며, 국가안보와도 직결된다는 것이 정부와 대통령의 인식이라는 메시지일 것이다.

새로운 식량 생산 기지에는 쌀뿐만 아니라 카사바나 옥수수 같은 대용 작물도 집중적으로 심는다고 한다. 왜 카사바냐는 질문에 쁘라보워 국방부 장관은 인도네시아 사람들이 국수를 좋아하는데 카사바 전분인 타피오카가 훌륭한 국수 원료가 되기 때문이라는 대답을 하기도 했다. 인도네시아 정부는 전체 식량 소비 중 쌀에 대한 의존도를 줄이려는 노력도 지속 중이다. 쌀 소비량 감소 목표치를 세워 식량 다변화를 촉진하겠다는 방침을 보니 70~80년대 우리나라에서 쌀 의존도를 줄이기 위해 혼분식을 장려하고 학교에서 잡곡밥을 싸오라며 도시락 검사를 하던 일이 생각난다.

물, 비료, 농기계 부족 등으로 생산성이 좋지 않은데도 쌀 자급이 될 정도이니 여기서 생산성을 높이면 상황은 더 좋아질 수 있다. 인도네시아에서 물부족현상은 고질적이다. 우기에는 비가 많이 오고 홍수가 나지만 관리가 안 되어 다 흘러가 버리고 건기에는 오히려 물이 부족하다. 이런 물부족현상 타개를 위해 저수지와 보, 다목적댐 건설 등 관개시설 확충 노력도 지속되고 있다. 적절한 비료 사용을 통해 올릴 수 있는 생산성 잠재력도 크다. 한국에서 제철소 고로에서 나오는 규산질 슬래그를 가지고 비료를 제조한 경험을 가진 한 기업이 규산질 비료를 시험 생산해 현지 농업대학과 실험해 본 결과 토질과 재배종에 따라 증산효과가 40%에 이르는 경우도 있었다고 한다. 사실 원체 비료가 부족해 이런 신소재 비료가 아니어도 일반 비료 사용량만 늘려도 생산량은 증가한다. 그래서 정부는 농가에 비료 보조금을 지급해 비료 사용량을 늘린다.

식사에서 밥이 중요한 인도네시아에서 방법에 대한 논란에도 불구하고 쌀 자급은 어느 정도 이루어졌다. 이제 소득증가에 따라 단백질 섭취도 늘어나기 시작하며 단백질 공급도 이슈가 되기 시작했다.

인도네시아 육류 소비량은 세계 평균뿐 아니라 인근 나라와 비교해도 그렇게 많지 않다. OECD 자료를 재인용한 결과[54]에 따르면 2019년 기준으로 인도네시아 사람들은 1년에 1명당 가금류 7.6kg, 소고기 2.0kg, 돼지고기 1.0kg, 양고기 0.4kg을 각각 소비한다. 이 중 소고기 소비량을 다른 나라와 비교하면 1인당 2kg인 소비량은 OECD 국가 평균 14.6kg이나 세계 평균 6.4kg은 물론이고, 인근 아세안 국가인 말레이시아의 5.3kg, 필리핀의 3.1kg에도 크게 못 미친다. 종교적 이유 등으로 소고기 소비량이 적은 것으로 보이는 태국(1.3kg)만 간신히 제칠 뿐이다.

종교적 이유로 돼지고기 섭취가 많지 않고 소득 수준에 비해 소고기는 아직 비싼 인도네시아에서 가장 손쉽게 접근 가능한 단백질원은 닭고기와 달걀이다. 하지만 인도네시아의 연간 1인당 닭고기 소비량이 식문화가 가장 유사한 말레이시아의 닭고기 소비량의 1/6 정도 수준에 불과[55]한 것을 볼 때 인도네시아의 닭고기 소비량은 잠재 소비량에 아직도 크게 못 미치는 수준이라는 분석이 가능하다. 달걀 소비량도 인도네시아가 1인당 연간 5~6kg에 그치는 데 반해 말레이시아는 20kg 가까이에 이르러 차이가 크다. 현재 소비량이 잠재 소비량에 미치지 못하기에 앞으로 소득이 오르면 소비량이 가파르게 오를 가능성도 크다. 실제 인구가 집중되어 있는 자바섬과 수마트라섬 일부 도시 인근을 중심으로 양계장과 종계장, 부화장 등의 건설도 이어지고 있다. 한국에서 양계 및 사료 제조 등을 영위하는 기업들도 인도네시아에 현지 법인을 설립하고 현지 시장을 공략하기 시작한지 오래되었다.

2억 7천만이 넘는 사람들을 굶주림 없이 먹여 살리겠다는 꿈은 이제 거의 이루어지고 있다. 이제 생활 수준이 올라가면서 이 많은 사람이 더 영양가가 높으면서 질 좋은 음식을 찾기 시작할 것이다. 인도네시아의 먹고사는 문제는 이제 새로운 단계로 접어들고 있다. 여기서 찾을 수 있는 새로운 기회도 있을 것이다.

44 Midori 촬영, Sambal untuk ikan bakar

45 baca(읽다), bahagia(행복하다), bahasa(언어), cahaya(빛), cerita(이야기), dewa/dewi(신/여신), dosa(죄), guru(스승), istri(아내), jiwa(영), kepala(머리), lagu(노래), madu(꿀), maha(큰) 같이 인도네시아어의 기본 어휘를 이루는 많은 단어들이 산스크리트어에 뿌리를 두고 있다.

46 Malaikat(천사), mahkamah(법원), hukum(법), hakim(재판관), salat(기도), wajib(의무), adil(공정하다), akhirat(내세), batal(취소하다), doa(기도), kotbah(설교), paham(이해하다), filsafat(철학) 같은 단어들이 아랍어에 뿌리를 두고 있는 인도네시아 어휘이다. 발음과 뜻은 원래 아랍어 단어의 발음과 뜻에서 달라지기도 한다.

47 말레이시아어로 요일은 ahad(일), isnin(월), selasa(화), rabu(수), khamis(목), jumaat(금), sabtu(토)로 아랍어에서 예배일이 있는 금요일을 제외하고는 1에서 7까지의 숫자에서 따온 요일 이름을 따른다. 인도네시아어는 minggu(일), senin(월), selasa(화), rabu(수), kamis(목), jumat(금), sabtu(토)로 일요일이 포르투갈어에서 온 hari minggu이며, 형태나 발음에서 말레이시아어가 인도네시아어보다 더 아랍어에 가깝다.

48 왼쪽부터 Gary Stevens, Telur(egg) balado : Midori, Udang(prawn) balado

49 https://www.cnnindonesia.com/tag/video/rekomendasi-drama-korea(2020년 11월 접속 기준)

50 김윤지, 『박스오피스 경제학』, 어크로스, 2016, 77~84쪽

51 Increased investments, targeted policies necessary for food security in Indonesia, Asian Development Bank & International Food Policy Research Institute, 2019.9.29

52 Kontan, BPS sebut 7.95% masyarakat Indonesia rawan pangan(BPS가 인도네시아 국민 중 7.95%가 식량부족을 겪고 있다고 언급), 2019.11.7자, https://nasional.kontan.

co.id/news/bps-sebut-795-masyarakat-indonesia-rawan-pangan

53 CNBC Indonesia, 88 Kabupaten di Indonesia Rentan Rawan Pangan(인도네시아 88개 군이 식량 부족에 취약), 2019.10.30자, https://www.cnnindonesia.com/ekonomi/20191030124035-92-444090/88-kabupaten-di-indonesia-rentan-rawan-pangan

54 Tirto, Hewan Kurban dan Rendahnya Konsumsi Daging di Indonesia(희생제 동물과 인도네시아의 저조한 육류 소비), 2020.7.30자, https://tirto.id/hewan-kurban-dan-rendahnya-konsumsi-daging-di-indonesia-fUm8

55 Antara News, World poultry producers eye Indonesia's vast market, 2019.11.13자 https://en.antaranews.com/news/136511/worlds-poultry-producers-eye-indonesias-vast-market

비즈니스
인도네시아

Business Indonesia

달러 함부로 빌렸다간 큰일 난다,
인도네시아 사업가의 리스크 관리 방법

인도네시아 법인에서 대출업무를 하던 2015년 당시 우리 회사가 제시하던 미 달러화와 인도네시아 루피아화 대출금리는 약 6~7%p 정도 차이가 났다. 글로벌 저금리 기조 속에 달러금리는 낮고, 루피아 대출금리는 연 10%가 넘는 상황이었다. 나중에 금리 차이가 좀 좁혀지긴 했지만 루피아화 대비 달러화 명목 대출금리가 눈에 띄게 낮은 현상은 한동안 계속되었다.

이 와중에 한국계 기업들과 현지기업들이 대출 의사결정에서 금리와 환율을 대하는 자세는 사뭇 달랐다. 한국계 기업은 외화 수입收入이 있어 외화 대출이 가능한 경우는 물론이고 그렇지 않아 원칙상 달러화 대출이 어려운 경우에도 대부분 달러화 대출을 원했다. 명목금리가 낮기 때문이다. 이해가 가는 측면이 있다. 수익성이 웬만큼 높은 사업이 아니고서야 루피아화로 대출을 받아 연 10% 이상 이자를 내는 것은 부담으로 느껴질 수밖에 없다.

그런데 현지기업 경영자들은 외화 대출을 받을 요건이 되는 경우에도 루피아화 대출을 선호하는 경우가 많았다. 현지화 대출을 당연하게 생각하는 분위기마저 느껴졌다. 수입의 대부분이 현지화로 발생하는 경우 부채도 현지화로 가져가는 것이 리스크 관리 차원에서 바람직한 결정이기는 하다. 그래도 한 번 물어보았다. 금리 차가 이렇게 크고 이자비용으로 연 10% 이상을 내야 하는데도 괜찮은지 말이다. 대부분 괜찮다고 답했다. 인도네시아에서 사업을 하면서 수입이 현지 통화로 발생하는 상황에서 외화 부채를 내서 불필요한 외환가치변동 위험을 감수하기보다는 환율로 인한 변동성을 줄여서 이익규모를 안정적으로 가져가는 것이 더 중요하다는 생각이다.

신선했다. 불필요한 위험을 회피하고 안정적인 이익을 확보하기 위해 연 10%가 넘는 이자비용을 기꺼이 감수하려 하다니! 위험 관리 차원에서는 교과서같이 바람직한 자세이지만 현실은 그렇지 않은 경우가 많기 때문이다. 십 년도 더 된 이야기이지만 국내에서는 일본 엔화표시 자산이나 수입이 없는 기업들이 금리가 낮다는 이유로 엔화 대출을 받았다가 엔화가 강세로 전환해 어려움을 겪었던 일도 있다. 엔화 가치 상승분이 저금리로 인한 절약분을 훨씬 상회했던 것이다. 심지어는 일본 사업과는 전혀 관계없는 병·의원 경영자들이 엔화 대출을 받아 의료장비 등을 구입했다가 원화표시로 갚아야 할 금액이 뛰어 곤란해진 일도 있었다.

외화 수입이 없는데도 외화 대출을 강력하게 원하는 경우를 보면 대출 기간 동안 환율이 어느 정도 예상을 크게 뛰어넘지 않는 수준에서 변할 것이라는 기대가 깔려 있다. 이런 기대는 달러화와 루피아화 사이의 환율을 꽤 오랜 기간 동안 관찰하면서 형성되었을 것이다. 반대로 현지 기업인들은 대출 의사결정을 할 때 환율변동에 대한 베팅 자체를 하지 않으려고 하는 경우가 많았다. 현지기업인들은 오랜 기간 동안의 경험을 통해서 인도네시아 루피아화 환율이 예측과는 매우 다른 방향으로 움직일 수 있다는 것을 체득한 것 같았다.

인도네시아 경제사를 보면 크고 작은 위기의 연속이다. 1998년 외환위기가 가장 먼저 떠오르지만 이게 다가 아니다. 정치적 격변이 있던 1965년 즈음은 경제적으로도 격변의 시기였다. 잘 살펴보면 정치적 혼란과 리더십 부재가 경제위기를 가져오고, 경제적 격변이 다시 정치적 격변을 촉발하는 사이클도 볼 수 있다. 재정적자가 눈덩이처럼 불어나며 통화공급량은 폭증했고, 1962년 174%를 기록하던 물가상승률은 1965년에는 594%, 1966년에는 635%까지 치솟았다. 화폐가치는 급락해 급기야 1965년에는 리디노미네이션까지 단행해야 했다. 이후에도 인도네시아 경제를 보면 식량위기, 국영기업체와 금융기관의 경영위기 등 위기가 없던 해를 찾아보기 어려울 정도이다. 1990년대 말 금융위기 때는 2,500루피아/달러 수준이던 환율이 17,000루피아/달러 대를 찍고 이후 달러당 9,000~11,000루피아 범위에서 안정되기도 했다.[56] 지금도 인도네시아 경제는 변동성이 크지만 외환위기 이전과 비교하면 오히려 안정적인 편이라고 할 수 있다.

표 4-1 1965년 전후 통화량과 물가상승률. 〈Ekonomi Indonesia Dalam Lintasan Sejarah, Boediono〉에서 재인용

연도	상승률(%)	
	통화량	물가
1950–1957(연평균)	25	14
1958	55	18
1959	19	13
1960	37	20
1961	41	156
1962	101	129
1963	94	135
1964	161	445
1965	255	592
1966	255	635

인도네시아에서 터를 잡고 오랫동안 사업을 한 현지기업인에게는 이 위기의 순간들을 헤쳐 나온 기억이 있는 것 같다. 예상을 뛰어넘는 최악의 순간을 수도 없이 뚫고 나오면서 언제든 또다시 최악의 순간이 닥쳐올 수 있다고 생각하고 이를 대비하는 것이다.

물론 인도네시아에서 사업을 영위하는 우리 기업인들도 위기에 대비한다. 하지만 때로는 우리가 생각하는 '위기'와 '최악'이 인도네시아 기업인들이 생각하는 '위기'와 '최악'에 미치지 못할 때가 있다는 생각이 들기도 한다. 우리도 외환위기 때 환율 폭등을 경험했지만 인도네시아처럼 700% 가까운 상승은 아니었다. 그러다 보니 인도네시아 기업인들

은 때로는 지나치다 싶을 정도로 최악의 상황을 상정한다. 2015년 중반에는 달러화 대비 루피아 환율이 상승해 달러당 14,000루피아를 상향 돌파한 적이 있었다. 당시 화교 사업가들을 중심으로는 환율이 17,000루피아를 넘을 수도 있으며 심리적 저지선이 무너지면 20,000루피아에 육박할 수도 있다는 이야기도 심심치 않게 나왔다. 뚜껑을 열어보니 연말 환율은 오히려 13,000루피아/달러 수준 아래로 떨어지며 안정세를 보였다. 보통 이런 식이다. 시간이 지나고 보면 그땐 왜 그렇게 호들갑이었을까 싶을 정도로 당시에는 비관적인 전망이 쏟아진다. 이런 극도의 비관적 전망은 실현되지 않는 경우가 더 많다. 그런데 비슷한 상황이 닥치면 또 똑같을 것이다. 항상 최악의 상황이 닥칠 수 있다고 생각하고 이에 대비하는 것이다.

그림 4-1 루피아/달러 환율 추이. Bank Indonesia 고시환율(JISDOR) 2013년 12월~2020년 11월

아마도 이런 자세는 변동성이 매우 컸던 환경 속에 기업을 경영하며 자연스럽게 형성된 유전자 같은 것이 아닌가 싶다. 불필요한 위험을 지지 않음으로써 경영과 관련한 변수는 최소화하고, 사업에 필수적인 위험을 관리하는 데 역량을 집중하겠다는 자세이다.

위험에 대해 좀 과하다 싶을 정도로 대처하는 경향은 환율이나 상품 가격 같은 경제적 변수의 변동 위험에 국한되지 않는다. 정치나 사회적 위험에 대해서도 대처는 비슷하다. 2016년 말 인도네시아 정국은 격랑에 휘말렸다. 신성모독을 이유로 자카르타 주지사 아혹(바수키 짜하야 푸르나마)을 처벌하라는 군중집회가 연일 이어졌다. 많은 인도네시아인들, 특히 중국계 인도네시아인들은 이 군중집회가 소요사태로 번지지 않을까 우려했다. 우리 회사를 비롯해 다른 사무실에서도 중국계 인도네시아인 직원들은 아예 휴가를 내고 회사에 나오지 않는 경우도 많았다. 우려와 달리 뉴스를 보니 12월 2일 인도네시아 여러 도시에서 동시에 열렸던 집회는 생각보다 평화롭게 진행되었다. 오히려 주최 측은 질서를 강조했다. 시위대가 집회에서 발생한 쓰레기를 줍는 캠페인까지 벌여서 몇몇 지방 도시에서는 집회를 마친 도로가 평소보다 더 깨끗해지기도 했다. 경찰과의 충돌도 거의 발생하지 않았다. 시위가 좀 싱겁게 끝나서 1998년 폭동의 재판을 우려했던 것이 너무 과한 걱정이 아니었을까 하는 생각이 들기도 했다.

집회 다음 날인 수말 아침에는 현지 친구들과 운동 약속이 있었는데, 아침에 일어나 보니 현지 회사에서 일하는 중국계 친구가 보낸 메시지가 와 있었다. 집회 이후 밤과 새벽에 걸쳐 의회DPR 건물 주변과 중국계 주거 지역에서 소규모의 소요가 있었는데 아무래도 불안해 가족과 함께 있어야 할 것 같아 약속에 올 수 없을 것 같다는 내용이었다. 가만히 생각해 보니 필자와 나이가 비슷했던 그 친구는 20대 초반에 자카르타에서 1998년 폭동을 정면으로 겪어냈을 것 같았다. 수천 명의 중국계 주민들이 목숨을 잃고, 더 많은 사람이 두려움 속에서 여러 모양의 폭력과 마주했던 그 사건을 겪은 사람들은 대규모 집회가 예기치 못한 방향으로 흐를지도 모를 가능성이 조금이라도 있다면 그 작은 가능성을 무시할 수 없었을 것이다. 그래서 이런 일이 있을 때마다 그들은 매번 휴가를 내고, 모든 약속과 계획을 다 취소하고 가족과 집에 있는다. 대부분의 경우에는 아무 일도 일어나지 않지만 다음에 비슷한 일이 생기면 이들은 또 똑같이 대처한다. 항상 최악의 상황을 상정하고 대비하는 것이다. 인도네시아에서는 비경제적 위험(리스크)도 우리나라나 다른 선진국보다 훨씬 크다. 인도네시아 사람들도 그렇게 대처한다. 하물며 외국인인 우리는 대비가 더 잘 되어 있어야 한다.

2019년에는 무역전쟁 등으로 인한 글로벌 경제 위기 가능성이 거론되더니 2020년에는 코로나-19발 경기침체가 현실화되었다. 글로벌 경기 변동에 따라 인도네시아 경제도 크게 영향을 받고 있다. 코로나-19 이전 기준으로는 몇 년간 환율도 다소 느슨한 박스권에서 안정세를 보였고, 경제성장률도 5% 내외에서, 최저임금 상승률도 8%를 조금 넘는 수준에서 일정하게 움직였다. 그러다 보면 앞으로도 여러 경제적, 비경제적 변수들이 어느 정도 예측이 가능한 범위에서 움직이지 않을까 하는 생각이 들기도 한다. 그런데 이런 생각은 희망사항이다. 코로나-19

같이 세계를 뒤흔드는 돌발변수에 인도네시아는 그 변수 자체에 대해서도 또 이로 인한 경제적 영향에 있어서도 다른 곳보다 더 취약한 모습을 보였다. 인도네시아는 사업에 따른 기회도 많지만 위험도 큰 곳이다. 오랫동안 인도네시아에서 살고 또 사업을 하며 산전수전 다 겪은 현지 사업가들이 위험을 어떻게 대하는지를 보며 현지에서 위험 관리를 어떻게 할지 실마리를 얻을 수도 있을 것 같다.

문화를 뛰어넘어 장사하기가
어려운 이유

말레이시아에 있을 때 **빠꾸떼**Bak Kut Teh, 肉骨茶
를 가끔씩 먹었다. 빠꾸떼는 주로 말레이시아와 싱가포르로 이주한 중
국 이민자들이 소개한 음식으로 돼지고기 살코기나 부속을 약재 같은
국물에 푹 끓여서 만든다. 밥이나 채소볶음과 함께 먹으면 맛있다. 부모
님도 모시고 간 적이 있는데 큰 어려움 없이 맛있게 드셨다. 교민들도
좋아하고 한국 사람 입맛에 잘 맞는 것 같다. 싱가포르에 여행을 가면
꼭 먹어 봐야 할 음식에도 빠꾸떼 식당이 빠지지 않고 소개되어 있다.

전해 들은 이야기로는 말레이시아 교민 중에서 한국에 이 빠꾸떼 식
당을 열어보면 어떨까 하고 생각한 사람이 있었던 모양이다. 괜찮은 생
각인 것 같았다. 잘 끓인 빠꾸떼는 한국 사람 입맛에 꽤 잘 맞는다. 하지
만 이분은 시장조사도 해 보고 지인들에게 맛도 보여줬지만 결국 그 식
당을 열지 않기로 한 모양이다. 한국에는 순댓국도 있고, 돼지국밥도 있

고, 내장탕, 도가니탕 등 빠꾸떼 대신 먹을 수 있는 음식이 많아서 빠꾸떼 식당이 잘 안 될 것 같다는 결론이었던 듯하다. 그것도 듣고 보니 그랬다. 외국에서야 다른 한국 음식이 많지 않으니 빠꾸떼를 즐겨 먹기도 하고, 또 여행을 와서는 별미로 한두 번 먹을 수 있겠지만 필자부터도 한국에서라면 한약재 향이 짙은 빠꾸떼를 순댓국처럼 일상적으로 먹을 수 있을지 자신할 수 없었다.

외국으로 여행을 가거나 나가 살면서 맛있는 걸 먹거나 좋은 걸 보면 이런 생각이 들 때가 많다. 이거 가지고 한국에 들어가면 장사가 되지 않을까? 대만에서 펄 음료 아이템을 들여와서 성공을 거둔 프랜차이즈의 예처럼 대박을 치는 경우도 있다. 반대로 어떤 아이템은 처음에는 인기를 끌어 여러 개의 프랜차이즈가 생기고 골목마다 점포가 생기는 것 같다가 어느 순간 사라지기도 한다. 굳이 구체적인 아이템이나 프랜차이즈 이름을 들지 않더라도 떠오르는 품목이 있을 것이다.

말레이시아에 있을 때 많이 보았던 커피번 같은 것도 그렇다. 무슨무슨 로띠 하는 점포가 많이 생기고 커피번 굽는 향긋한 냄새로 상가를 뒤덮고 하더니 지금은 많이 사라져서 찾아보기가 어렵다. 처음 먹어 보면 맛있고 신기해서 찾게 되지만 그걸 꾸준히 습관처럼 오래 소비하기란 또 쉽지가 않다. 말레이시아에 가서 처음 마셔본 믹스 화이트 커피도 그랬다. 향이 짙고 맛있어서 필자도 많이 마시고 한국에 다니러 올 때도 가족에게 나눠주기 위해 몇 봉지를 사 왔지만 막상 가지고 오니 인기가 없었다. 정작 필자부터도 몇 개월 뒤에는 물려서 잘 마시지 않게 되었다. 처음 몇 주는 맛있지만 오래 마시기에는 부담스러웠다. 사람 입맛이 그렇다. 한국에서 몇십 년 동안이나 꾸준히 팔리는 믹스 커피 제품들은 다 이유가 있어서 그렇게 팔리는 것이다. 말레이시아를 왕래하던 분 중에 화이트 커피를 기반으로 한 말레이시아 인기 카페 프랜차이즈를 한국에 들여오려고 본사와 교섭을 하던 분도 있다고 들었는데, 이게 들어왔으면 어땠을지도 궁금하다.

반대의 경우도 있다. 한국에서 오랫동안 꾸준히 잘 팔리고 외국에서 온 손님들에게도 반응이 좋은 품목을 보면 이걸 나라 밖으로 가져가 보면 어떨까 하는 생각이 드는 것이 당연하다. 요즘에는 한류의 영향으로 한국에서 잘 팔리는 아이템이 동남아시아 등지에서도 실시간으로 화제를 불러일으키는 경우가 많아 더욱 그렇다. 얼마 전에 보니 한국에서 달고나 커피가 인기를 끌자마자 인도네시아 신문에서 달고나 커피에 대한 기사가 실리는 것을 볼 수 있었다. 한국에서 화제가 되는 품목은 인도네시아에서도 화제가 된다. 그렇게 가져간 품목들이 실제 대박을 치는 경우도 있고, 대박까지는 아니어도 소소하게 꾸준한 매출을 올리는 경우도 있다.

그런데 이것도 항상 성공을 보장해 주는 것은 아니다. 약 십오 년 전에 회사에서 인도네시아 손님들을 받아 일주일간 연수를 진행했던 적이 있다. 한번은 삼계탕 식당을 갔는데, 닭 한 마리가 뚝배기에 담겨 있는 비주얼에 연수단 사람들이 놀라워했다. 인도네시아에서도 닭고기 스프 등 닭으로 하는 요리가 많지만 한 사람이 닭 한 마리를 먹을 수 있게 되어 있는 요리는 거의 없다. 일단 삼계탕용 닭이라는 것이 한 마리를 다 먹을 수 있도록 기른 작은 닭임을 알려주고, 삼계탕이라는 음식도 설명했다. 막상 식사를 시작하자 사람이 어떻게 닭 한 마리를 다 먹을 수 있느냐는 처음의 우려가 무색하게도 연수단 대부분이 뚝배기를 비웠다. 국물까지 싹싹 해치운 분도 있었다. '인도네시아 사람에게 삼계탕이 입맛에 맞는 모양이구나. 이 삼계탕을 인도네시아에 가져가서 팔면 어떨까?' 하는 생각이 들었다.

원래 장사에 소질이 없기도 하거니와 기회도 없어서 인도네시아에서 삼계탕을 팔아 보면 어떨까 하는 생각은 호기심으로만 간직했다. 자카르타에 근무하는 동안에도 삼계탕을 파는 한국 식당은 보았지만 현지인을 대상으로 삼계탕을 파는 곳은 보지 못해서 이 궁금증은 풀리지 않았다. 그러다 귀임하기 얼마 전 동네에 삼계탕 식당이 생긴 것을 보았다. 한국인들뿐만 아니라 현지인을 대상으로도 영업하는 곳이었는데 직접 방문할 기회는 없어서 식당 소개 사이트에서 그곳을 방문한 현지 고객의 리뷰를 하나하나 읽어 보았다. 반응은 꽤 좋은 것 같았다. 현지인에게 한국 식당은 가격은 약간 비싸지만 요즘 핫한 한국 음식을 체험해 볼 수 있는 그런 곳이다. 한국 음식에 대한 호기심으로 이곳을 찾는 현지 손님이 많았다. 그런데 리뷰만 보자면 현지인 손님들은 삼계탕보다는 불닭이나 양념치킨, 떡볶이 같은 매콤달콤한 음식을 더 많이 주문하고 좋아하는 것 같았다. 한국 사람인 필자 입장에서는 한국 음식을 체험해 보려면 치즈불닭 같은 것보다는 삼계탕이 더 나을 것 같지만 그거야 먹는 사람 마음이다.

인도네시아 사람 입장에서 생각해 보면 닭고기 국물 요리는 삼계탕도 좋지만 소또 아얌Soto Ayam이라는 좋은 대체제가 있다. 소또 아얌은 저렴하면서도 대중적인 닭고기 국물 기반 음식이다. 한 그릇에 만 원 정도 하는 삼계탕은 소또 아얌보다 두 배 이상 비싸다. 삼계탕을 대접하면 대부분의 인도네시아 사람들이 좋아하겠지만 더 저렴하면서 익숙한 대체재가 이미 있는 상황에서 내 돈 주고 사 먹어야 하는 상황이라면 삼계탕이 대중적인 인기를 얻기란 쉽지 않겠다는 생각도 들었다. 삼계탕을 파는 그 식당에서도 소또 아얌을 팔았다. 값은 삼계탕의 반값도 안 되었다.

그래도 입맛이라는 건 모른다. 꾸준히 삼계탕이 팔리고 사람들이 그 맛에 익숙해지고 입소문이 나고 인도네시아 사람들의 소득도 올라서 삼계탕 가격이 그렇게 부담스럽지 않은 수준이 되면 그때는 또 어떨지. 인기 한국 드라마에서 닭 한 마리 들어간 삼계탕 뚝배기를 아이돌 출신 배우가 맛있게 비워내는 장면이 나오면 판매에 좀 도움이 될지도 모르겠다.

팥빙수 같은 아이템도 그렇다. 더운 나라 인도네시아에서는 달달하고 시원한 디저트가 잘 될 거라는 생각이 든다. 또, 한류의 붐 속에서 팥빙수는 대표적인 K-디저트가 아닌가. 싱가포르 같은 다른 동남아 지역에서도 성적이 좋았다고 하니 인도네시아에서도 그렇지 않을까 하는 생각이 들기 쉽다. 하지만 인도네시아에서 팥빙수는 현지 디저트들하고 경쟁해야 한다. 인도네시아에도 달달하고 시원한 디저트는 많다. 팥빙수 한 그릇에 4~5천 원을 내는 건 인도네시아 젊은이들에게 부담스러울 수 있다. 밥도 두 끼나 먹을 수 있는 돈이다. 그러니 양을 줄이고 가격을 낮춘 미니 팥빙수를 내놓고 팥빙수 외에 다른 분식류도 같이 팔아 보지만 매출을 올리는 것이 쉽지 않다. 입지도 중요하다. 인도네시아 사람들은 우리나 싱가포르 사람들처럼 길을 잘 걸어 다니지 않는다. 그러니 걸어가다가 덥고 다리가 아프다고 해서 들어가 팥빙수를 먹는 게 아니라 오토바이 같은 교통수단을 이용해 일부러 점포를 찾아간다. 사람들의 왕래가 많은 몰 같은 곳에 비싼 임대료를 내고 입점한 점포들은 그래도 어느 정도 손님이 있었지만 외진 상가건물에 입점해 있는 팥빙수집들은 지나갈 때 보면 손님이 없는 곳도 많았던 기억이 있다.

먹을 것만 그런 것이 아니다. 나라 간 교류가 늘어날수록 우리에게 괜찮았던 것들이 저기에서 통하지 않을까, 저기에서 우연히 보았던 좋은 것을 우리가 사는 곳으로 가져오면 괜찮지 않을까 하는 생각이 드는 것은 너무 당연하다. 그렇게 해서 크고 작은 성공을 거두는 이들도 많다. 하지만 문화를 건너가는 일이라 생각처럼 일이 잘 안 풀리기도 한다. 처음에는 반응이 좋아 보였는데 꾸준한 소비로까지는 연결되지 않는 경우도 많다. 호기심으로 몇 번 체험해 보게 하는 건 쉽지만 자리를 잡는 건 또 다른 문제다. 이미 강력한 대체재가 존재하기도 하고, 너무 시대를 앞서가는 경우도 있다. 소득 수준이 안 따라주기도 한다.

그래도 또 큰 성공을 거두는 케이스를 보면 장사에 소질은 없지만 관심을 가지고 들여다볼까 하는 마음도 든다. 하지만 필자보다 훨씬 촉이 좋은 사람도 고전하는 걸 보면 그냥 하던 거나 잘하자는 생각을 하게 된다. 귤이 회수淮水를 건너면 탱자가 된다는 말이 있는데 태평양을 건너도 탱자가 되지 않는 귤은 어디에 있을까?

인도네시아에서 먹기 힘든 인도 음식, 말레이시아에서 먹어보자

인도네시아와 말레이시아 음식은 비슷하다. 그래도 조금 다른 점이 있는데, 쿠알라 룸푸르에는 많지만 자카르타에서는 찾기 어려워 아쉬웠던 것이 인도 음식 또는 인 도풍에 영향을 받은 음식이다. 자카르타에서도 인도 친구나 인도계 인도네시아 친 구들에게 인도 음식점을 소개받아 가긴 했지만 쿠알라룸푸르에서처럼 토착화된 싸 고 맛있는 인도 음식점을 찾기는 어려웠다.

말레이시아 인구 중 약 6~7%는 인도계이며, 쿠알라룸푸르 같은 대도시는 그 비중 이 10%를 넘기도 한다. 이것이 인도네시아 음식보다 말레이시아 음식에서 진한 인 도풍을 느낄 수 있는 이유이다. 말레이시아 주요 도시에는 남인도에서 온 타밀계 말 레이시아인들이 운영하는 마막^{Mamak} 식당을 흔히 볼 수 있다. 마막은 타밀계 말레 이시아인들을 일컫는 말이다. 일반 말레이계 식당에서 파는 음식도 카레류를 많이 쓰는데, 말레이시아 음식이 인도 요리의 영향을 많이 받았다는 것을 알 수 있다.

마막 음식점은 어디에서도 쉽게 찾아볼 수 있지만 특히 '마스짓 자멕^{Masjid Jamek}, MRT'역 근처의 '리틀 인디아^{Little India}'에는 싸고 맛있는 인도 음식을 파는 곳이 많다. 잘 찾아보면 타밀 등 남인도 음식뿐만 아니라 북인도 음식을 파는 곳도 있다. 북인 도 음식점에 가려고 파키스탄 친구와 함께 일부러 터번을 한 시크교도들이 운영하 는 식당을 찾아 정통 북인도식 난이나 탄두리 같은 음식을 정말 싼 가격에 즐긴 적 도 있다.

그림 4-2 로띠 차나이 그리고 로띠와 곁들인 떼 따릭(사진: 위키피디아⁵⁷)

마막 음식점을 가게 되면 아침식사나 오후 티타임용 간식으로 기름을 많이 섞어 부드럽고 겉이 바삭한 로띠 차나이Roti Canai를 먹어보자. 동남아시아에서 발달한 인도풍 요리이다. 카레와 삼발에 찍어 먹는다. 부드럽고 달달한 밀크티의 일종인 떼 따릭 Teh Tarik과 잘 어울린다.

중소득국 인도네시아에 중산층이 떠오른다!

　　자카르타에서 일할 때 언제부턴가 자동차를 구입하는 현지 직원들이 늘어나는 게 보였다. 비싼 차도 아니고 우리 돈으로 천만 원이 조금 넘는 작은 신차나, 그보다는 조금 큰 중고차를 사는 경우가 많았다. 경력이 좀 되고 급여 수준이 괜찮은 매니저들이야 그렇다 치고 급여가 적은 젊은 직원에게는 농담처럼 차보다 집이나 땅을 먼저 사는 것이 어떠냐고 지나가는 말을 건네기도 했다.

　해외여행을 가는 사람도 점차 많아졌다. 물론 부유층이야 그전에도 여기저기 다녔겠지만 급여생활자 중에서도 형편이 좀 괜찮은 편에 드는 사람들이 여행을 다니기 시작하는 것이 부쩍 눈에 띄었다. 우리 사무실에서도 태국이나 말레이시아처럼 가까운 여행지가 아니라 좀 더 멀리 한국이나 일본을 여행한다는 직원도 나오기 시작했다. 업무차 만나는 현지인 중에도 한국여행 계획이 있다며 정보를 물어보는 사람들이 있었다. 비행기표는 여행박람회에서 구입하는 경우가 많았다. 1년 뒤에 출발하는 취소와 변경이 어려운 티켓은 한국이나 일본행도 왕복 40만 원대에 구입이 가능했다. 말레이시아를 경유하는 저가항공을 이용하면 더 저렴한 표를 구할 수도 있었다.

차를 사고 해외여행을 하는 사람들이 늘어난다고 하니 어릴 때 생각이 났다. 우리나라도 소득이 늘고 좀 살만해졌을 때 '마이카' 시대라 해서 자가용 자동차를 사는 사람이 늘어나고, 해외여행이 자유화되면서 해외여행을 가는 사람이 생겼다. 기억을 더듬어 보면 집도 없는데 차부터 사고 해외여행을 가는 세태를 꼬집는 내용이 매체에 나오기도 했던 것 같다. 인도네시아의 1인당 국민소득GNI은 2019년 기준으로 이제 4천 달러를 간신히 넘기는 수준이지만 통계상 착시를 감안하더라도 자카르타 지역의 평균소득은 1인당 1만 달러에서 1만 5천 달러 이상은 되는 것 같다. 그러니 부유층이 아니더라도 소득 수준이 어느 정도 되는 급여 생활자와 자영업자, 전문직 종사자들이 차를 사고 해외여행을 가고 하는 것이 이상한 일은 아니다.

개인의 소득만 늘고 있는 것은 아니다. 인도네시아는 이제 중소득국 중에서도 상위중소득국으로 진입했다. 세계은행World Bank은 분석과 정책활용을 목적으로 세계 여러 나라를 1인당 국민소득GNI 수준에 따라 저소득국LIC, 하위중소득국LMIC, 상위중소득국UMIC, 고소득국HIC의 4개 그룹으로 분류하는데, 인도네시아는 2019년 기준 1인당 국민소득이 4,050달러로 전년 대비 210달러 증가해 2020년 7월 1일부로 상위중소득국UMIC 지위를 얻게 되었다.[58] 2019년 소득 기준으로 하위중소득국과 상위중소득국을 나누는 경계선이 4,045달러이니 턱걸이를 한 셈이다. 사실 이번 상위중소득국 편입은 '서프라이즈'이다. 원래 2~3년 내로 상위중소득국 편입이 예상되긴 했으나 이번에 전격 편입된 것에 대해 인도네시아 당국자나 언론도 약간 놀라는 분위기이다. 하지만 코로나-19 팬데믹 등으로 인한 경기침체로 마이너스 성장이 확실시되고 있어 이후에 계속 상위중소득국 지위를 유지할 수 있을지는 불투명하다.

표 4-2 세계은행 국가 분류 및 주요 아시아 국가 1인당 국민소득 비교, 세계은행 Atlas method, 2019년 기준으로 2020.7.1자 분류

그룹	기준(1인당 국민소득, 달러)	국가	1인당 국민소득 (GNI, 달러)
저소득 Low Income	< 1,036	아프가니스탄	540
하위중소득 Lower-Middle Income	1,036~4,045	미얀마	1,390
		캄보디아	1,480
		인도	2,130
		베트남	2,540
		라오스	2,570
		필리핀	3,850
상위중소득 Upper-Middle Income	4,046~12,535	인도네시아	4,050
		태국	7,260
		중국	10,410
		말레이시아	11,210
고소득 High Income	> 12,535	대한민국	33,720
		싱가포르	59,590

1인당 소득이 4,050달러라는 건 전체 평균이고, 지역별 편차가 커서 산업과 기업활동이 집중된 자카르타나 동칼리만탄 같은 곳은 1인당 소득이 1만 달러가 넘고, 동부 도서 지역은 1천 달러를 간신히 넘기는 곳도 있다. 하위중소득국이던 인도네시아가 상위중소득국이 되었다고 해도 당장 뭐가 크게 달라지는 것은 없다. 차관도입조건 등에서 오히려 손해를 보기도 한다. 하지만 국가 전체적으로는 자신감이 올라가는 일이기도 하고, 국가 단위에서 소득이 오른다는 이야기는 구성원들의 생활수준도 점점 나아진다는 뜻일 수 있어 의미는 있다. 그래서 당국자와 언론도 주로 이러한 측면에서 상위중소득국 편입의 의의를 평가하고 이와 더불어 이 기조를 이어가 경제발전을 이루기 위해서는 어떤 과제가 선결되어야 하는지에 초점을 둔 발언이나 기사들을 내보내고 있다.

2020년 1월 세계은행은 인도네시아의 중산층 확대에 관한 보고서를 발간했다.[59] 이 보고서에 따르면 인도네시아에서 경제적으로 어느 정도 안정을 이루어 중산층으로 분류할 수 있는 인구는 약 5천 2백만 명이다. 연간 기준으로 1인당 2,800달러에서 1만 3,870달러 사이에서 소비(구매력 평가 기준)할 수 있는 그룹이다. 이 중산층 그룹의 인구구성비는 전 인구의 20%에 조금 못 미치지만, 전체 소비의 절반 정도를 담당하고 있으며 소비 규모 확대 속도도 2002년 이후로 매년 12%에 달한다. 이 계층이야말로 인도네시아 경제성장을 이끄는 중심축이다. 향후 인도네시아 경제가 어떤 성장경로를 보일 것이냐는 것도 이 중산층 규모가 얼마나 두텁게 확대되는지와 이들이 어떤 소비패턴을 보일 것인지에 달려 있다. 많은 기업이 인도네시아의 자원이나 노동력은 물론이고 중산층 확

표 4-3 소비 수준에 따른 계층 분류. 세계은행 보고서 'Aspiring Indonesia: Expanding the Middle Class' 자료로 재구성

분류	인구수	소비 수준*(1인당)	설명
빈곤층	28백만	~ 800달러	빈곤선 아래 생활 영위
취약층	62백만	~ 1,200달러	빈곤층으로 전락할 위험이 있음
예비 중산층	115백만	~ 2,800달러	빈곤하거나 취약하진 않지만 경제적으로 안정되지 않음
중산층	52백만	~ 13,870달러	경제적으로 안정되었으며 빈곤층이나 취약층으로 전락할 가능성이 매우 적음

* 2016년 구매력 평가 기준이며, 일간 단위로 되어 있는 금액을 연간 단위로 환산해 개산(槪算)

대에 따른 내수시장의 가능성에 주목하고 있는 것도 사실이다.

세계은행이 주목한 것은 연간 기준 1인당 1,200달러에서 2,800달러 정도를 소비할 수 있는 여력이 있는 예비중산층 1억 1,500만 명이다. 중산층과 예비중산층을 가르는 가장 큰 차이는 경제적 충격을 얼마나 잘 흡수할 수 있느냐에 있다. 중산층은 예기치 못한 충격이 닥치더라도 이를 극복해 빈곤층으로 떨어질 가능성이 크지 않지만 예비중산층은 언제든지 빈곤층으로 전락할 가능성이 크다. 통계청[BPS] 기준으로 2006년 18%였던 빈곤율이 2019년에는 9.22%까지 떨어지는 등 인도네시아에서 빈곤 극복은 어느 정도 성공을 거두었다. 이제는 빈곤을 극복한 계층이 빨리 상당한 규모의 소득증대를 거두어 중산층으로 편입될 수 있도록 하는 것이 과제이다. 세계은행 보고서의 표현대로라면 이 예비중산층 그룹이 어느 정도까지 중산층으로 편입될 수 있느냐에 따라 향후 인도네시아 소비자들의 구매력과 이에 따른 경제성장 경로가 결정된다고 말할 수 있을 것이다.

하지만 이제 막 빈곤층과 취약층 기준을 벗어난 예비중산층 그룹은 중산층으로 도약할 수도 있지만 반대로 빈곤층으로 전락할 위험도 있다. 소비여력도 크지 않을뿐더러 작은 경제적 충격에도 취약하다. 사회 안전망이 잘 갖추어지지 않고 저축도 하기 힘든 상황에서 조금만 삐끗해도 당장 주거와 식비를 걱정해야 하는 상황에 빠질 수 있기 때문이다. 그래서 이 계층에 속한 사람들을 옆에서 보고 있으면 항상 마음이 불안하다. 지금은 그 나름대로 꽤 괜찮은 소득을 올리고 있지만 몸이라도 아프거나, 사고가 나거나 실직을 하면 버틸 수 있는 여력이 없어 항상 위태위태한 삶이다. 인도네시아 정부는 건강·연금·고용보험 등 사회보장제도 도입으로 안전망을 구축해 나가고 싶지만 쉽지 않다. 보장성을 높여 의미 있는 안전망을 구축하려면 가입자가 내는 부담금을 높여야 하지만 당장 나가는 지출이 부담스러운 가입자들의 저항이 거세다.

그리고 예비중산층이 1억 1,500만 명, 중산층이 5천 2백만 명에 이른다는 소득 분포 통계를 보면 범(汎)중산층이 꽤 두텁게 형성된 것 같지만 이는 통계의 착시일 수 있다. 각 계층 내 소득 분포를 보면 평균 근처에 가장 많은 사람이 몰려 있는 안정된 정규 분포에 가까운 모양이 아니라 경계선 하한에 많은 사람이 모이는 모양을 하고 있다. 그러니 통계상 기준을 어떻게 정하느냐에 따라 비율은 얼마든지 조절이 가능하다. 기준이 되는 금액을 조금만 올려도 예비중산층과 중산층 숫자가 많이 줄고 빈곤층, 취약층 비율은 그만큼 늘어나게 되어 있다. 그러니 인도네시아에 중산층이 증가하고 있다는 통계를 보고 진출을 결정했는데 생각만큼 이들의 소비여력이 크지 않아 고전하는 기업도 생길 수 있다. 통계의 착시 때문이다.

온라인 기업 관계자와 이야기하면서 들은 이야기이다. 이 관계자는 자사 앱을 깔고 게임을 하고 아이템을 사용하는 사람들은 빠르게 늘어 점유율이나 인지도는 괜찮은데 유료 아이템 구매율은 현저히 떨어져 수익으로는 잘 연결이 안 된다는 고민을 토로했다. 사용자는 많은데 구매력은 부족하다는 이야기이다.

쇼핑몰에서도 이런 모습들을 볼 수 있다. 몰마다 아이템마다 차이는 있지만 상품을 파는 상점은 물건이 잘 안 팔려서 한가한 곳이 많은 반면에 식당은 그래도 장사가 되어 식음료 구역에만 사람이 몰리는 모습도 꽤 많이 보았다. 그래서 어떤 몰들은 상점 구역은 점점 줄고 식당, 카페 구역만 확장되기도 한다. 물건을 살 구매력은 충분하지 않지만 식당에서 가족이나 친구, 동료와 함께 보내는 시간과 경험에는 돈을 쓰는 인도네시아 사람들의 소비패턴 때문일지도 모른다.

인도네시아는 이제 국가적으로도 상위중소득국 반열에 들었을 뿐만 아니라, 중산층도 조금씩 두터워지고 이들의 소비도 증가하는 추세에 있다. 차를 사고, 해외여행도 가고 좀 더 비싼 내구재를 사는 사람들도 조금씩 늘어날 것이다. 하지만 중산층이 증가하니까 내수시장도 커지고 이 품목, 저 품목 다 잘 될 거라는 전망은 경계해야 한다. 중산층의 구매력이 증가하는 속도가 기대보다 빠르지 않을 수도 있기 때문이다. 또 구매력이 증가하더라도 그 과실은 소비자들의 소비패턴에 따라 각 부문과 품목별로 다르게 돌아갈 것이다.

인도네시아 관광객들이 한국에서 찾는 곳은?

인도네시아 관광객들은 한국에 오면 어디를 갈까? 자유 일정으로 한국을 방문하는 관광객들도 있지만 여행 패키지를 활용해 한국을 찾는 여행객들도 많다. 한국을 찾는 일주일짜리 패키지 프로그램을 보면 일정이 조금씩은 다르지만 대동소이하다. <표 4-4>가 몇 개 여행사에서 본 한국방문 프로그램을 보고 가상으로 짜 본 일정표이다. 여기에서 일정이 단축되면 제주도가 빠지기도 하고, 자유 일정이 들어가는 프로그램이면 몇 군데가 빠지기도 하지만 제주도, 남이섬, 설악산, 에버랜드 같은 곳이 단골로 들어가는 방문지이다.

여러 여행사의 한국 관광 패키지 일정을 살펴보면 한국의 특정한 지역을 가는 프로그램이 아니라 우리나라 전국을 가는 프로그램임을 알 수 있다. 말 그대로 '한국'여행이다. 가는 곳도 거의 비슷비슷하다. 일본만 해도 지역마다 여러 주제의 특색 있는 여행 프로그램이 있어서 한 번 방문한 후에 만족하면 다음 번에는 지역과 주제를 바꿔가며 여러 번 갈 수 있는데, 한국은 다양한 프로그램이 준비되어 있지 않아서 한번 오면 그다음부턴 갈 곳이 없다는 불평이 많다. 또, 여행사마다 차이는 있겠지만 식사를 할 때 음식을 가려서 먹는 무슬림 관광객들을 위해 준비된 메뉴가 부실하다는 지적도 있다.

일차	여정
1일차	인천공항 도착 – 제주 – 제주 도내 관광
2일차	제주 민속촌, 귤 농장, 성산 일출봉 등
3일차	제주 – 김포 – 남이섬 – 설악산
4일차	설악산 – 서울 – 서울 시내 관광(김치 만들기, 한복체험, 동대문 시장)
5일차	서울 시내 관광(청계천, 광화문, 명동, 경복궁, 청와대 등)
6일차	에버랜드 – 자유 일정
7일차	인천공항 출발

표 4-4 한국여행 일정 예시

투자유치를 위한
인도네시아의 승부수

2019년 10월, 투자유치와 관련한 칼럼을 썼을 때 제목은 〈투자유치에 갈 길 바쁜 인니, 깊어가는 시름〉이었다. 당시 5년의 임기를 마치고 2기 정부 출범을 앞두고 있던 조코위(조코 위도도) 대통령은 마음이 바빴다. 사실은 화가 났다. 대통령은 무역분쟁 등으로 중국에서 해외로 이전한 기업 33개 중 인도네시아로 향한 기업은 하나도 없다는 세계은행 보고서를 인용하며 불편함을 표했다. 투자허가 절차에 문제가 있다는 것이다. 투자유치 부진이 뼈아픈 이유가 있다. 해외투자유치는 조코위 대통령이 재임 초부터 직접 챙겼던 사항이다. 세계은행에서 발표하는 기업환경평가Ease of Doing Business 지수를 끌어올려 아시아 최고 수준으로 만들겠다는 약속을 하기도 했다.

그럼 실제로 인도네시아를 향하는 자금은 줄고 있는 것일까? 당시 영자지인 〈더 자카르타 포스트〉 기사를 보면 2017년 대비 2018년 인도네시아로 유입된 해외직접투자액은 206억 달러에서 220억 달러로 14억 달러 증가했다.[60] 최근에도 세계은행은 보고서를 통해 인도네시아 해외직접투자가 2019년에 전년 대비 24% 증가하는 등 견조한 흐름을 보여 태국과 베트남을 능가하고 있다고 분석했다.[61] 나쁘지 않은 성적이다. 대통령의 약속대로 아직 아시아 최고 수준은 기록하지 못했지만 기업환경평가(세계은행) 순위도 개선되었다. 2015년 114위(전체 189개국)이던 순위는 2020년에는 73위(전체 190국)까지 올랐다.[62]

하지만 아직은 말레이시아(12위), 태국(21위)은 물론이고 베트남(70위)보다도 뒤에 있다. 투자허가절차 단축이나 투자제한업종 정비 등의 측면에서는 상당히 진전이 있었다. 하지만 투자허가 이후에 토지를 매입하고, 건축허가IMB를 받아 공장을 짓고, 인력 파견을 위해 근로허가를 받는 등 기업활동을 위해 필요한 일련의 과정들은 여전히 어렵고 느리다. 더 큰 문제는 불확실성이다. 사업을 추진해도 결과가 언제 어떻게 나올지 알 수 없다면 계획을 세울 수 없다. 현지에서 보면 각종 허가 과정에서 2~3년이 기약도 없이 흘러간다든지 하는 일들이 드물지 않다. 법과 규정도 자주 바뀐다. 새로운 규정이 생겨서 설명회에 가 보면 현지회사들은 규정을 준수하기 위해 발 빠르게 움직이지 않는 경우도 많다. 규정이 다시 바뀔 수 있기 때문에 먼저 움직이면 손해라는 생각이다. 법적, 제도적 안정성이 확보되지 않았다는 이야기이다.

임금경쟁력도 떨어지는 상황이었다. 자카르타 지역의 2021년 최저임금은 442만 루피아(한화 약 35만 원)이다. 2014년에는 244만 루피아(한화 약 19만 원)였다. 지금까지 오른 폭도 크지만 매년 꾸준한 인상폭도 부담이다. 2017년부터는 3년 연속 매년 8% 정도 최저임금이 상승했다. 코로나-19로 최저임금 동결이나 하락 이야기가 나오기 전에는 인도네시아에서 사업을 영위하는 기업이라면 매년 최소 8% 이상의 인건비 상승을 염두에 두어야 했다. 퇴직급여 부담도 상당했다. 근로자는 정년퇴직을 하거나 사측의 경영상의 사유로 퇴직하면 근속연수에 따라 최대 32개월 치의 기본급을 퇴직금으로 받을 수 있었다. 기본급은 매년 오르고 직원들의 근속연수도 증가하다 보니 기업의 총퇴직급여 부채는 매년 눈덩이처럼 불어났다. 이러다 보니 경영합리화를 위해 구조조정이라도 실시하면 작은 회사도 퇴직금으로 몇십억 원대를 쉽게 지출한다. 사업 시작은 마음대로 해도 끝내는 건 마음대로 못 한다는 말이 나올 만하다.

급기야 최근에는 인도네시아가 비즈니스를 하기에 가장 어려운 나라라는 조사결과까지 등장했다.[63] 통계나 자료를 보면 실제로 투자자들이 줄줄 빠져나가거나 해외직접투자 실적에서 다른 나라에 비해 크게 뒤처지거나 하지는 않는다. 오히려 실적은 꽤 견조하다. 하지만 이런 실적이 잘 체감되지는 않는다. 몇 가지 이유가 있겠지만 인도네시아가 '기업을 하기 어려운' 나라라는 불평이 안팎에서 끊임없이 나오는 것도 원인 중 하나이다. 환경이 좋지 않은데도 투자실적이 크게 나쁘지 않다면 환경이 개선되면 해외투자 실적을 더 호전시킬 수도 있을 것이다.

꽤 양호한 해외투자 실적에도 불구하고 이것이 실감이 안 되는 또 다른 이유는 유입되는 자금들이 비제조업 부문에 집중되기 때문이라는 분석도 있다. 구체적으로는 재생에너지, 광업, 화학, 부동산, 금속 부문 순으로 투자가 몰리고 있으며, 제조업 관련 업종은 자동차 부문이 10번

째에 간신히 이름을 올리고 있다. 비제조업 부문에 투자가 느는 것 자체는 문제가 아니다. 하지만 인도네시아는 아직 제조업 부문 투자가 필요하다. 인도네시아는 1인당 국민소득GNI이 2019년 기준 4,050달러 수준이다. 중진국 함정에 빠지지 않고 성장동력을 유지하기 위해선 제조업 부문이 당분간은 성장을 이끌어 주어야 한다. 또, 젊은 노동력을 흡수하기 위해서도 제조업 기반이 필요하다. 아직은 일자리 창출 효과가 큰 제조업 부문에서 해외투자 유입이 있어야 하는 이유이다.

이런 상황에서 조코위 대통령은 2기 정부 출범과 함께 약속했던 대로 기업활동과 투자에 장애물로 여겨졌던 것들을 제거하고자 했다. 조코위 대통령의 승부수는 '옴니버스법'이다. 아이디어는 이렇다. 기업 및 투자 환경을 개선하려면 허가, 노동, 환경, 토지, 조세 등 여러 분야의 법률에 산재한 수백 수천 개의 조항을 개정해야 한다. 그런데 기업과 투자환경 개선은 인도네시아가 당면한 시급한 문제이고 더욱이 조코위 대통령은 5년간의 남은 2기 임기 중에 가시적인 성과를 보고 싶어 했다. 그래서 2기 정부 출범 초부터 서둘러 한 번의 입법으로 여러 법률에 산재해 있는 복수의 조항을 원샷에 개정하겠다는 아이디어가 '옴니버스법' 추진 배경이다.

시작은 '고용창출법Undang-undang Cipta Kerja'이다. 이후에 조세 등 분야를 다룰 다른 옴니버스 법안이 준비 중이다. 이 '옴니버스 고용창출법'은 2020년 2월에 초안이 마련되어 입법계획RUU, Rancangan Undang-Undang이 예고되었다. 그리고 같은 해 10월 5일에 국회에서 통과되었는데, 입법예고 때부터 극심한 반대에 부딪혔다.

이 법의 이름이 '고용창출법'인 이유는 이렇다. 인도네시아 고용인구 중 노동법 등의 보호를 받는 공식 부문에 종사하는 근로자는 30%이고, 나머지는 비공식 부문에 종사한다고 한다. 각종 규제로 인도네시아 경제가 잠재력을 실현하지 못하고 있다는 것이 동 법안을 입안한 정부 측 입장이다. 규제를 철폐하고 기업활동과 투자유치를 막는 장애물을 제거하면 더 많은 고용이 이루어질 것이라는 논리이다. 이 장애물에는 정규직 노동자에 대한 과도한 권리보호가 포함된다.

이 법은 79개의 법률에서 1,244개의 조항을 개정하는 내용을 담고 있다. 연초에 초안이 발표되자 이 '고용창출법'이 최저임금과 퇴직금 조건을 악화시키고, 해고를 쉽게 하며, 계약근로자의 고용을 더 용이하게 하는 등 노동자의 권익을 심각하게 훼손시킨다는 비판이 대두되었다. 기업활동을 용이하게 하는 과정에서 기업가에게게만 혜택이 돌아가고 환경에도 심각한 악영향이 예상된다는 비판도 많았다. 이후 정부가 의견수렴과 토의과정을 거친다고는 했으나 워낙 이슈가 많고 반대가 심한 법률이라 사실 개인적으로는 가까운 시일 내에 마무리가 될지에 대해 회의적이었다.

그런데 이 법률이 2020년 10월 5일 국회에서 전격 통과되었다. 조코위 대통령이 2014년 처음 취임할 때 민주주의와 인권을 수호하고 부정부패를 척결하는 대통령이 될 것으로 기대한 지지층의 실망은 크다. 두 번째 임기를 시작하며 다시 대선을 치를 필요가 없는 조코위 대통령은 저항에 부딪히더라도 투자와 기업환경 개선, 인프라 확충, 수도 이전 등 굵직한 경제 현안을 해결한 대통령으로 남고 싶은 모양이다. 지난 두 번의 대선에서 상대 후보로 대결한 정적 쁘라보워가 국방부 장관으로 입각함으로 인해 이렇다 할 야당이 없다는 점도 이 법이 국회에서 큰 반대 없이 통과될 수 있었던 요인이다.

법률 통과 이후에는 극렬한 시위와 진압이 잇따랐다. 노동조합과 종교, 사회단체들도 반대의 소리를 냈다. 이미 통과된 법률을 취소하라는 목소리도 있고, 헌법재판소에 이 법의 내용과 절차의 정당성을 묻겠다는 움직임도 있다. 이 법률이 얼마나 성급하게 통과되었는지 통과 후 2~3주가 지나도 법률안이 일반에 공개되지 않았다. 심지어는 국회 통과 이후 대통령에게 법안이 송부되는 며칠간 몇몇 조항이 삭제되거나 삽입되었다는 구체적인 의혹이 언론을 통해 제기되기도 했다. 법안 통과 후 한 달 정도 지나서 대통령 비준까지 거친 법률안에도 여전히 오류가 발견되었다.

'옴니버스 고용창출법'은 조코위의 승부수이며 인도네시아 경제에 '빅뱅'으로 작용할 수 있다. 그 영향은 가늠이 어렵다. 법률안 자체가 천 페이지가 넘을 만큼 내용이 방대한데다가 다루지 않는 분야가 없을 만큼 워낙 여러 조항을 바꾸어 놓아 법률안 내용 자체를 전부 파악하고 있는 사람이 있을까 싶을 정도이다. 일단은 각자 사업과 생활에 밀접한 영향을 받는 부분에서 어떤 변화가 있는지를 서둘러 찾아보고 그다음에 다른 부분을 보는 식이다. 언론에서 주로 다루는 분야 말고도 농어업, 광업, 건설, 교육, 부동산 등 거의 모든 분야가 '옴니버스 고용창출법' 시행으로 인해 영향을 받는다. 또, 법률에 다소 선언적으로만 다루어지고 있는 조항은 후속 규정이나 조치가 나와야만 구체적으로 어떻게 적용

될지 알 수 있어 초기에는 그 영향을 예상하기 어렵다. 정부는 후속 규정을 마련하면서 법안에 대한 반대 목소리도 고려한다는 방침이다.

노동자와 사회·환경운동가들은 '코로나-19의 영향은 한 세대에 미치지만, 옴니버스법의 영향은 여러 세대에 이른다'며 이 법안을 거의 재앙으로 치부하는 분위기이다. 반대로 기업가와 경제인, 세계은행 등 기관들은 이 법이 인도네시아 경제회복을 이끌어 낼 수 있는 카드라며 기대를 표하기도 한다. 정부는 '옴니버스 고용창출법'이 노동자의 권익을 저해하고 기업가의 배만 불리며 환경 파괴 등의 부작용을 가져올 것이라는 노동계와 시민사회의 비판에 대해 적극적으로 반론을 제기한다. 그러면서 기업활동 개선으로 고용이 창출되면 결국 혜택은 노동자와

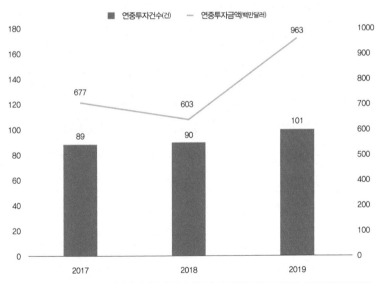

그림 4-3 우리나라의 대인도네시아 직접투자 실적. 한국수출입은행 해외투자통계, 동행 해외경제연구소 발간 투자환경위험평가 보고서에서 재인용

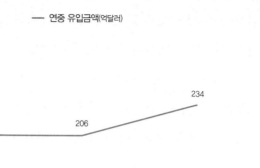

그림 4-4 대인도네시아 외국인 직접투자(FDI) 유입 실적. UNCTAD World Investment Report 2020, 한국수출입은행 해외경제연구소 발간 투자환경위험평가 보고서에서 재인용

시민에게 돌아갈 것이라는 점을 강조하는 입장이다.

코로나-19로 인한 경기침체 우려 속에 조코위 대통령의 회심의 승부수 '옴니버스법'이 인도네시아 경제성장과 투자유치에 돌파구가 될 수 있을까? 아직 이 법이 구체적으로 어떻게 시행될 것인지, 후속 규정은 어떻게 마련될 것인지 분명하지 않아 대강이라도 예상하기가 어렵다. 몇 년은 지켜봐야 답이 나올 것 같다. 그래도 답이 나올 때까지는 꾸준히 각 부분에 미치는 영향을 파악해야 할 듯싶다.

표 4-5 기업경영여건. World Bank, Doing Business, 한국수출입은행 해외경제연구소 발간 투자환경 위험평가 보고서에서 재인용

구분	순위	
	2019(2018년 기준)	2020(2019년 기준)
창업Starting a Business	134/190	140/191
건축인허가Dealing with Construction Permits	112/190	110/191
전력수급Getting Electricity	33/190	33/191
재산등록Registering Property	100/190	106/191
신용획득Getting Credit	44/190	48/191
소액투자자 보호Protecting Minority Invsetors	51/190	37/191
조세 납부Paying Taxes	112/190	81/191
대외무역Trading Across Borders	116/190	116/191
계약실행Enforcing Contracts	146/190	139/191
사업청산Resolving Insolvency	36/190	38/191
종합순위	73/190	73/191

표 4-6 글로벌 경쟁력지수. World Economic Forum, The Global Competitiveness Report, 한국수출입은행 해외경제연구소 발간 투자환경위험평가 보고서에서 재인용

구분	순위	
	2018	2019
제도 Institutions	48/140	51/141
인프라스트럭쳐Infrastructure	71/140	72/141
ICT 도입ICT adoption	50/140	72/141
거시경제 안정성Macroeconomic Stability	51/140	54/141
보건Health	95/140	96/141
기술Skills	62/140	65/141
상품시장Product Market	51/140	49/141
노동시장Labour Market	82/140	85/141
금융제도 Financial System	52/140	58/141
시장규모 Market Size	8/140	7/141
기업 역동성Business Dynamism	30/140	29/141
혁신 역량Innovation Capability	68/140	74/141
종합순위	45/140	50/141

인도네시아 최저임금 이야기

2021년 자카르타 지역 최저임금은 월 4,416,186루피아이다. (한화 약 34만 7천 원) 전년인 2020년의 월 4,267,349루피아보다는 3.27% 올랐다. 다만 최저임금 인상에 조건을 달았는데, 코로나-19로 인해 영향을 받지 않은 부문과 기업에 대해서는 전년 대비 3.27% 오른 최저임금 수준을 적용하되 영향을 받은 기업은 전년과 동일한 최저임금 수준을 유지하겠다는 것이다. 2020년에는 2019년의 약 390만 루피아보다 8.51% 인상된 바 있다. 인도네시아 각 주와 시군의 최저임금 수준은 2020년까지 몇 년간 매년 약 8%를 조금 상회하는 수준으로 상승했다. 2021년에는 코로나-19 창궐 등에 따른 경기침체로 동결되거나 전년 대비 3~4% 인상에 그친 곳이 많다. 섬유와 전자, 자동차 부품 등 생산시설이 모여 있는 자카르타 인근 지역 최저임금 수준을 보면 까라왕 Rp 4,798,312(약 37만 7천 원), 버까시(시) Rp

4,782,936(약 37만 6천 원), 뿌르와카르타 Rp 4,173,569(약 32만 8천 원), 수까부미 Rp 3,125,445(약 24만 6천 원), 수방 Rp 3,064,218(약 24만 1천 원) 등을 기록하고 있다.

인도네시아의 최저임금 체계의 근간은 2003년 노동법[64]과 2015년 정부령[65] 78호 규정이었다. 이에 따르면 각 주Propinsi마다 생계 필요 수준 Kebutuhan Hidup Layak을 고려해 임금 최저 수준을 정하고UMP, 각 주에서도 시/군Kota/Kabupaten 단위로 최저임금UMK을 정하도록 되어 있다. 시/군 최저임금UMK은 주 최저임금UMP보다 같거나 크다. 예를 들어 서부 자바주의 2021년 최저임금은 1,810,352루피아인데, 같은 주에 소속되어 있는 버까시(시)의 최저임금 수준은 약 478만 루피아로 주 최저임금보다도 2.5배나 높다.

표 4-7 주요 시/군 최저임금 수준, Rp

주	시/군	2015년	2019년	2020년	2021년	2021년 상승률(%)
자카르타 특별구(DKI)		2,700,000	3,940,973	4,276,349	4,416,186	3.27
서부 자바	버까시(시)	2,954,031	4,229,757	4,589,709	4,782,936	4.21
	까라왕	2,957,450	4,234,010	4,594,325	4,798,312	4.44
	뿌르와까르타	2,600,000	3,722,300	4,039,068	4,173,569	3.33
	수까부미(군)	1,940,000	2,791,016	3,028,532	3,125,445	3.20
	수방	1,900,000	2,732,900	2,965,468	3,064,218	3.33
중부 자바	스마랑(군)	1,419,000	2,055,000	2,229,880	2,302,798	3.27
	마글랑(군)	1,255,000	1,882,000	2,042,200	2,075,000	1.61
	즈빠라	1,150,000	1,879,031	2,040,000	2,107,000	3.28
	수라카르타	1,222,400	1,802,700	1,956,200	2,013,810	2.94

상당수의 주는 2021년 주 최저임금UMP을 동결했다. 매년 10월말 정하기로 되어 있는 최저임금 수준 결정을 앞두고 노동부 장관이 코로나-19 등으로 힘든 경제상황을 고려해 최저임금을 올리지 말자는 회람을 각 주정부에 보냈는데, 대부분의 주지사들이 이에 화답한 것이다. 노동자 단체들은 예년의 8% 정도 인상도 충분하지 않다는 입장이었기에 최저임금 동결 조치에 반발했다. 더욱이 지금은 코로나-19 사태로 인해 노동자들의 주머니 사정이 더 안 좋은 상황이므로 임금 인상이 더욱 필요하다는 입장이다.

중부 자바와 자카르타주 등 일부 주는 노동부 장관의 회람에 담긴 요청에 따르지 않고 최저임금을 인상하기로 했다. 자카르타 주지사이며 차기 대통령 선거에서 후보 중 하나로 이름이 오르내리는 아니스 바스웨단이 최저임금 인상률을 3.27%로 정하되 코로나-19 피해기업에 대해서는 최저임금 수준을 올리지 않도록 한 조치는 고도의 정치적 제스처라는 평가이다.

다만, 주 최저임금을 인상키로 한 중부 자바와 주 최저임금이 동결된 서부 자바에 있는 시/군들이 대부분 〈표 4-7〉에서 보이는 것처럼 시/군 최저임금을 평균 3~4% 수준 인상해, 최저임금을 동결하자고 제안한 노동부 장관이 좀 머쓱해졌다. 사용자 입장에서는 인상률이 예년과 같이 8% 수준에까지 이르지 않은 것으로 위안을 삼아야 한다.

2021년 최저임금은 현재 코로나-19 등으로 인한 비상상황인 점을 감안해 각 주와 시/군에서 각각 다른 인상률을 적용했다. 그전에는 공식에 따라 대부분 거의 같은 인상률이 적용되었다. 예를 들어 2019년 대비 2020년 최저임금 상승률 8.51%는 경제성장률 5.12%(2018년 하반기 ~2019년 상반기)와 물가상승률 3.39%(2018년 10월~2019년 9월)를 합한 수치이다. 2015년 정부령 78호는 직전 연도의 경제성장률과 물가상승 률을 더한 수치를 참고해서 최저임금 상승률을 정하도록 규정하고 있 다. 코로나-19 이전 몇 년간 인도네시아 경제성장률과 물가상승률은 각각 5%와 3%를 약간 상회하는 수준을 기록해 최저임금도 매년 8%를 조금 넘겨 상승하는 추세를 보였다. 2015년 270만 루피아이던 자카르 타 최저임금은 2016년 14.5%, 2017년 8.08%, 2018년 8.71%, 2019년 8.03%, 2020년 8.51% 상승해 코로나-19 상황 이전 기준으로 427만 루 피아 수준까지 이르렀다. 5년간 58% 올랐다.

문제는 상승폭이었다. 최저임금 상승을 매년 경제성장률과 물가상승 률에 연동하다 보니 상승률이 매년 8%대를 꾸준히 기록하게 되는데, 이 수치가 업계도 노동계도 만족스럽지 않았다. 노동계는 8%대의 최저임 금 상승이 생활물가 수준을 반영하고 있지 않다며 매년 최저임금 상승 률이 발표될 때마다 반발했다. 노동계는 경제성장률과 물가상승률에 최 저임금 상승을 연동시킨 2015년 정부령 78호 철폐를 요구하며 해마다 대략 20~25% 수준의 최저임금 상승을 요구하곤 했다.

기업 입장에선 30만 원대 중후반까지 치솟은 최저임금 수준이 부담 스러운 상황이었다. 불과 5~6년 전 최저임금이 20만 원 초중반 수준이 었음을 감안하면 더욱 그렇다. 코로나-19 상황 이전에는 글로벌 경기가 안 좋아도, 생산성 향상이 수반되지 않아도, 최저임금은 매년 꼬박꼬박 8% 이상 올랐다. 최저임금은 매월 지급하는 기본급에 영향을 줄 뿐만 아니라 초과근무수당과 명절 상여금, 퇴직금 계산의 기준이 된다. 특히 퇴직금은 퇴직 당시 기본급의 일정 배수로 계산되므로 퇴직금 부채 증 가율은 매년 8%를 훨씬 넘어서서 더 가팔라진다. 생산비용이 그만큼 올라간다는 뜻이다.

월급을 주는 입장에선 당장 주어야 할 임금 수준도 문제이지만 이 상 승률이 당분간은 꾸준히 지속될 것이 분명하다는 점이 더 두려웠다. 상 황이 이러니 임금이 날로 올라가는 자카르타 인근과 서부 자바 지역을 벗어나 상대적으로 임금 수준이 낮은 중부 자바 지역으로 생산기지를 옮기거나 제2생산기지를 구축하는 기업도 많아졌다. 대표적으로 몇 군 데 시/군만 꼽아 봐도 스마랑(군) Rp 2,302,798(한화 약 18만 1천 원), 마 글랑(군) Rp 2,075,000(약 16만 3천 원), 즈빠라 Rp 2,107,000(약 16만 6천 원), 수라카르타 Rp 2,013,810(약 15만 8천 원) 정도로 임금 수준이 자카 르타 인근과 서부 자바 지역과 비교하면 월 10~15만 원 정도 낮다. 임 금 수준이 낮으면 주거비나 식비 같은 생활물가도 낮기 때문에 근로자 들 입장에서 느끼는 실질임금 수준은 지역 간 큰 차이가 나지 않는다고 도 볼 수도 있다.

주 생산시설을 인건비가 싼 곳으로 옮기는 회사들은 자카르타 인근 지역에는 본부 기능과 최소한의 생산시설만 남기기도 한다. 부가가치가 높아 비싼 인건비를 감당할 수 있으면서 고도의 숙련도를 필요로 하는 품목만 생산하는 것이다. 이런 상황을 반영하듯 자카르타 북부의 대표 적 경공업단지인 KBN Kawasan Berikat Nusantara은 비어 가는 추세였다. 입주 기업들의 고용 인력이 천천히 줄어 최근 2~3년간 단지 인근 하숙집에

빈방이 늘고 있다는 기사도 눈에 띄었다. 자카르타 지역의 최저임금은 매년 오르고 있는데 근로자들은 일자리를 잃고 있는 상황이었다. 자카르타에서 일자리를 잃은 근로자가 최저임금이 낮은 고향으로 돌아가서 같은 일을 더 낮은 보수를 받으며 하는 경우도 있다는 믿기 힘든 이야기도 심심치 않게 들을 수 있었다.

기업들은 다양한 방법으로 살길을 모색했다. 임금 수준이 상대적으로 낮은 다른 지방이나 외국으로 생산기지를 옮기기도 하고, 기계화 등을 통해 생산성 향상을 꾀하기도 했다. 현재 최저임금 상승률을 정하는 체계의 근간이 되는 2015년 정부령 78호의 개정을 요구하는 목소리도 꾸준했다.

이런 상황을 반전하려는 움직임 중 하나가 바로 2020년 10월 통과된 '옴니버스 고용창출법'이다. 이 법은 인도네시아 경제의 거의 모든 측면에 큰 영향을 미칠 것으로 예상되지만 기업과 노동자들은 최저임금과 관련한 조항에 특히 주목했다. 2020년 2월에 법률안이 입법 예고되어 초안이 공개되었을 때 가장 관심을 끌며 논란이 되었던 항목은 최저임금 수준을 정할 때 노동집약 부문에 대해서는 다른 기준을 적용할 수 있도록 하고, 임금 수준 산정 기준을 월이 아닌 시간 단위로 하며, 새 법안에 주 최저임금UMP에 대한 규정은 있지만 보통 이보다 높게 정해지는 시/군 최저임금UMK을 규정하는 조항은 없다는 점이었다. 노동계는 정부가 현재 적용되는 임금결정 체계를 흔들어 최저임금 수준을 낮추려 하는 것이 아니냐는 의혹을 강하게 제기했다.

예상했던 대로 법률안 초안에 담긴 내용은 노동계의 격렬한 반대에 부딪혔고 논란이 되었던 조항들은 관계자 간 협의를 거쳐 최종안이 나오는 과정에서 빠지거나 수정되었다. 일단 최종안에서 노동집약 부문에 대한 별도 기준 적용 조항은 빠졌다. 또, 시/군 최저임금 조항도 명백히 '설정한다'고 되어 있진 않지만 주지사가 '어떤 조건하에서 설정할 수 있다'라는 표현을 넣어 설정 근거가 마련되어 있다. 노동부 장관이나 부처 관계자들도 노동계의 격렬한 저항 속에 시/군 최저임금 조항이나 시간당 임금 조항들이 현재와 크게 다르지 않게 적용될 것임을 시사하고 있다. 구체적인 영향은 뒤이어 나올 정부령과 후속조치, 그리고 이에 따른 각 주의 정책 방향을 봐야겠지만 지금으로선 노동계의 반대를 무릅쓰고 현행 체계를 크게 뜯어고치기는 쉽지 않은 것으로 보인다.

임금은 근로자에게는 소득의 원천이고, 기업에게는 생산원가이다. 받는 사람은 아직 부족하고 주는 사람은 너무 빨리 올라서 부담스러운 인도네시아 최저임금 수준이다.

인도네시아 퇴직금 이야기

　　인도네시아 법인에서 일할 때 회사에 15년 정도 근무한 직원의 퇴직 절차를 처리한 적이 있다. 그전부터 인도네시아 퇴직금 액수가 매우 부담스러운 수준이라는 이야기를 많이 들었는데 직접 관련 규정을 찾아보며 정해진 계산법과 절차에 따라 지급해 보게 된 것이다.

　　15년을 조금 넘게 일했다는 이 직원은 약 28개월분의 급여를 받고 퇴직했다. 아무래도 금융회사는 제조기업보다는 급여 수준이 센 편이라 퇴직금 액수도 상당했다. 한 명을 내보내는 데도 이 정도를 챙겨주어야 한다면 적게는 몇백 명에서 많게는 5~6천 명 이상의 종업원을 거느린 제조기업들은 퇴직금 부담이 얼마나 클까 하는 생각이 들었다. 물론 제조기업은 대부분 법에서 정한 최저임금 수준의 급여를 주겠지만 거기에 곱하기 수백, 수천을 해야 하는 일이다. 퇴직금 때문에 회사가 휘청

할 수 있다는 말을 비로소 실감할 수 있었다.

　인도네시아 퇴직급여 체계는 기본적으로 2003년 노동법에 규정되어 있다. 이에 따르면 퇴직자가 받게 되는 급여는 크게 퇴직금Uang Pesangon, 근속사례금UPMK, Uang Penghargaan Masa Kerja, 보상금Uang Penggantian Hak, 전별금으로 나누어져 있다. 퇴직금은 근속 기준 첫 1년까지 1개월치 급여를 주는 것으로 시작해 근속기간이 1년 추가될 때마다 1개월치 급여가 추가되어 최대 8년 이상 근무 시 9개월치 급여를 받게 된다. 근속사례금은 근속 3년부터 6년까지 기준으로 2개월치 급여를 받게 되며 이후 근속 3년마다 1개월치 급여가 추가되어 24년 이상 근무하면 10개월치 급여를 받는다. 보상금은 미사용 연차휴가보상금, 그리고 위에서 계산한 퇴직금과 근속사례금의 15%까지 지급할 수 있는 주거와 의료 보상금으로 구성되었다.

　총 퇴직급여는 퇴직사유에 따라 달리 계산해 지급했다. 이를테면 근로자가 자발적으로 퇴직할 경우 30일 이전 고지 여부에 따라 보상금과 전별금 정도만 지급하면 되지만 회사가 파산하거나 적자 상태에서 폐쇄된 경우 또는 근로자가 경과실을 범하고 퇴직한 경우에는 계산된 퇴직금과 근속사례금과 보상금을 지급했다. 그런데 근로자가 정년퇴직을 하거나 사망한 경우와 경영효율화 등을 이유로 퇴직하게 된 경우에는 퇴직금을 계산금액의 2배를 지급하고 근속사례금과 보상금도 주어야 해서 사측의 부담이 커진다. 이렇게 해서 퇴직 근로자가 받을 수 있는 퇴직급여의 최대치는 약 32개월 치의 급여였다.

　문제는 해가 거듭될수록 퇴직금 계산의 기초가 되는 급여액이 코로나-19 이전 기준으로는 최소 8% 이상 오르는데다가 근로자들의 평균 근속연수도 증가한다는 데 있다. 회사가 감당해야 할 전체 퇴직금 부채 증가액이 가파르게 오르게 되는 것이다. 최저임금 수준이 한화로 10~20만 원 할 때만 해도 퇴직금 부채 수준은 어느 정도 감당이 가능한 수준이었을 것이다. 하지만 자카르타 및 인근을 기준으로 급여액이 30만 원 중반 정도에 이르고 그 후에도 꾸준한 상승이 예상되는 상황에선 기업 경영자들이 퇴직금만 생각하면 골치가 아플 만도 했다.

당장 회사를 정상적으로 운영하는 동안은 퇴직금 부채가 현실화되지 않는다. 하지만 인건비 상승 등의 요인으로 인해 생산기지 이전이나 자동화, 효율화 조치를 취해야 하는 회사들은 퇴직금 조로 일시에 몇십억 원대의 현금 유출을 감수해야 하는 경우도 종종 있었다. 그래도 엄청난 액수의 퇴직금을 지급하고 직원들을 정리하고 단기적으로 큰 폭의 적자를 감수하더라도 미래를 도모할 수 있는 기업은 그나마 상황이 나은 곳이었다. 공장 문을 닫는 것도 퇴직금을 마련할 수 없으면 마음대로 할 수 없는 실정이었다. 회사를 여는 것은 마음대로 해도 닫는 것은 마음대로 못한다는 말이 나올 만도 했다.

몇몇 기업들은 최저임금 수준이 오르기 전에 발 빠르게 정규직 직원들을 퇴사 처리하고 그 시점에서 퇴직금을 정산한 후 계약직, 임시직 위주로 생산라인을 운영하기도 했다. 물론 직원들 입장에서야 정규직으로 일하는 것이 고용안정 차원에서 더 바람직하겠으나, 퇴직금 규모가 감당할 수 없는 수준으로 오르기 전에 미리 조치를 취해야만 했던 회사들의 입장도 이해가 된다. 그나마 이것도 퇴직금을 정산할 수 있는 현금

여력이 있어야 가능한 일이었다.

회사마다 막대한 퇴직금 부채 문제를 관리하고 이에 대해 대처하는 방안이 다르다 보니 회사를 밖에서 바라보고 평가하는 입장에선 주의가 필요하다. 상장 기업이 아니거나 엄격한 회계 및 감사기준을 적용받지 아니하는 회사의 경우에 퇴직금 부채 규모가 재무제표 등에 제대로 표시되지 않을 수 있다는 점에 유의할 필요가 있다.

많은 근로자를 고용하던 회사가 경영상 어려움을 겪고 회사 문을 닫는 상황에 이르면 상거래 채권자나 금융 관련 채권자들이 가장 먼저 맞닥뜨리는 것이 임금과 퇴직금을 받지 못한 근로자들의 체불임금 지급 요구이다. 담보물을 포함해 회사 자산을 점유하고 실력행사를 하는 경우도 많다. 체불된 임금이야 몇 개월분 정도 급여이겠지만 이보다 훨씬 규모가 큰 것이 체불된 퇴직급여이다. 노동법에 따르면 경영상의 이유로 회사 문을 닫거나 회사가 파산하는 경우에도 법에서 정한 퇴직금, 근속사례금, 보상금 계산금액을 지불할 의무가 있다. 근로자들에게는 못 받은 몇 개월치 임금도 중요하겠지만 퇴직금이야말로 액수가 더 크고 포기할 수 없는 권리이다. 당연히 충돌이 발생하고 담보권 행사 등에 큰 어려움을 겪을 수밖에 없다. 상거래나 금융거래상 채권을 원활하게 회수하기 위해선 담보물 평가와 더불어 해당 기업의 퇴직금 부채 현황도 면밀하게 살펴볼 필요가 있다.

공적 · 사적 연금으로 퇴직 후 자금이나 노후자금을 충분히 마련하기 어려운 인도네시아 현실에서 근로자에게 퇴직금은 정년퇴직이나 원치 않는 퇴직에 대비한 최후의 버팀목이다. 하지만 기업 입장에서는 그 부담이 과중한 것도 사실이었다. 퇴직금 제도 개편 필요성에 대한 목소리가 나오고는 있었지만 근로자 입장에서 더 불리한 방향으로 법이 개정되는 것은 여러모로 쉽지 않은 상황이었다.

그런데 2020년 10월 '옴니버스 고용창출법' 통과로 퇴직급여를 둘러싼 상황이 좀 바뀌게 되었다.

우선 2003년 노동법에서 규정된 퇴직금 체계와 가장 많이 달라지는 점은 경영합리화 등의 사유로 인한 해고PHK의 경우에는 법에서 규정한 퇴직금Uang Pesangon의 두 배를 받도록 한 규정이 없어졌다는 점이다. 그러니까 원래 규정에서는 8년 이상을 근무하면 9개월치의 퇴직금을 받던 것이 특정 사유로 인한 해고 등의 경우에는 두 배를 곱해 18개월치까지 받을 수 있도록 되어 있었는데 이 조항이 사라진 것이다. 반발이 뒤따르는 것은 당연하다. 또, 퇴직금과 근속사례금UPMK을 계산한 후 여기에 15%를 얹어주는 주거와 의료 보상금Uang Penggantian Hak 지급 근거도 없어졌다. 이런 영향을 종합하면 퇴직급여가 종래 최대 32개월치 급여를 받을 수 있었던 것에서 최대 25개월치 급여로 줄어든다는 것이 노동계와 언론의 설명이다.

법 통과 이후에도 아직 불명확한 점들이 많다. 우선 근로자가 받을 수 있는 최대 25개월치의 실업급여를 누가 어떻게 지급하고 받는다는 것인지도 불확실하다. 19개월치는 확실히 사용자가 지급하는 게 맞는데 새 법률에 따르면 6개월치는 실업보험JKP에서 지급하겠다고 한다. 일단 실업보험 조성을 위해 중앙정부 예산APBN을 투입할 계획이 있는 것은 확실해 보이나 이후 월 실업보험료를 정부, 사용자, 근로자 중 누가, 얼마나 분담해서 낼지는 불확실하다.

　퇴직금과 관련한 새 규정이 어떻게 시행되고 자리를 잡을지를 보려면 다른 부문과 마찬가지로 후속 규정이 마련되고 시행기관이 어떻게 법규를 해석해서 현장에서 적용하는지를 보아야 한다. 시간이 좀 걸릴 것 같다. 퇴직급여가 확 줄지도 모르는 근로자들은 애가 탄다. 옴니버스법이 통과되고 대통령 재가를 받기까지의 기간에도 퇴직을 앞둔 근로자들이 불안감 속에서 어떤 규정을 적용받는 게 유리할지 계산기를 두드리는 모습이 보이기도 했다. 사용자들도 불확실성에 노출된 것은 맞지만 어떻게 계산을 해도 이전보다 부담이 줄면 줄었지 늘지는 않을 것이기에 근로자들보다는 사정이 낫다. 그래도 규정이 바뀌었으니 이것저것 계산하고 고려해 볼 일은 많아졌다.

　인도네시아에서 기업이 지출했던 부담스러운 규모의 퇴직금은 정부가 자신의 역할이어야 할 노후대책과 실업대책 등의 복지 책임을 기업에게 미뤄 놓았던 것이라는 평가가 많았다. 이제 인도네시아에서도 건강보험이나 연금보험, 실업보험 같은 공보험이 출범해 어느 정도 기능을 하려고는 하고 있다. 하지만 이들 공보험이 규모나 보장성 측면에서 국민들이 기댈 수 있는 사회안전망으로 자리 잡았다고 하기에는 아직 부족하다. 이런 상황에서 노동계의 우려대로 퇴직급여 지급 규모가 실제로 줄어드는 것이라면 기댈 곳이 없어지는 근로자들이 한숨짓는 것도 이해가 된다. 반면 기업 입장에서는 그만큼 부담을 덜게 되었다.

인도네시아 회사의 경고장 문화

인도네시아 투자환경에 대해 안내하는 정보를 보면 대체로 인도네시아에서는 해고 절차가 까다롭다고 소개되어 있다. 그렇다고 해서 사용자가 피고용인을 통제할 아무런 수단이 없는 것은 아니다.

노동법에 따르면 노동계약이나 회사규정을 위반하는 등의 사유로 해고PHK하려면 회사 등은 직원에게 먼저 경고장SP, Surat Peringatan을 세 차례 연속으로 주어야 한다. 각 경고장은 6개월간 유효하다. 경고장은 보통 약어로 'SP'라고 쓰고 '에스뻬'라고 읽는데, 세 번의 경고를 각각 SP1(에스뻬 사뚜), SP2(에스뻬 두아), SP3(에스뻬 띠가)라고 하며 마지막 경고장은 '마지막 경고장' 등으로 따로 부르기도 한다.

우리나라 회사들도 직원을 징계하기는 하지만 인도네시아에서는 이 '에스뻬'를 주는 빈도가 더 잦은 것 같다. 필자도 여러 차례 이 '에스뻬'에 사인을 했다. 인도네시아에서 일하는 사람이라면 대부분 이 '에스뻬'의 의미에 대해서 잘 안다. 사무실에서는 거의 고유명사처럼 쓰이고, 회사를 배경으로 하는 드라마나 시트콤에서도 자주 나온다. 드라마를 보면서 '에스뻬'에 대해 인도네시아 사람들이 가지고 있는 정서를 배우기도 했다. 저런 것으로도 경고장을 주나 싶을 정도로 사소한 사유로도 경고장을 주기도 한다. 때로는 경고장을 주겠다고 경고하는 것만으로도 효과가 있기도 하다.

경고장을 받는다고 다 해고가 되는 것은 아니지만 경고장의 끝에는 해고가 있다는 사실을 주는 사람도 받는 사람도 보는 사람도 다 안다. 회사에서는 해고를 염두에 두고 절차와 명분을 쌓기 위해 경고장을 주기도 한다. 아니면 직원이 각성하기를 바라면서, 때로는 변화가 있으면 좋지만 없으면 해고도 불사하겠다는 등 여러 가지 고려를 담아 경고장을 낸다. 당연히 경고장을 받은 직원은 스트레스를 받는다. 그냥 징계가 아니라 끝에 해고라는 종착역이 있는 징계이기 때문이다. 그래서 신문기사나 '링크드인' 같은 곳에서는 경고장을 받았을 때 어떻게 이를 받아들이고 멘탈을 관리하고 대처할지에 대한 글도 자주 실린다.

경고장은 받는 사람뿐 아니라 주는 사람도 껄끄럽다. 결코 유쾌하지 않은 일이다. 그래도 효과로 보자면 경고장만 한 것이 없기는 하다. 구두로 하는 주의나 경고는 약발이 오래 가지 않지만, 경고장은 경고장의 유효기간(6개월) 동안에는 그래도 효과가 있는 경우가 많았던 것 같다. 또한 경고장을 받은 본인뿐 아니라 회사나 부서 전체에도 주의를 환기하는 효과가 있다.

인도네시아 회사에서 '에스뻬'는 하나의 문화이다. 껄끄럽지만 잘 사용하면 회사에도 직원에게도 좋은 일이다.

땅문서를 잃어버린 대통령,
대통령도 어려운 인도네시아 토지제도

2019년 하반기에 신문에 재미있는 기사가 실렸다. 조코위(조코 위도도) 대통령이 본인이 소유하고 있던 수라카르타(솔로) 소재 두 필지에 대한 토지소유증서[66]를 분실했다는 내용이다. 아마 조코위 대통령이 수라카르타 시장을 하다가 자카르타 주지사가 되고, 또 대통령이 되는 와중에 관사를 옮겨 다니다가 문서를 잃어버린 것 같다는 설명이다. 토지소유증서를 재발급받기 위해선 분실 사실을 경찰에 신고하고 경찰발급문서를 붙여 신문에 공고를 내야 한다. 토지문서를 관리하던 대통령의 친척이 신문에 조코 위도도 씨가 소유한 토지문서가 분실되어 재발급을 할 테니 이의 있는 자는 이의신청을 하라는 공고를 냈을 것이고 이 와중에 대통령의 서류 분실 사실이 알려진 것이다. 토지증서를 분실해 재발급받고자 하는 사람이라면 누구나 거치는 절차이니 특별할 것은 없다. 보통의 경우라면 재발급 절차는 6개월 정도가 걸리지만 그래도 대통령이 신청한 것이니 등기소^{BPN}에서 평소보다는 신경을 많이 써서 특급으로 처리하지 않았을까 싶다.

기사를 읽고 보니 남의 이야기 같지가 않았다. 인도네시아 금융회사에서 3년간 일하면서 공장과 땅 매입과 건설에 필요한 시설자금을 대출해 주기도 하고, 또 토지에 담보를 설정하기도 하면서 바로 이 토지소유증서^{Sertifikat}을 둘러싸고 수많은 일이 있었다. 아무래도 우리나라와는 토지소유와 등기에 관한 규정이 많이 다르다 보니 예기치 못한 해프닝이 많았다.

대통령의 토지서류 분실사건과 거의 유사한 일도 있었다. 어느 고객이 자산을 매입할 계획이 있어 구매대금을 요청해 왔을 때 일이다. 신용도도 양호하고 담보가액도 충분한 평범한 건이었다. 대출신청서도 받고 승인을 위한 서류도 다 준비되었다. 우리 사무실로 매도인과 매수인이 출석해 공증인^{Notaris} 앞에서 계약서를 작성하고 매매대금만 대출로 집행하면 되는 일이었다. 그런데 계약 며칠 전에 담당 직원이 계약을 할 수가 없다고 알려왔다. 매도인이 증서, 즉 땅문서를 분실했다는 것이었다. 그럼 어찌하면 되느냐고 물으니 경찰에 신고를 하고, 신문에 공고를 내서 이의가 없으면 재발급을 신청하면 된다고 한다. 조코위 대통령 땅문서 분실사건 때와 같은 절차이다. 재발급까지는 보통 6개월 정도가 걸린다. 좀 황당하긴 했지만 방법이 없었다. 서류를 다시 서랍에 넣어 두고 잊어버리고 있다가 딱 6개월 정도가 지나니 정말 증서가 재발급되었다는 통지가 왔다. 그때 가서 대출승인을 다시 내고 계약을 체결해서 매매도 이루어지고 대출도 승인할 수 있었다. 땅문서를 잃어버려서 6개월

간 모든 절차가 다 중단되었던 사건이다.

이 사례에서 보듯이 인도네시아에서 부동산과 관련해 어떤 행위를 하려면 이 증서가 정말로 중요하다. 굉장히 중요한데 등기사항이 전산화가 안 되어 있다. 그래서 이 증서는 절대 잃어버려선 안 된다. 원본을 잘 간수해야 한다. 부동산에 담보를 설정하는 절차도 복잡하다. 일단 공증인을 통해서 땅문서인 이 증서에 기재된 사실이 맞는지를 등기소[BPN]에 확인하는데 보통 3~4일 정도가 소요된다. 창구에 직접 가서 해야 한다. 우리나라처럼 인터넷 등기소에서 소유관계, 권리설정관계를 실시간으로 조회할 수 있으면 좋으련만. 이렇게 대장과 증서를 대조해서 확인을 받으면 공증인 앞에서 대출계약과 담보설정계약을 체결하고 공증인이 이걸 등기소에 제출한다. 등기소에서 증서에 담보설정 사실을 표시한 후 돌려주는 데는 두 달 정도가 걸린다. 매매는 시간이 더 많이 걸려서 소유사항이 변경된 땅문서를 돌려받는 데 보통 6개월을 기다려야 한다.

담보를 잡으면 담보설정자가 증서 원본을 보관한다. 우리 회사에서는 증서들을 모두 내화금고에 보관했다. 너무 중요하기 때문이다. 지방 등기소에 화재라도 발생하면 매매나 담보설정 업무가 마비되기도 한다. 우리 회사에 자주 출입하던 공증인에게 들은 이야기에 따르면 어느 지역에서는 등기소가 전소되자 집에 가지고 있는 토지소유증서를 가지고 오라고 해서 그 증서들을 바탕으로 거꾸로 원부를 다시 만드는 일도 있었다고 한다. 거짓말 같은 이야기이다.

잃어버릴 토지소유증서라도 있으면 다행일지도 모른다. 인도네시아에는 등록된 토지보다 등록이 되지 않아 토지소유증서가 없는 땅이 더 많다. 국가적인 문제이다. 조코위 대통령도 이 문제에 관심을 가지고 있으며, 가끔은 지방에 가서 토지소유증서를 새로 발급해 주민들에게 직접 배부하는 행사를 가진다. 이런 행사에서는 대통령이 보통 한 번에 2천 부에서 3천 부 정도의 증서를 배부한다. 행사 뒤에는 보통 토지 미등록 문제를 곧 해결하겠다는 대통령의 약속이 뒤따른다. 2019년에 등기소[BPN]에 미등록 토지 문제 해결을 촉구하면서 조코위 대통령이 직접 발언한 바에 따르면 2015년 기준으로 전국에서 증서 발급이 필요한 필지는 1억 2천 6백만 필지인데, 증서가 나온 필지는 4천 6백만 필지였다. 등기소가 1년에 약 50만 필지에 대해 증서를 발급한다고 하니 이 속도라면 모든 필지에 대해 증서를 발급하는 데는 160년이 걸린다. 대통령은 연간 증서발급 수량을 점차 늘려 2025년까지 모든 토지에 대한 증서 발급이 가능할 수 있도록 하겠다며 등기소를 압박하고 있지만 과연 가능할지 모르겠다.[67]

토지가 제대로 등록이 안 되어 있다 보니 개인 간, 개인과 단체, 지자체, 국가 간 분쟁이 끊이지 않는다. 등기만 제대로 되어 있다면 발생하지 않을 불필요하고 소모적인 비용이 발생하고 있는 것이다. 또, 실질적으로 토지를 소유하고 있어도 등기가 안 되어 있으니 이를 담보로 해서 대출을 받거나 할 수도 없다. 재산이 있으되 재산권 행사가 안 되는 것이다.

미등록 토지를 공장 등 사업장으로 이용하고자 하는 경우에도 장애가 많다. 등록이 안 되어 있는 여러 구획의 땅을 원주인들에게서 매입하고 나면 이 땅들을 모아서 하나의 필지로 만들어 토지증서를 만들어야 하는데 토지증서분실 때처럼 공고도 내야 하고 환경영향평가나 토지용도 변경허가, 건축허가 등 허가 사항도 챙겨야 한다. 이 과정은 오래 걸리기도 하거니와 어떤 사유로든지 특정 단계에서 막히면 그냥 거기서 멈춰 기약 없이 진행이 안 되는 일이 허다하다. 우여곡절을 다 겪고 몇 년에 걸쳐 결국 이 과정을 마무리 짓는 회사가 있는가 하면 기껏 입지를 정해 땅도 사고 행정비용도 다 냈는데 결국은 일이 잘 안 되어 해당 필지에 공장을 설립하는 것을 포기하고 손해를 보고 땅을 되팔았다는 이야기가 들리기도 한다(다만 2020년 10월 통과된 '옴니버스 고용창출법'은 환경영향평가 등 허가 절차를 간소화하는 내용을 담고 있기는 하다).

그래도 인도네시아에서 사업경험이 풍부한 기업인들은 몇 년에 걸쳐 등록도 안 된 여러 필지의 땅을 사서 등록을 하고 필요한 허가를 다 받고, 토지증서를 받아 공장을 설립한다. 그 과정을 옆에서 지켜보고 있으면 존경스러운 마음이 든다. 웬만한 경험과 인내심이 아니면 하기 어려운 일이다. 간혹 한국에 있는 기업이 인도네시아에 진출하면서 이렇게 땅을 사서 금융지원을 받아 공장을 지으면 어떠냐는 상담을 해오는 경우가 있는데 절차는 친절하게 상담해 주지만 웬만하면 이미 공업 지역으로 등록되어 있는 땅이나 기존 공장을 매입하는 것이 낫다는 조언을 하곤 했다. 인도네시아에서 사업경험이 없는 회사가 마무리 짓기에는 그만큼 어려운 과정과 절차이기 때문이다(이때 땅과 그 위에 짓는 건물에 대한 권리는 보통 소유권 HM, Hak Milik 이 아닌 건조물 사용권 HGB, Hak Guna Bangunan 이다. 권리에 대한 기한이 정해져 있으며 연장이 가능하다).

아예 토지소유증서를 받기 어려운 부동산도 있다. 공동주택을 분양받으면 입주하면서 세대별 등기권리를 인정받는 우리나라와는 달리 인도네시아는 분양을 받고 입주가 끝나 이미 수년이 지났는데도 세대별 등기가 이루어지지 않는 경우가 흔하다. 유명 개발업체가 주거시설과 상업시설, 학교, 호텔 등을 한꺼번에 개발한 어떤 지구에서도 이런 일이 발생했다. 업체는 주거시설을 몇 년에 걸쳐 단지별로 단계적으로 분양하고 이게 끝나면 전체 지구에 대해 일시에 세대별 등기를 한다는 계획이었는데 이 과정이 너무 오래 걸려서 처음 분양을 받아 입주한 세대는 한참 동안을 기약도 없이 세대별 등기등록을 기다려야 했다.

또, 외국인의 경우에는 소유권이 아닌 사용권Hak Pakai의 형태로만 주택을 매매할 수 있었고[68] 이 외에도 소유에 여러 조건과 제한사항이 걸려 있어 이미 세대별 등기가 완료된 공동주택의 경우에도 외국인들은 등기 없이 주택을 소유하고 있는 일이 많았다. 등기 없이 주택 매매가 이루어지기도 한다.

이런저런 사정으로 토지소유증서 없이 주택을 구매해 소유하려는 경우에는 매매확약약정PPJB, Perjanjian Pengikatan Jual Beli이라는 계약을 활용한다. 이 약정은 일정한 조건이 충족되면 계약에서 정한 조건대로 매매를 시행한다는 확약이다. 분양 시에는 개발사와 분양을 받은 자 간에 체결되며, 이 약정을 근거로 하여 이후 제3자에게 매매가 이루어지기도 한다. 이 매매확약약정은 소유권이나 사용권은 아니지만 법적으로 일정한 권리를 보호받는 계약이다. 문제는 법적으로 효력은 있을지 몰라도 등기가 이루어지지 않은 문서여서 예외적인 경우를 제외하고는 금융기관에서 담보로 잘 인정해 주지 않는다는 것이다. 이 경우 몇억 원의 가치가 있는 부동산을 실질적으로 소유하고 있으면서도 이를 담보로 활용해 몇천만 원을 대출받기도 어려운 경우가 생긴다.

　분양이 끝나서 입주한 지가 한참 되었는데도 등기가 안 되어 재산권 행사에 제약을 받는 주택, 등록 토지보다 미등록 토지가 많아서 지방에 공장 한번 지으려면 수많은 고초를 겪고 불확실성을 감수해야 하는 현실, 등기 전산화가 안 되어 있어 창고로 가서 종이로 된 두꺼운 장부를 뒤져야만 소유와 담보 관계를 파악할 수 있는 등기 체계 등, 쉽게 이해가 되지 않지만 인도네시아에서 사업을 하고 경제활동을 하기 위해선 받아들이고 공부하고 적응해야 하는 땅문서 이야기이다.

인도네시아 알쓸유잡

아파트보다 주택이 좋은 인도네시아 사람들

자카르타에서 한국 주재원들은 대부분 아파트에 산다. 한국에서도 아파트가 일반적인 주거 형태여서 현지에 나와도 아파트에 거주하는 게 더 자연스럽고 편하다. 주택은 관리하기도 어렵고 벌레도 많고 해서 그다지 선호하지 않는다. 인도네시아 생활에 내공이 쌓인 교민들은 주택이나 타운하우스 등에 거주하는 경우도 많다.

인도네시아에도 아파트가 많긴 하지만, 현지인들은 주택을 더 선호하는 경향이 있다. 문화적으로 땅과 함께 있는 주택에 살아야 더 편안함을 느낀다는 것이다. 그리고 주택에 살아야 이웃과도 더 교류가 있다는 생각이다. 친구들 집을 여러 차례 방문했지만 아파트인 경우는 한 번도 없었다.

대지가 딸린 집을 도심에 마련하려면 비싸니 교외로 나가야 한다. 그러면 교통체증을 감수하거나 아니면 막히는 시간을 피해 새벽같이 출근해야 한다. 정원이 딸린 집에서 이웃과 함께 하는 여유로운 삶을 살기 위해선 고단한 출퇴근길도 감수할 가치가 있다.

출퇴근길에 보면 도심에 있는 꽤 값이 나가는 주택들도 실내 공간이 크고 층고가 높다 보니 조명도 어두컴컴해서 한국 사람이 보기에는 그다지 멋져 보이지 않는 경우가 많다. 한국 사람의 시각으로 보기에는 비싼 값을 못하는 것이다. 같은 주택이나 타운하우스라도 한국인이 입주한 집은 인테리어가 더 깔끔하고 조명도 더 밝다. 문화에 따라서 사람들의 취향도 달라진다는 것을 확인할 수 있다.

부동산 회사들이 한 조사라 결과가 엇갈리긴 하지만 밀레니얼 세대도 여전히 주택을 선호한다는 결과도 있지만 반대로 요즘 젊은 세대를 중심으로 아파트에 대한 선호가 증가하고 있다는 조사도 나오고 있는 모양이다. 시간이 좀 지나면 자카르타 여기저기에 아파트도 더 많이 짓고 아파트에 사는 현지인들이 많아질 수도 있다.

그림 4-4 아파트(왼쪽)와 주택(오른쪽)

인도네시아에는
국영전당포가 있다고?

인도네시아 소액금융시장이 뜨겁다. 핀테크나 P2P금융에 대한 기사가 경제신문에 연일 오르내린다. 성장 가능성은 크지만 건전성과 보안 문제 등 부작용에 대한 우려의 목소리도 적지 않다. 그 가운데 전통적 소액금융수단을 바탕으로 한 새로운 금융구조와 기술로 이들과 경쟁하는 회사가 있다. 인도네시아 국영전당회사 PT. Pegadaian가 그것이다. 인도네시아에는 국영전당포가 있다.

그림 4-6 인도네시아 국영전당회사인 PT. Pegadaian

자카르타 시내를 다니다 보면 군데군데 녹색 원으로 된 로고와 함께 '쁘가다이안 Pegadaian'이라고 쓰인 간판이 많이 보인다. 전당포라는 뜻이다. 처음에는 인도네시아에 아직 전당포가 많다고만 생각했다. 나중에 이 회사가 정부가 지분 100%를 보유하고 있는 회사임을 알고 깜짝 놀랐다.

막상 지점에 들어가면 흔히 생각하는 전당포의 이미지와는 많이 다르다. 밝고 깨끗한 분위기에 카운터와 번호표, 깔끔한 제복을 입고 고객을 맞이하는 점원들을 보면 다른 금융기관과 다르지 않아 보인다. 지점마다 다르지만 직원과 고객 사이에 쇠창살이나 유리창을 세워 놓은 경우에는 좀 더 전당포 분위기가 난다.

이 회사는 인도네시아가 독립하기도 전인 1901년, 전당사업을 국가가 독점해 운영하겠다는 정책에 따라 세워졌다. 지금은 다른 사업자도 참여가 가능하지만 금융감독당국인 OJK의 감독에 따라야 한다. 전당사업에 대한 규정은 자본금 규모나 저당물 보관 장소, 감정평가사 보유 의무 등 다른 금융회사에 준하는 엄격한 준수사항을 담고 있어 영세사업자가 참여하기란 쉽지 않다.

그러다 보니 이 국영회사가 95% 이상의 시장점유율을 차지하고 있다. 다른 사업자들은 국영회사의 서비스가 미치지 못하는 틈새를 노린다. 예를 들면 고급자동차 같은 고가의 저당물을 맡기고 돈을 빌려 가는 고객들을 위해 보안이 확보된 저당물 보관 공간을 마련한다든지 고급스럽고 비밀스러운 공간에서 상담을 한다든지 하는 차별화된 서비스를 제공하는 것이다.

우리나라에도 전당포가 있지만 요즘 인기 있는 금융 방식은 아니어서 전당업에 기반한 금융서비스라는 것이 다소 생소한 측면이 있다. 하지만 인도네시아의 금융 현실을 보면 이해가 간다. 통계마다 다르긴 하지만 인도네시아 경제활동 인구 중 약 40% 정도는 은행에 계좌가 없다. 마이너스 통장이나 신용카드 현금서비스 등 단기에 소액을 융통할 수 있는 제도가 없는 것은 아니지만 그 정도의 신용이나 담보를 제공할 수 있는 금융소비자는 많지 않다. 저축이나 보험같이 유사시에 활용할 수 있는 금융자산도 부족하다. 때때로 꼭 필요한 지출처가 있는데 수입이 이에 미치지 못하는 경우에는 지인을 통해 부족분을 융통하기도 한다. 그게 아니라면 당장 가지고 있는 자산을 활용해 이를 맡기고 돈을 마련하는 전당업 형태의 금융도 유용한 방편이다.

큰 금액도 아니다. 학자금을 낼 때가 돌아오거나 아파서 급히 병원에 가거나 약을 사야 하는 상황에서 수중에 돈이 없으면 다음 번 급여가 돌아오거나 수입원이 생길 때까지 한화로 10만 원이나 20만 원 정도를 빌리는 것이다. 이자율은 2주에 5%, 1달에 10% 정도로 만만치 않지만 소액이고 단기간 사용하는 돈이니 큰 부담은 아닐 수 있다. 전당물로는 금이나 귀금속, 노트북, 자동차 및 오토바이 등록증, 스마트폰 등 표준화되어 있어 가치평가와 현금화가 쉬운 품목이 주로 쓰인다. 단기 소액금융의 방편이 많은 우리나라에서는 보편적인 방법이 아닐지 모르지만 인도네시아뿐만 아니라 세계의 다른 지역에서도 아직 많이 활용하는 원초적인 형태의 금융이다.

전당업이라는 말 자체는 멋있지도 않고 그렇게 혁신적으로 들리지 않는다. 하지만 전당업 내에서도 얼마든지 혁신의 여지가 있다는 것을 인도네시아 전당업계는 보여준다. 전당업을 단순히 물건을 저당잡고 돈을 빌려주는 업종이 아닌, 소액 단기금융 수요를 충족시켜주는 하나의 금융형태로 정의하면 영역 확대도 혁신도 가능한 것이다. 실제 이 회사가 다루는 금융상품들을 보면 전당서비스는 물론이고 중소기업에 대한 소액대출, 금Gold 금융, 이슬람 율법인 샤리아에 기반한 금융 등 비非전당업 서비스의 비중이 급격히 확대되고 있다. 최근에는 새로운 애플리케이션을 개발해 디지털 서비스 기반도 강화했다. 또, 직접 카페를 차려서 커피를 마시러 오는 밀레니얼 세대에게 금 금융상품을 소개하는 등 젊은 층과의 접점도 강화하고 있다. 시중은행들도 전당업 기반 금융에 관심을 보이고 있다. 자산을 기반으로 하면서 리스크는 최소화하고 수익은 확대할 수 있는 방법이기 때문이다. 또 소액을 단기로 다수의 고객에게 제공하는 특성상 소매 고객 기반도 강화할 수 있다.

인도네시아는 금융접근성의 측면에서 보면 아직 갈 길이 멀다. 은행 거래 자체를 하지 않는 경제활동인구도 많고, 신용기반 금융이 정착했다고 보기도 어렵다. 신용평가도 어렵고 신용정보도 잘 공유되거나 축적되지 않은 상태이다. 그러다 보니 개인이건 기업이건 대출 한 번 받으려면 담보를 제공하고도 이것저것 복잡한 서류를 내고 한참을 기다려야 한다. 그런데 이런 불편함 때문에 새로운 금융형태에 대한 수요는 더

그림 4-7 국영전당회사가 각 도시에 열고 있는 카페. '커피와 금', '진짜 커피와 순전한 금'이라는 문구가 눈에 띈다

욱 크다. 인도네시아에서 디지털 화폐나 핀테크, P2P금융 등에 대한 관심은 우리나라보다 더 뜨거운 것 같다. 소액금융서비스 시장 잠재력이 꽤 큰 편인 것이다. 소액금융은 건별 금액은 크지 않지만 모아 놓고 보면 무시할 수 없는 크기가 된다. 인도네시아 전당포 회사들은 이런 소매금융의 중요한 한 축을 담당해 왔다.

우리나라 금융기관들의 인도네시아 진출이 활발하다. 은행, 보험사, 증권사뿐만 아니라 저축은행, 종합금융회사, 카드사들의 진출도 이어지고 있다. 핀테크 등 기술 기반 금융으로 더 많은 잠재적 금융소비자에 접근할 수 있는 금융서비스에 대한 시장기회도 열려 있다. 인도네시아인들의 생활과 밀착한 전통적인 금융서비스로 시작해 비전통적인 서비스로 영역 확대를 모색하는 국영전당회사의 모델에서도 실마리를 얻을 수 있을 것 같다.

인도네시아의
전기차 입국 프로젝트

　　지난 2019년 8월 자카르타 도심에서는 전
기차량을 소개하기 위한 전시회가 열렸다. 이 행사에서는 여러 종류의
전기차량이 행렬을 이루어 도로를 달리는 순서도 있었는데, 이색적이
게도 전기차 관련 부처인 해양조정부, 산업부, 교통부 장관이 인도네시
아에서 제작한 전기 오토바이 그싯Gesits을 직접 타고 퍼레이드를 이끌
었다. 행사 전에는 조코위(조코 위도도) 대통령이 오토바이를 타고 행렬
을 지휘한다는 이야기도 있었으나, 안전이나 일정 등의 이유로 장관들
이 참여하는 선에서 정리가 된 모양이다. 대통령이 전기차 행렬을 이끄
는 그림은 나오지 않았지만, 어쨌건 인도네시아 정부가 전기차 산업 육
성과 보급을 무척이나 챙긴다는 메시지는 전달이 된 것 같다.

　　인도네시아에서도 전기차에 대한 관심이 뜨겁다. 이런 가운데 2019
년 8월에는 '전기차 프로그램 촉진'을 위한 대통령령(2019년 제55호)[69]이

공포되었다. 대통령령을 공포할 때쯤 대통령을 포함한 정부관계자들이 연일 전기차 정책을 언급하고 언론에도 관련 보도들이 쏟아졌다. 해당 대통령령은 전기차 산업 육성과 보급 확대를 위한 개괄적인 내용을 담고 있다. 대통령령 내용 자체가 자세하지는 않다. 구체적 수치를 포함한 조항은 국산부품 사용요건을 2륜차와 3륜차는 현재 40%에서 2026년까지 단계적으로 80% 이상으로, 4륜차는 현재 35%에서 2030년까지 단계적으로 80% 이상으로 한다는 내용 정도이다. 하지만 본 대통령령은 전기차 부문 육성에 대한 정부의 강한 의지를 담고 있으며 세제 혜택, 투자 인센티브, 충전시설 전기요금 책정 등에 대한 근거를 담고 있다는 점에서 의의를 찾을 수 있다.

세부적인 혜택과 정책, 육성 전략에 관한 사항들은 본 대통령령에 기반해 앞으로 각 부처 장관령 등으로 확정될 것으로 보인다. 일단 고가 차량에 부과되는 특별소비세 감면 혜택 등을 예상하고 있다. 인도네시아는 특별소비세 때문에 차량가액이 높은 편인데, 이 세금을 감면해 줄 경우 보조금 지급과 동일한 효과를 기대할 수 있다.

전기차에 대한 관심이 인도네시아에서만 뜨거운 것은 아니지만 특별히 인도네시아에서 요즘 전기차 이야기가 부쩍 많이 들리는 데는 몇 가지 이유가 있다.

우선, 전기차가 원유와 석유제품 수입을 대체할 수 있는 해결책으로 여겨지고 있기 때문이다. 인도네시아는 산유국이다. 하지만 매장량 고갈에 따른 생산량 감소와 소비량 증가가 겹치며 2004년 후반부터는 석유 순수입국으로 전환되었다. 에너지광물부 장관이 언론 인터뷰에서 밝힌 바에 따르면 현재 인도네시아의 석유 연료 생산량은 일간 80만 배럴 수준인데, 소비량은 150만 배럴 수준에 이른다. 2030년까지 생산량 증가는 크게 기대하기가 어려운 반면, 소비량은 일간 3백만 배럴에 이를 것으로 예측하고 있다. 생산량과 소비량의 차이만큼은 고스란히 수입으로 메꾸어야 한다. 전기차 보급이 확대될 경우 수입량 확대 추세를 상당 부문 늦출 수 있다는 계산이다. 전기차 운행에 필요한 전력생산에도 전력원이 필요하기는 하지만 석유 외에도 화력, 수력, 지열, 바이오매스 등 국내에서 구할 수 있는 풍부한 대체 에너지원 활용이 가능하다.

전기차는 대도시 대기오염을 줄일 수 있는 수단으로도 주목받고 있다. 인도네시아 수도 자카르타는 대기오염 지표가 세계에서 가장 나쁜 도시 중 하나로 꼽히고 있다. 미국 정부기관 등에서 활용하는 대기질지수AQI 기준에 따르면 2018년 자카르타 대기 상태는 '좋음'이 11일, '보통'이 86일, '민감군에게 해로움'이 130일, '해로움'이 98일을 기록했다. 특정 일자에 세계에서 가장 공기질이 안 좋은 도시로 언론에 보도되는 경우도 종종 있다.

자카르타의 대기오염은 어제오늘 문제가 아니다. 그럼에도 요즘 들어 부쩍 시민들의 관심이 높아지고, 심각성에 대한 언론보도가 잦은 것은 환경과 건강에 대한 관심이 증가한 것도 한몫했다. 급기야 2019년 7월에는 환경운동가들과 시민단체에서 대기오염에 대한 대책을 잘 마련하지 못한 점을 들어 대통령과 정부를 고발하겠다는 발표를 하기도 했다. 자카르타에서는 같은 해 9월 9일자로 출퇴근 시간대 홀짝제가 기존 9개 도로에서 25개 도로로 확대 시행되었는데, 대기오염 저감도 시행 이유 중 하나로 거론되었다. 이전에 있었던 도심 차량운행제한 조치들이 주로 교통체증 해소에만 초점을 맞춘 것과 비교할 때, 대기오염 해소가 이제 시급히 해결이 필요한 과제로 인식되고 있음을 알 수 있다. 홀짝제 규제대상에서 전기차가 제외되었음은 물론이다. 2020년 말부터는 전기차와 전기오토바이 번호판에 전기차량임을 알아볼 수 있는 표식을 넣는다. 홀짝제 제외나 주차요금 감면 등 전기차량에 주는 혜택을 더 용이하게 줄 수 있도록 하기 위해서이다.

전기차 산업을 인도네시아의 미래동력산업 중 하나로 삼아보겠다는 복안도 있다. 완성차 부문에서는 투자유치를 통해 생산공장 건립을 추진한다는 계획이다. 현대와 도요타 등 완성차 제조업체들이 인도네시아에 전기차 생산시설을 건립하는 데 꾸준히 관심을 보이고 있다. 오토바이 사용이 많은 현지 특성을 반영한 전기 오토바이 생산 및 보급 계획도 있다. 3년 전 대통령령(2017년 제22호)에서 발표한 계획에 따르면 2025년까지는 220만 대의 전기 오토바이를 생산해 보급한다는 구상이다. 이미 현지 업체에서 생산하는 전기 오토바이 그싯Gesits이 판매 중이며 다른 회사들도 뒤이어 이와 비슷한 전기 오토바이나 스쿠터 생산과 판매에 나설 것으로 보인다.

인도네시아 정부는 전기차 제조는 물론이고 전기차에 들어가는 리튬 배터리 생산에도 관심이 많다. 인도네시아에는 니켈, 코발트, 리튬 등 리튬 배터리 생산에 필요한 원재료가 풍부하다. 특히 인도네시아는 니켈 세계 최대의 생산국이다. 미 지질조사국USGS 자료[70]에 따르면 2019년 전체 니켈 생산량 270만 톤 중 인도네시아가 약 30%인 80만 톤을 생산한 것으로 추산된다. 전체 예상 매장량이 차지하는 비중도 크다. 급기야 지난 2019년 8월 인도네시아 정부는 니켈 매장량 보호를 위해 2022년으로 예정되어 있던 니켈 원석 수출제한조치를 2년 앞당겨 2020년 1월부터 시행한다고 발표했다. 이 여파로 국제 니켈 가격이 하루 만에 10% 가까이 오르는 등 출렁이기도 했는데, 니켈금수조치 역시 배터리 부문 육성정책과 무관하지 않다는 분석이다. 니켈을 원석 그대로 수출하는 것보다는 배터리를 만들어 수출하는 것이 부가가치가 훨씬 더 높기 때문이다. 현재 테슬라와 LG를 포함한 복수의 해외기업이 인도네시아에 배터리 제조설비 건립을 검토 중인 것으로 알려져 있다.

표 4-8 국가별 니켈 생산량 및 매장량, 미 지질조사국(USGS), U.S. Geological Survey, Mineral Commodity Summaries, January 2020

국가	생산량(톤, M/T)		매장량(톤, M/T)
	2018년	2019년(E)	
미국	17,600	14,000	110,000
호주	170,000	180,000	20,000,000
브라질	74,400	67,000	11,000,000
캐나다	176,000	180,000	2,600,000
중국	110,000	110,000	2,800,000
쿠바	51,000	51,000	5,500,000
인도네시아	606,000	800,000	21,000,000
뉴칼레도니아	216,000	220,000	N.A.
필리핀	345,000	420,000	4,800,000
러시아	272,000	270,000	6,900,000
기타	366,000	370,000	14,000,000
합계(개략치)	2,400,000	2,700,000	89,000,000

전기차 산업 육성 초기에는 공공 부문과 대중교통시설이 전기차 보급을 선도해야 한다는 의견이 많았다. 실제로 앞으로 각 부처가 구매해 운행하는 관용차에는 전기차량 사용이 확대될 가능성이 크다. 계획도시로 건설될 칼리만탄 동부 새 수도가 전기차 보급 및 활용에 최적의 조건이라는 평가도 나온다. 도시계획에 충전시설 입지 등을 미리 고려하고 버스 등 대중교통차량을 처음부터 전기차량으로 구매하면 가능한 일이다. 이 경우 새 수도가 전기차 보급에 관한 한 시범도시처럼 될 가능성도 있다. 대표 택시 브랜드인 블루버드, 자카르타의 대중교통시스템인 트랜스 자카르타, 온라인 택시 및 오토바이 서비스인 그랩Grab과 고젝Gojek 도 정부의 시책에 부응하고 연료비를 절감하기 위한 차원에서 전기차량을 구매하고 그 비중을 늘려가고 있다.

관심은 뜨겁지만 본격적으로 전기차 시대가 도래하기 위해선 아직 갈 길도 멀다. 이미 발표한 대통령령에 이어서 구체적인 투자 인센티브와 세제 혜택 등이 확정되어야 하며, 충전시설 마련과 같은 인프라 확충도 필요하다. 충전시설 설치 및 운영에 대한 규정을 정비하고 전기차에 쓰이는 전력에 요금을 어떻게 책정할지에 대한 정책 마련을 위해 정부와 국영전기공사PLN 간의 의견 조율도 필요하다. 전기차에 대한 지금의 관심을 유지하고 모멘텀을 이어가기 위해선 구체적이고 세부적인 조치가 발 빠르게 뒤따라야 할 것으로 보인다.

그런데 2019년 8월 대통령령 공포 이후 급물살을 탈 것 같았던 전기차 산업 육성 후속 조치가 좀 지지부진하다. 후속 규정들도 소식이 없다. 대통령령은 선언적 내용을 주로 담고 있어 구체적이고 기술적인 내용을 담은 후속 규정이 빨리 나와야 하는데 전기차 산업 육성 로드맵과 함께 곧 나온다던 후속 조치들이 조용하다. 전기차 산업 육성은 인도네시아뿐만 아니라 다른 나라들도 모두 관심을 가지고 있는 분야이다. 풍부한 원료와 성장하는 내수시장을 바탕으로 다른 나라와의 경쟁을 뚫고 전기차 입국立國을 이루어 보겠다는 인도네시아의 꿈이 이루어질지 주목해 본다.

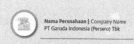

인도네시아 회사 이름 읽기

인도네시아 내셔널 플래그 항공사인 가루다 인도네시아 항공의 정식 기업명이다. PT Garuda Indonesia (Persero) Tbk. '가루다 인도네시아'는 알겠는데 앞뒤로 뭐가 많이 붙는다.

Nama Perusahaan | Company Name
PT Garuda Indonesia (Persero) Tbk

그림 4-8 가루다 인도네시아

'PT'는 Perseroan Terbatas의 약어이다. '뻬떼'라고 읽는다. Perseroan이 회사, Terbatas가 제한적인이라는 뜻이다. 그대로 영어로 옮기면 Limited Company, 즉 유한책임회사이다. 하지만 인도네시아 회사법은 영미법이 아닌 네덜란드법의 영향을 받아서 내용은 좀 다를 수 있다. 그래도 유한책임회사라는 본질은 똑같다. 회사의 소유권을 분할이 가능한 지분으로 쪼개서 소유자들이 소유지분만큼의 권리와 유한책임을 갖는 회사를 말한다. 일상생활에서 뻬떼PT는 그냥 회사라는 의미로 쓰이기도 한다. PT가 아닌 회사도 있지만 대부분의 회사가 PT라는 타이틀을 달고 있기 때문이다.

'(Persero)'는 특정한 종류의 국영기업에 붙는다. '쁘르세로'라고 읽는다. 정부가 지분을 가지고 있는 국영 또는 국유기업이긴 한데, 공공에 서비스를 제공하는 목적과 함께 이윤을 추구하는 것을 목적으로 하는 회사이다. 정부가 지분을 가지고 국영기업부Kementerian BUMN를 통해 지배하고 있기는 하지만 국영기업이라는 점을 빼고는 PT와 비슷하다. 위기에 빠진 국영기업에 정부가 자본을 투입할 수는 있지만 기본적으로는 개별기업이 경영에 대해 자체적으로 책임을 진다. 따라서 국영기업 중에도 신용도가 높지 않은 곳들이 있다. 자카르타에 근무할 때도 국영기업이 관련된 프로젝트를 검토할 때 어떤 기업은 이름만 나와도 현지직원들이 고개를 가로젓곤 했다. 또, 시장에서 지배적이고 우월적인 지위를 점하면서 부채가 많은 국영기업 중에는 상거래 채무 등을 제때 결제해 주지 않는 것으로 업계에 알려진 곳들도 있다.

'Tbk'는 Terbuka의 줄임말이다. 뜨르부까라고 읽으며 '오픈open'이라는 뜻이다. 상장 등을 통해 지분 소유가 일반에게 열려 있다는 뜻이다. 국영기업 중에도 가루다 인도네시아 항공처럼 다수 지분을 정부가 보유하지만 나머지 지분은 상장해 일반이 보유하는 곳이 많다.

56 인도네시아에서 있었던 여러 차례의 경제위기 등 경제사 개괄에 대해서는 Boediono, Ekonomi Indonesia Dalam Lintasan Sejarah, Mizan Media Utama, 2016을 참고했다.

57 왼쪽부터 차례로 Mk6aizsc 촬영, Roti Canai with Curry Chicken dish in New Zealand 그리고 mailer_diablo 촬영, Roti Prata and teh tarik at a stall in Jalan Kayu, Singapore

58 세계은행의 2020-2021 소득 수준에 따른 국가분류에 대해서는 World Bank Blogs, New World Bank country classifications by income level: 2020-2021, 2020.7.1 자 참고, https://blogs.worldbank.org/opendata/new-world-bank-country-classifications-income-level-2020-2021

59 World Bank, Aspiring Indonesia: Expanding the Middle Class, https://www.worldbank.org/en/country/indonesia/publication/aspiring-indonesia-expanding-the-middle-class

60 The Jakarta Post, Foreign direct investment is not coming to Indonesia, Really?, 2019.9.16자, https://www.thejakartapost.com/academia/2019/09/16/insight-foreign-direct-investment-is-not-coming-to-indonesia-really.html

61 CNN Indonesia, Sebelum Omnibus Law, Investasi RI Sudah Lampaui Vietnam (옴니버스법 도입전에도 인도네시아 투자가 베트남 넘어서), 2020.10.14자, https://www.cnnindonesia.com/ekonomi/20201013212158-532-558095/sebelum-omnibus-law-investasi-ri-sudah-lampaui-vietnam

62 Doing Business 2020, World Bank Group

63 CNN Indonesia, Indonesia Ranking 1 Negara Paling 'ribet' Untuk Berbisnis (인도네시아가 비즈니스 하기 어려운 나라 1위), 2020.10.16자, https://www.cnnindonesia.com/ekonomi/20201016082354-532-559057/indonesia-ranking-1-negara-

paling-ribet-untuk-berbisnis

64 Undang-Undang No 13 tahun 2003 tentang Ketenagakerjaan

65 Peraturan pemerintah No 78 tahun 2015 tentang pengupahan

66 토지소유증서에는 소유권증서SHM, Sertifikat Hak Milik, 건조물사용권증서SHGB, Sertifikat Hak Guna Bangunan, 그 외의 사용권 증서(Sertifikat Hak Guna Usaha / Sertifikat Hak Pakai) 등이 있다. 소유 형태는 내국인/외국인/법인 여부, 토지나 건물의 용도 등에 따라 달라진다. 소유권과 사용권은 권리의무 관계에서 차이가 있다. 하지만 사용권의 경우에도 사용기간 동안에는 토지와 건물을 배타적으로 사용할 수 있고 사용기간도 연장할 수 있으며, 금융 거래 시 담보로 활용하는 것도 가능해 본 글에서는 소유권과 사용권을 엄밀히 구분하지 않고 사용했다.

67 Kontan, Presiden Jokowi optimistis tahun 2025 sertifikat tanah seluruh Indonesia rampung(조코위 대통령 2025년에 전 인도네시아의 토지등기화 작업 완료 낙관), 2019.6.20자 등 참조, https://nasional.kontan.co.id/news/presiden-jokowi-optimistis-tahun-2025-sertifikat-tanah-seluruh-indonesia-rampung

68 2020년 10월 5일 통과된 '옴니버스 고용창출법'은 외국인들의 아파트 소유를 가능하게 하는 조항을 담고 있다.

69 Peraturan Presiden No 55 Tahun 2019 tentang Percepatan Program Kendaraan Bermotor Listrik Berbasis Baterai Untuk Transportasi Jalan

70 U.S. Geological Survey, Mineral Commodity Summaries, January 2020, https://pubs.usgs.gov/periodicals/mcs2020/mcs2020-nickel.pdf

이슬람 쫌 아는 은행원이 들려주는 인니 이야기

히잡에서 전기차까지, 인도네시아 깨톡

1판 1쇄 찍음 | 2021년 3월 2일
1판 1쇄 펴냄 | 2021년 3월 8일

지은이 | 양동철
펴낸이 | 손동민
편집 | 손동민
디자인 | 기민주

펴낸곳 | 디아스포라
출판등록 | 2014년 3월 3일 제25100-2014-000011호
주소 | 서울시 서대문구 증가로 18(연희빌딩), 204호
전화 | 02-333-8877(8855)
FAX | 02-334-8092
E-mail | diaspora_kor@naver.com
홈페이지 | www.s-wave.co.kr
공식블로그 | http://blog.naver.com/siencia

ISBN | 979-11-87589-30-3 03300